# 19세기 시조 대중화론

# 『19세기 시조 대중화론』

최규수 지음

보고사

# 책머리에

생활의 리듬이라는 게 때로는 집중을 방해한다. 가정을 꾸리고 아이를 키우고 강의를 하며 하루, 한 달, 일 년의 일상이 안정적이라 일컫게 되는 그 만큼, 일상의 여러 의무로 토막 난 시간들은 대상에 대한 온전한 통찰을 쉽게 허락하지 않는다. 그런 점에서 「남훈틱평가」를 들여다보던 시간들은 보다 단순하고도 느리게 살았던 시절이다. 오로지 그것만을 할 수 있었고, 하고 있었던 집중력의 산물이 바로 이 책이기도 하다.

물론, 그러한 단순한 집중이 지나치다 싶을 정도의 단정적인 어조로 드러나 당황스럽기도 하다. 본 것을 '보았다' 말하고 아닌 것을 '아니다'라 말하는 그 당시의 어법을, 도저히 그대로 수용할 수 없어 더러는 '볼 수 있다'로 '아닐 수 있다'로 다듬으면서 약간은 씁쓸했다. 그 시절의 거칠 것 없는 패기라는 것이, 사실은 무엇이 되어야 한다거나 하는 강박감이 배제된, 단지 무엇을 하고 있다는 사실 자체에 기쁨을 느낀 데서 빚어진 당찬 열정임을 알고 있기 때문이다.

19세기 시조에 대한 관심사가 「남훈틱평가」라는 자료집을 통해 개화된 것은, 순전한 호기심 때문이었다. 한 권 책으로 정리된 모산 선생님의 작업에 경탄하면서 세세하게 확인하고 싶은 자료적 실상에 대한 열망이 의외로 컸고, 그 열망은 발 닿을 수 있는 여러 도서관의 고서 자료실로 나를 이끌었다. 더러는 복사를 하고 또 더러는 열람만 하면서 손에 만져지는 당대적 상황의 실마리들은 충분히 유의미했고, 그런 맥락에서 시조 장르의 역동적 움직임에 눈을 뜨기 시작했음은 당연하다.

더욱이 「남훈티평가」가 시조창을 전제로 한 방각본 가집으로, 제한된 전승방식의 필사본 가집들과 달리 보다 개방적인 보급용 가집의 성격을 지닌다는 사실은, 석사과정에 입학하여 뒤늦게 국악 공부를 하며 난해하게 여겼던 시조 장르의 양면성에 대한 이해를 가능케 했다. 작품 하나를 중심에 두는 해석이 아닌, 작품집 차원에서 전체를 보는 안목에 눈뜨게 되었고, 그 하나가 있기까지의 전후 맥락을 따져보게 되는 작업이 어떠한 의미를 갖는지를 구체적으로 알게 되었던 것이다. 문학이면서 음악이기도 한 시조 자료의 특이한 실상은, 고전시가에 대한 매료를 더욱 강하게 했다.

자료적 실상에 대한 해석의 방향에서 특히 19세기를 주목할 수 있었던 것은 사학계의 논의에 관심을 기울인 덕분이기도 하다. 조선 후기로 통괄하기보다 후기를 세분화하여 구체적 논의를 진척시키는 사학계의 동향에 관심을 가지면서, 정작 18세기와 19세기의 변별성이란 것이 조선 후기의 시조 문학 연구에 보다 시급하고도 중요하다고 생각하였기 때문이다. 또한 시조의 후기적 변모상으로 흔히 거론되는 가객과 가단, 사설시조 중심의 논의가 확인된 부분적 자료의 실상에 제한된 것일 수도 있기에, 18세기와 19세기의 변별성을 유효화시키기 위해서라도 보다 유연한 사고와 통찰이 필요하였고, 이에 대해서는 다소 생소한 대중문화 쪽의 논의가 도움이 되었다.

이렇게 현대시를 좋아하던 내가 시조를 선택하고 이어 국악을, 역사를, 문화를 공부하게 된 것은 나를 키우는 자양분이 그만큼 다양하고도 풍부할 수 있었음을 말해주는 것이리라. 하지만 나의 관심이 「남훈티평가」에 있었던 만큼 내 지식의 삽질도 사실은 꼭 그만큼이어서, 지적 허기는 금세 채워졌고 또 더러 잊기도 하면서 산만한 탐구의 여정을 보낼 수밖에 없었다. 단지 무엇을 하고 있다는 사실만이 기쁘고 행복했을 뿐, 이제 돌아보건대, 시조 전승의 맥락들을 제대로 정리해내는 작업이 간단치 않음은 당대적 상황에 대한 이해가 전제되어야 하기 때문이고, 구비 전승의 역동적 힘에 대한 이해는 역으로 시조집으로 남겨진 실상 너머를 읽어내고 알아내는 안목과도 통하는 것이다.

이후 충분한 시간이 흘렀음에도 후속 논의를 잇지 못한 데는 박사과정에 진학한 뒤 나의 관심사가 송강 시가의 수용사적 탐색에 쏠려있기 때문이기도 하고, 때마침 왕성하게 논의의 봇물을 트고 쏟아져 나오는 19세기의 논의성과에 지레 겁을 먹었기 때문이기도 하다. 순전한 그리고 순진한 관심에서 애정 있게 들여다본 「남훈티평가」의 자료적 가치가 크다고 할수록 제대로 보았는가 하는 부담이 그제야 생겼고, 겸손이라 하기에도 쑥스러운 감정들이 생각보다 커서 내 스스로 이 방면에 대한 관심을 접을 수밖에 없었다. 그럼에도 어쩌지 못하는 애정이 2001년의 보론(補論)으로 나왔고, 이제 이들 작업을 책으로 엮어내는 것은 이 방면에 대한 관심을 좀 더 구체화하겠다는 내 나름의 각오를 다지는 것이기도 하다.

다시 원고를 고쳐 엮으면서 세월의 흐름을 거듭 느낀다. 더러는 과문한 흔적을 보이는 부분들도 있어 면구스럽다. 그 당시엔 도저히 확인될 수 없었던 지점이기도 하고 보다 설득력 있게 정리될 수 있는 지점이기도 한 부분들을, 그럼에도 구태여 손보지 않은 것은, 내가 확인한 자료적 실상에 근거하여 논의를 펼치고 있다는 사실이 이 책에서는 보다 중요하기 때문이다. 무엇보다 최근에 활발히 이루어지는 이 방면의 논의들이 그 부족함을 충분히 보완해주고 있기에, 연구 논저의 목록을 제시하는 것으로 대신할 수 있을 듯하다.

이 한 권의 책을 꾸리는 데 다시 여러 분의 도움을 받았다. 거칠기 그지없는 원고를 이렇게 책으로 다듬어주신 보고사의 김홍국 사장님과 이경민 선생님, 그리고 주저함이 많은 나의 결단을 독려해준 박해남 선생께 감사드린다.

과연 무엇을 할 수 있을 것인가 하는 물음은 이제 내게 선택권이 없다. 그 시절처럼 길게 멀리 볼 수 있는 안목이 오히려 지금에 필요함에도, 지금의 시간들은 그런 여유를 허용하지 않기 때문이다. 하여, 거꾸로 강을 거슬러 오르는 저 힘찬 연어들처럼 걸어, 걸어가는... 일만이 남았을 뿐이다.

2005년 10월

崔圭穗

# 차 례

▶ 책머리에 · 5

## 제1부 「남훈틱평가」를 통해 본 19세기 시조의 변모 양상

Ⅰ. 서론 · 13

Ⅱ. 「남훈틱평가」의 자료적 검토 · 18
1. 서지 사항 ………… 18
2. 수록 작품 개관 ………… 20
3. 「남훈틱평가」의 영향력 ………… 22

Ⅲ. 「남훈틱평가」에 나타난 시조 작품의 변모 양상 · 25
1. 시조 창작의 태도와 수준 ………… 25
2. '통속적 민요 세계'의 지향 ………… 44
3. 「남훈틱평가」에 나타난 19세기 시조의 성격 ………… 72

Ⅳ. 「남훈틱평가」에 나타난 시조 작품의 변모 요인과 배경 · 76
1. 문학적 환경의 측면 ………… 76
2. 시조집으로서의 성격적 측면 ………… 90

Ⅴ. 「남훈틱평가」의 문학사적 의의 · 106
1. 19세기 문학의 사적 동향 ………… 106
2. 말기 시조와의 연계성 ………… 109

Ⅵ. 결론 · 123

## 제2부 「남훈틔평가」 소재 시조의 종장 구성상의 특징과 그 의미

Ⅰ. 서론 · 129

Ⅱ. 「남훈틔평가」 소재 시조의 종장 구성상의 특징 · 132
1. 돈호법의 활용 통한 대화체 분위기의 완성 ..... 132
2. 구어체 종구 표현에 나타난 종장의 완결성 ..... 137
3. 한자어 사용의 적극성과 방언 표기의 등장 ..... 141

Ⅲ. 「남훈틔평가」에 나타난 종장 특징의 의미 · 149
1. 시조창의 형식적 견인과 시조 취향의 모색 ..... 149
2. 말하기 방식의 변화와 이후 시조와의 맥락 ..... 153

Ⅳ. 결론 · 158

## 제3부 자료편

남훈틔평가 권지단 · 163

▸참고문헌 · 207
▸찾아보기 · 213
▸부록 남훈틔평가 영인본 · 221

‖ 제1부 ‖

# 「남훈티평가」를 통해 본 19세기 시조의 변모 양상

# Ⅰ. 서론

조선 후기의 시조 연구에 있어 기존 논의는 주로 사설시조의 등장과 가객(歌客)·가단(歌壇)의 출현이라는 두드러진 사실에 집중되어 왔다. 이는 이러한 양상이 양식적 변화의 측면과 담당층의 확대 혹은 변모라는 측면에서 주목할 만한 의의를 지니기 때문이다.

이러한 연구 경향은 19세기 시조의 경우에도 마찬가지로 지속되어 왔다. 19세기 시조에 대한 연구는 전반적 검토를 행한 최동원의 논의[1]가 있을 뿐, 이세보·안민영·조황 등을 대상으로 한 개괄적 논의[2]외에는 박효관·안민영 중심의 가단 활동과 「가곡원류(歌曲源流)」·「금옥총부(金玉叢部)의 편찬 사실에 대개의 논의가 집중되어 있는 게 현실이다. 19세기 시조의 시대적 성격을 '단시조·장시조 모두의 쇠잔기'[3] 혹은 '시조 창작의 쇠퇴와 창곡 왕성(唱曲旺盛) 시대'[4]로 규정짓

---

1) 최동원, 「19세기 시조의 시대적 성격」, 『고시조론』, 삼영사, 1983.

2) 이들 작가에 대해서는 고시조의 사적(史的) 전개를 고찰한 작업에서 간단한 언급이 되고 있으며, 본격적인 개관은 다음의 논의들에서 이루어졌다.
진동혁, 『이세보 시조 연구』, 집문당, 1983; 박을수, 「안민영론」, 『한국문학작가론』, 형설출판사, 1977; 심재완, 「금옥총부(주옹만영) 연구」, 청구대학 『논문집』4, 1961; 강전섭, 「금옥총부에 대하여」, 『한국고전문학연구』, 대왕사, 1982; 정명세, 「조삼죽(趙三竹) 시조의 연구」, 『어문학』48, 한국어문학회, 1986.

는 것도 부분적 자료의 성격에 치중한 결과라 볼 수 있다.

시조의 사적(史的) 고찰에서 행한 시대 구분을 보면, 다음과 같이 19세기 시조의 성격을 파악하고 있다.

· 이능우, 『이해를 위한 이조 시조사』, 이문당, 1956.
4기로 나누고 숙종초에서 이조말(1675~1910)의 기간을 봉건 왕조의 말기 시조로 보았다.
· 박성의, 「한국시가문학사(중)」, 『한국문학사대계』, 고대민족문화연구소, 1967.
5기로 나누고 경종초에서 한말의 기간을 쇠퇴기로 규정하였다.
· 진동혁, 『고시조문학론』, 형성출판사, 1972.
6기로 나누고 순조에서 고종 31년(1801~1894)의 기간을 6기로 규정하였다.
· 이태극, 『시조의 사적(史的) 연구』, 선명문화사, 1974.
3기로 나누고 경종초에서 고종말(1721~1907)의 기간을 쇠퇴기로 규정하였다.
· 박을수, 『한국 시조 문학 전사』, 성문각, 1978.
6기로 나누고 경종 1년(1721)~고종 31년(1894)를 제4기의 시조 문학으로, 1895년에서 1910년 사이의 시조를 부흥기로 구분하였다.
· 최동원, 「고시조 문학사의 시대구분고」, 부산대 『인문논총』26집, 1984.
단시조와 장시조의 상관관계와 그 역사적인 전개 양상의 차이에 따라 5기로 구분한 뒤, 순조~고종에 이르는 19세기를 단시조·장시조의 쇠잔기로 규정하였다.

이로 볼 때, 19세기 시조사에 대한 공통적인 인식은 18세기의 가집·

3) 최동원, 「고시조 문학사의 시대구분 고」, 부산대 『인문논총』26집, 1984, 110면.
4) 조윤제, 『한국시가사강』, 을유문화사, 1954, 415면.

가단 출현과 사설시조의 등장 사실이 주는 의의에 주목하여 18세기와 구분하지 않거나, 아니면 18세기 시조의 의의를 계승하지 못하고 오히려 쇠퇴하는 시기로 파악하고 있다고 정리된다.

여기에서 조선 후기 시조에서 이룩한 '양식적 변화'와 '담당층의 확대 혹은 변모'의 의미가 19세기에는 어떻게 계승되며, 이후 나타나는 시조 양상들과는 어떤 연관성을 갖는지에 대한 고찰이 요청된다. 이는 말기(末期) 시조[5]의 다양한 양상과 성격을 설명할 수 있는 단서가 다름아닌 19세기 시조의 성격에서 찾아져야 하겠기 때문이다.

이러한 논의를 위해, 「남훈틱평가」라는 방각본(坊刻本) 시조집을 논의의 중심 자료로 선택하여 이에 나타난 시조 작품의 변모 양상과 요인을 고찰하고자 한다. 이는 다음 장에서 행해질 대상 자료의 검토에서 드러나겠지만, 19세기 시조 성격의 특징적 단면을 파악하는 데 「남훈틱평가」의 자료적 가치를 크게 주목할 필요가 있기 때문이다.

먼저 「남훈틱평가」에 대한 기왕의 논의를 정리하면 다음과 같다.

- 조윤제, 『한국시가사강』, 을유문화사, 1954.
  음악적 목적을 위하여 편찬된 순국문 인본(印本)으로 성격을 규정하였다.
- 심재완, 『시조의 문헌적 연구』, 신구문화사, 1972.
  문헌의 서지적 검토를 행하면서 최초의 인간본(印刊本)임을 지적하였다.
- 이능우, 「보급용 가집들에 대하여」, 『한국시가문학연구』, 신구문화사, 1982.
  딱지본 노래책의 성격과 등장을 서술하는 맥락에서 가집 보급을 위한 최초의 간행물임을 지적하였다.
- 조동일, 『한국문학통사 4』, 지식산업사, 1982.

5) 여기에서 말기 시조라 함은 다양한 형태 변용뿐만 아니라 장르의 기능 변화까지 아울러 지칭하는 것으로, 개화기 시조 직전의 단계라 할 수 있다. 이에 관해서는 「남훈틱평가」의 문학사적 의의를 정리하는 V장에서 자세히 언급하게 될 것이다.

방각본으로 편찬된 시조집으로 『남훈태평가』가 있음을 언급하는 선에서 그쳤다.

· 김대행, 『시조유형론』, 이대출판부, 1986.
시조 운동의 전개를 살피는 자리에서 「남훈태평가」를 비롯한 시조집의 출현 사실에 주목하였다.

무엇보다 「남훈태평가」 소재 시조 작품에 대한 집중적인 고찰은 행해지지 않았으나, 시조 작품의 종장 종구(終句)가 생략되어 있다는 점에서 가곡창보다 시조창을 위주로 편찬되었다는 점과, 휘몰이잡가와 비슷한 작품이 나타나고 체재상 잡가편과 가사편의 작품들을 함께 수록한 점에 주목하여 잡가 논의의 단서로 제시되는 단편적인 언급이 있을 뿐이다.[6]

그런데 시조 자료의 성격에 있어서 19세기의 시조 문헌은 18세기의 경우와는 달리 대단히 다양하다는 점에 주목할 필요가 있다.[7] 18세기의 시조 문헌은 대체로 구전(口傳)되어 온 시조 작품의 일차적인 집적(集積)과 정리라는 점에서 크나큰 의의를 갖는 반면, 19세기의 시조 문헌은 이러한 자료의 정리 차원을 뛰어넘어 개개의 가집마다 개성적인 측면이 발휘될 수 있는 여지가 큼을 발견할 수 있기 때문이다.

---

6) 이노형, 「잡가의 유형과 그 담당층에 대한 연구」, 서울대 『국문학연구』80집, 1983; 최상수, 「잡가의 장르적 성향과 그 수용 양상」, 성균관대 석사학위 논문, 1984; 하희정, 「잡가의 장르적 성격」, 이화여대 석사학위 논문, 1987.

7) 심재완(『시조의 문헌적 연구』, 세종문화사, 1972)에 의하면, 시조 문헌은 가집 43종 · 부(附) 14종(가집 7종 · 문헌 7종) 문집 · 판본 · 사본류 68종으로 그 전체 수는 125종 이상으로 추정된다. 시대가 내려갈수록 가집의 내용과 편집 방법 · 수종이 다기(多岐)해지고 있으며 「청구영언」진본 · 「해동가요」 등을 제외한 대부분의 가집이 19세기 이후 출간된 것이라 파악하고 있다.
정병욱, 『시조문학사전』, 신구문화사, 1972; 박을수, 『한국시조문학전사』, 성문각, 1978 참조.

이런 점에서 19세기의 시조 문헌은 보다 세밀히 고찰할 필요가 있다. 19세기 시조 문헌이 다양하게 나타남은 당대 시조 장르가 지닌 복합적 성격을 반영하는 것이라 보아도 될 것이며, 이를 중심으로 그 전후 맥락을 따지는 것은 시조의 사적 전개 과정을 파악하는 중요한 작업이 될 것이다.

아울러 「남훈태평가」를 둘러싼 19세기의 문학적 환경을 살펴볼 때, 당대 시조 장르가 지닌 성격과 의의는 무엇인지에 대한 문제가 제기된다. 문학사의 보편적 흐름이 19세기 이후 대중화(大衆化)의 양상과 성격을 두드러지게 나타내고 있기 때문이다. 이러한 사실에 주목하여 「남훈태평가」를 고찰하면 예술에 대한 수요가 확산되면서 충분한 상업적 가치를 부여받게 되는 사회·경제적 토대의 산물로서 시조 장르가 존재하게 되는 양상을 확인할 수 있을 것이다.

그러므로 본고의 기본적인 입장은 19세기 대중문학의 형성이라는 거시적 구조 속에서 당대 시조의 동향을 살피는 것이 된다. 이를 통해 전형적인 사대부 예술이라 할 수 있는 시조 장르가 일반 서민층에 확대·보급되면서 대중화되는 과정을 규명하는 데 연구의 의의를 두고자 한다.

# Ⅱ. 「남훈틱평가」의 자료적 검토

## 1. 서지 사항

「남훈틱평가」는 경판(京板)으로 판각된 순국문 시조집이다. 단권(單卷)의 체재로 된 권지단(1책 28장)과 분권(分卷)의 체재로 된 권지상(1책 17장)・권지하(1책 16장)가 있다.

- 「남훈틱평가」 권지단(1책 28장)

가로 25㎝, 세로 18.5㎝
사주단변 반엽광곽(四周單邊 半葉匡廓) ; 20.5×16.5㎝. 무괘(無罫).
1면당 14행이며, 매행 24~26자.
판심(板心) ; 상화문어미(上花紋魚尾)
간기(刊記) ; 계해석동신간(癸亥石洞新刊)

- 「남훈틱평가」 권지상(1책 17장)・권지하(1책 16장)

가로 26㎝, 세로 17.5㎝
사주단변 반엽광곽(四周單邊 半葉匡廓) ; 20.5×15㎝. 무괘(無罫).
1면당 15행이며, 매행 23~27자.
판심(板心) ; 상하내향흑어미(上下內向黑魚尾)

수록 체재를 보면, ‘낙시됴 · 롱 · 편 · 송 · 소용 · 우됴 · 후정화 · 계면 · 만수ᄃᆡ엽 · 원사청 · 잡가 · 가사’의 목차를 제시한 뒤, 시조 · 잡가 · 가사의 세 부분으로 나누어 작품을 수록하고 있다. ‘낙시됴’항에 시조 224수를 수록하고, ‘잡가편’에서는 <쇼츈향가> · <ᄆᆡ화가> · <ᄇᆡᆨ구사>를, ‘가사편’에서는 <츈면곡> · <상사별곡> · <쳐사가> · <어부사>를 수록하고 있다.

순국문으로 표기되어 있으며, 46번째 작품까지는 불완전한 대로나마 시조의 3장 형식에 따라 장(章)을 구분하는 구두점을 찍고 있다. 전체적으로 종장의 마지막 3, 4음절은 생략되어 있으므로, 시조창을 전제로 한 가집임을 짐작할 수 있다.

편찬 연대는 간기인 ‘계해(癸亥)’를 근거로 영조 19년(1743) · 순조 3년(1803) · 철종 14년(1863)의 가능성을 생각할 수 있는데, 수록된 시조 작품 중 신위(1769~1847)의 한시 <야춘(冶春)>을 시조화한 것이 있으므로[8] 철종 14년(1863)에 편찬되었다고 추정된다.

판각소인 ‘석동(石洞)’은 방각본 고대소설이 집중적으로 출판되었던 철종~순조년간의 고소설 판각지(板刻地)를 참고하여 석교(石橋, 현 서대문밖 독립문 근처)와 석교동(石橋洞, 현 남대문밖 동자동과 서계동의 경계, 광화문 근처)을 생각할 수 있지만 확실하지는 않다.[9] 편자 역시 미상(未詳)이다.

---

8) 다음과 같은 작품으로 107번째로 수록되었다.
“황산곡니 당춘절하고 니빅화지 슈절장를/ 오류촌 심도렷티 ᄒᆞ니 갈녹쥬 우낭낭를/ 아마도 이글 지은 자는 자하런가//”

9) 이능우, 「이야기책의 판본지략(板本誌略)」, 『고소설연구』, 이우출판사, 1976, 249~268면.

## 2. 수록 작품 개관

「남훈틱평가」에 수록된 시조 작품 224수를 보면, 「남훈틱평가」에만 나타나는 시조 작품은 7수[10], 「시조(時調)」·「시가요곡(詩歌謠曲)」·「조(調) 및 사(詞)」·「시철가」 등에 함께 나타나는 시조 작품이 59수이며, 나머지 158수의 경우 여타 필사본 가집과 중복되는 작품이다.

논의가 진행되면서 드러나겠지만, 이렇게 재수록된 158수의 작품 중에는 개작(改作)의 방향을 보임으로써 기존 작품과 달라지는 경우가 많다. 즉, 78수에 해당하는 작품이 기존 작품의 종장과 다르거나 어조·표현 등의 변화를 보이고 있다. 그리고 이렇게 개작의 방향을 보이는 작품들은 「시조」·「시가요곡」·「조 및 사」·「시철가」 등에 함께 나타난다. 본고에서는 바로 이 점에 주목하여, 주로 「시조」 등의 가집에 공통되는 작품과 개작의 방향을 보이는 작품을 중심으로 논의를 진행하게 될 것이다.

먼저, 「남훈틱평가」의 특징적 양상으로, 시조 외에도 잡가·가사를 함께 수록하는 방식이 새로운데, 이러한 수록체재를 보이는 시조 문헌을 정리하면 다음과 같다.

---

10) 『역대 시조전서』에 수록된 55, 96, 748, 880, 1512, 1844, 2473번 작품이 해당된다. 이하 인용되는 작품에 해당되는 번호는 『역대 시조전서』를 기준으로 삼는다.

| 작품명 / 가집명 | 白鷗詞 | 黃鷄詞 | 竹枝詞 | 春眠曲 | 길軍樂 | 漁父詞 | 相思別曲 | 勸酒歌 | 首陽山歌 | 褒陽歌 | 處士歌 | 梅花打令 |
|---|---|---|---|---|---|---|---|---|---|---|---|---|
| 고금가곡(古今歌曲) | | | ○ | ○ | | ○ | | | | ○ | | |
| 청구영언(靑丘永言)(육당본) | ○ | ○ 黃鷄詞 | | ○ | ○ 軍樂 | ○ | ○ | ○ | | ○ | ○ | ○ 梅花歌 |
| 남훈태평가(南薰太平歌) | ○ | | | ○ | | ○ | ○ | | | | ○ | ○ ᄆᆡ화가 |
| 시조(時調) | ○ | | | ○ | | | | | | | | ○ ᄆᆡ화가 |
| 가곡원류(歌曲源流)(河合本) | ○ | ○ 黃鷄打令 | | ○ | ○ 路中歌 | ○ | ○ | | ○ | | ○ | |
| 가곡원류(가람본) | | ○ | ○ | ○ | ○ | ○ | ○ | ○ | ○ | ○ | ○ | ○ ᄆᆡ화사 |
| 시가요곡(詩歌謠曲) | | ○ | | ○ | ○ | | ○ | | | | | |
| 대동풍아(大同風雅) | | ○ | ○ | ○ | | | ○ | ○ | | | ○ | |
| 시철가 | ○ | ○ | | ○ | | | ○ | | | | | |

「남훈ᄐᆡ평가」에 수록된 잡가·가사 작품을 「한국가창대계(韓國歌唱大系)」[11]를 기준으로 검토하면, 다음과 같이 어구(語句) 첨삭(添削)의 양상을 발견할 수 있다.

- 잡가편의 경우

① <쇼춘향가>; 종결구 "바라를 보니 눈에 암암"이 "어히 그리 못오던가"로 바뀌어 나타남.

② <ᄆᆡ화가>; 2·3구 "춘설이 하분분ᄒᆞ니 필지말지 ᄒᆞ다마는 입 픠엿든 가지마다 픠염즉도 ᄒᆞ다마는"의 순서가 바뀌어 나타남. 9구 다음의 "그 중 놈이 ᄇᆡᆨ운을 가르치며 돈담무심만 허는구나"의 1구는 다른 가집에 없음.

11) 이창배, 『한국가창대계(韓國歌唱大系)』, 홍익문화사, 1976.

③ <빅구사>; "녹죽창송은 높기를 다투어" 다음의 "명사십리에 해당화만 피어서 모진광풍을…경(景)일러냐" 부분이 생략되어 있음.

- 가사편의 경우

① <츈면곡>; 『한국가창대계』의 종결구 이후에 "너는 죽어 곳치되고 나는 죽어 나뷔되여…" 부분이 첨가되면서 훨씬 부연됨.
② <쳐사가>; "천사류지 느러졌다" 이후 곧바로 종결구 "아마도 창강산임자는 나뿐인가 하노라"가 이어지고 있다. 생략된 구절은 "자룡택반 낚은 대가 백루금린 뛰놀으다…"임.
③ <상사별곡>; 『한국가창대계』의 종결구 이후 "천금쥬옥 귀밧기오 셰사일부 관계ᄒᆞ랴" 이하 상당 부분이 첨가되어 있음.
④ <어부사>; 작품의 곳곳에서 조사 사용이 다르며, 아예 생략되거나 어구의 순서가 교체되는 부분이 있음.

이러한 어구 첨삭의 양상은 방각본 고소설의 경우에서 나타나는 축약(縮約)·확대(擴大)·부분적 변이의 양상과 마찬가지의 의미를 지닌다고 보아 무방하다. 즉 출판업자의 출판 경비와 관련된 사항으로, 이에 대해서는 논의가 진행되면서 그 의미를 주목하게 될 것이다.

## 3. 「남훈틔평가」의 영향력

「남훈틔평가」의 수록 작품을 개관하면서 드러난 바와 같이, 「남훈틔평가」와 많은 작품을 공유하는 시조 문헌으로는 다음의 네 가집을 주목할 수 있다.[12)]

먼저, 「시조」의 경우이다. 편자·편찬 연대 미상의 가집으로, 시조

12) 이들 동류 국문 시조집을 중심으로 한 작품 고찰은 말기 시조의 연계성을 살핀 V장에서 행해질 것이다.

125수와 잡가 3편을 수록하고 있다. 시조 작품의 경우 종장 종구를 생략하고 있으며, 전체적인 표기 양상은 순국문의 방식을 취하고 있다. 3수(516, 2156, 2481번)의 신출작품이 수록되어 있다.

다음으로, 「시가요곡」의 경우이다. 편자 미상의 가집으로, 편찬 연대는 1846년에서 1901년 사이로 추정된다. 시조 146수와 잡가 4편을 수록하고 있으며, 앞서와 마찬가지로 종장 종구 생략, 순국문 표기, 곡조별 분류 등의 특징이 지적된다. 9수(133, 444, 620, 1483, 1589, 1655, 2092, 2978, 3087번)의 신출작품이 수록되어 있다.

「조 및 사」의 경우 역시 시조 70수를 수록하고 있는 편자, 편찬 연대 미상의 가집이다. 앞서의 가집과 마찬가지로 종장 종구를 생략하고 있다. 국문 표기를 위주로 하되, 간혹 한자 표기도 혼용하고 있다. 곡조별 분류의 방식을 취하였다. 모두 19수(514, 547, 747, 753, 778, 840, 982, 1408, 1487, 1494, 1890, 1995, 2235, 2459, 3003, 3044, 3090, 3190, 3210번)의 신출 작품을 수록하고 있으며, 그 경향도 다채롭다.

마지막으로 「시철가」가 있다. 편자 미상의 가집으로, 1887년에 편찬된 것으로 추정된다. 시조 97수와 잡가 4편을 수록하고 있으며, 종장 종구 생략과 순국문 표기라는 특징은 앞서의 가집들과 공통적이다. 이 경우에도 24수(61, 363, 376, 614, 730, 745, 746, 770, 779, 822, 856, 860, 949, 1252, 1497, 1792, 1830, 1998, 2088, 2290, 2422, 2841, 2972, 3108번)의 신출 작품이 보인다.

이들 시조집은 「남훈틔평가」의 영향을 받은 흔적이 역력하여, 「남훈틔평가」와 동류(同類) 국문 시조집이라 보아 무방하다. 이는 「남훈틔평가」보다 후대에 나온 것으로 추정되기 때문이기도 한데, 무엇보다 다음과 같은 이유에서 그 성격이 공통적이라 볼 수 있다.

첫째, 작품의 수록 체재와 내용을 볼 때 시조 외에도 잡가・가사를 함께 수록하고 있다는 점에서 공통적이다. 「시조」는 <ᄆᆡ화가>·<ᄇᆡᆨ구사>·<춘면곡>을 함께 수록하고 있으며, 「시가요곡」은 <상사별곡>·<츈면곡> 등을, 「시철가」는 <백구사>·<상사별곡> 등을 함께 수록하고 있다.

둘째, 표기법의 측면에서도 공통적이다. 「시조」·「시가요곡」·「시쳘가」는 순국문으로 표기되었으며, 「조 및 사」는 국문을 위주로 하면서 간혹 한자가 섞인 상태이다.

셋째, 무엇보다도 음악 형식이 같다는 점이다. 시조 작품 종장의 종구(終句)를 생략하고 있다는 점에서, 「남훈ᄐᆡ평가」와 마찬가지로 시조창을 전제로 한 시조집임을 알 수 있기 때문이다.

특히 「남훈ᄐᆡ평가」의 영향력이 자못 지대했음은 1928년 기성권번(箕城券番)에서 간행한 활자본 가집 「가곡보감(歌曲寶鑑)」의 경우에서도 확인된다. 김구희(金龜禧)가 편집한 이 책은 '가곡·가사·시조·서도잡가·남도잡가·경성잡가·영산회상' 등을 내용으로 하고 있는데, 시조의 경우에는 「남훈ᄐᆡ평가」에서 보인 새로운 작품들을 수록하는 경향이 크기 때문이다.

이로 볼 때, 「남훈ᄐᆡ평가」에 나타난 시조 작품의 양상과 성격은 「남훈ᄐᆡ평가」라는 일개 시조집에 국한되는 것이 아니라, 동류 국문 시조집에까지 적용될 수 있다. 이 점에서 19세기 시조의 일 성격을 대표하는 자료로 선정하여 논의를 전개시키는 데 무리가 없으리라 생각한다.

# Ⅲ. 「남훈틔평가」에 나타난 시조 작품의 변모 양상

## 1. 시조 창작의 태도와 수준

### 1) 시조 작품의 전반적 양상

「남훈티평가」에 수록된 시조 작품을 보면, 다른 가집에서는 보이지 않고 「남훈티평가」를 비롯한 동류 국문 시조집에만 나타나는 일군의 작품들이 있는 한편, 기존 작품을 개작하는 양상도 나타나고 있다. 여타의 가집에서 나타나지 않는 새로운 작품의 수록은 편자의 취향 내지 편찬 의도를 일차적으로 반영하는 것이며, 그 작품들의 공통적 경향이 있다면 그것은 수록된 문헌의 특성과 결코 무관한 것이 아닐 것이다.

이 때, 작품을 어떻게 창작하는가 하는 창작태도의 측면에서 작품 양상을 고찰할 때, 기존 작품을 변용하는 경우와 새로이 창작하는 경우로 나누어 볼 수 있다.

먼저, 새로운 작품을 창작하는 경우 그 경향을 한마디로 말하기는 곤란하다. 어조나 주제・소재의 변화를 보이되, 형식의 파격을 이루는 경우도 있고, 이와는 반대로 형식의 정제성(整齊性)을 잃지 않는 경우가 있으며, 다른 장르와 모티프를 공유하면서 형식의 파격(破格)을 크게 이루는 경우가 있어 그 양상은 여러 가지이기 때문이다.

어조나 주제·소재의 변화를 보이며 창작되는 작품의 경우는 다음 장에서 다루기로 하고, 여기에서는 다른 장르와 모티프를 공유하면서 형식의 파격을 크게 이루는 경우를 보다 중점적으로 살피기로 한다.

예를 들어, 다음의 작품은 판소리의 허두가(虛頭歌)로 불리는 단가(短歌) <죽장망혜>와 모티프를 공유하고 있으며,

• 즉장망혀 단표자로 천리 강산 드러가니 그 곳지 골이 깁허 두견 졉동이 ᄂᆞ졔 운다 구름은 뭉게뭉게 퓌여 낙낙장송에 봉 둘너 잇고 바람은 솰솰 부러 시ᄂᆡ암상에 쏫가지만 쩔쩔이는고나 그 곳지 별유쳐지 별건곤이니 아니 갈가. 「남훈틱평가」

다음의 작품들은 휘몰이잡가 중 <맹꽁이타령>·<한잔 부어라>와 모티프를 공유하는 양상을 나타내고 있다.

• 져 건너 신집사집 시렁우회 언친 거시 쌀은 청청둥청경미 청차조쌀이 아니 쌀은 청청둥 청경미 청차조쌀이냐 우ᄃᆡ ᄆᆡᆼᄭᅩᆼ이 다섯 아레ᄃᆡ ᄆᆡᆼᄭᅩᆼ이 다섯……(중략)……코를 쥴쥴 흘니고 머리 푸러 산발ᄒᆞ고 눈을 회번덕이며 다리 ᄡᅩ아 ᄂᆡ밀면서 용 올니는 ᄆᆡᆼᄭᅩᆼ이 슈ᄆᆡᆼᄭᅩᆼ이냐. 「남훈틱평가」

• 한 잔을 부어라 가득이 부어 편포젼 왜반에 담아 뉴리잔에 가득 부어 아모도 몰ᄂᆡ 뒤초당 문갑우희 언젓더니……(중략)……반이ᄂᆞ 남앗나 보다 반달이로고나 인제는 헐 일이 업고 헐 일이 업스니 남은 달 남은 술 가지고 졍든 임 더리고 부지군 쏙다다 따버리고 완월장취. 「남훈틱평가」

예시한 작품들은 단순하다 할 수 있는 작품 발상의 동기가 주로 표현상의 변화를 보이면서 장형화(長型化)되는 경우에 해당된다. 이 밖에도 2434번(일소백미생이……)은 단가에 해당되며, 2456번(임슐지 추칠월…)

은 판소리 <적벽가>와 공통되고, 2553번(푸른 산중하에…)은 휘몰이 잡가와 유사하다.[13]

이러한 유사성은 휘몰이 잡가와 같은 장르에서는 동일한 모티프가 표현을 더욱 부연하게 되면서 시조형(時調型)과 멀어지게 되는 현상과 밀접한 관련성을 갖는다. 이를 주목하여 볼 때, 「남훈틱평가」에서 이미 장르 교섭 현상이 나타나고 있음을 분명히 확인할 수 있다. 이렇게 다른 장르와 모티프를 공유하는 양상은 잡가를 논의하는 자리에서 많이 논급되고 있는데, 본고에서는 장르 교섭의 현상이 「남훈틱평가」에서 보인다는 점을 지적하는 선에서 그치기로 한다.

다만, 장르 간 사설이 교섭하는 현상이 나타나는 것은 곧 시가 장르의 변별성이 엄격히 구별되기보다 그 경계가 희미해짐을 의미하는 것이라는 점은 분명히 해야될 것이다. 이 경우, 시조 장르가 사대부를 주요 담당층으로 하여 형성되고 유교적 이념을 기반으로 하여 견고한 형식적 구조와 수사적 특질을 지녀온 것과는 분명한 대조를 보이기 때문이다. 「남훈틱평가」의 이러한 일면은 시조 장르의 본질적 성격에 파탄을 초래한 결과라고 할 수 있는데, 이는 논의가 진행되면서 더욱 확연해질 것이다.

아울러 유흥적 공간을 구체적으로 설정한 작품 창작이 함께 나타난다는 점을 참작하는 것도 논의 전개에 도움이 된다. 작품의 주제 자체가 놀이 공간을 상정한 유흥적 실용성에 있으므로, 가창 장르의 공유 또한 가능케 하는 창작태도를 생각할 수 있기 때문이다.

이를테면, 다음에서와 같이 기생의 이름을 나열하며 '완월장취(玩月長醉)'의 주제를 나타내는 것은 담당층의 창작 수준과 시조 장르에 대

13) 해당 작품의 특성적 측면에 대한 이해는 최상수(1984)와 이노형(1987) 등의 논문 참조.

한 인식이 달라졌음을 의미한다.[14)]

● 믹화 사랑타가 난양으로 나려가니 무평초 부평초와 푸엿쏘나 담도회라 싀장아 연연 잉잉 츄월이 월즁믹 화션이 불너라 완월장취.

「남훈티평가」

무엇보다 시조의 삼장 형식(三章 形式)을 유지하면서도 이전과는 다른 분위기로 표현의 변화를 수반하고 있음은, 다름아닌 '표현법'에서 문학적 재미를 얻고 있기 때문이라 생각한다. 그리고 이러한 양상은 기존 작품을 개작하는 경우들에서 더욱 두드러지므로, 다음항에서는 여기에 논의의 중점을 보다 크게 두어 살피기로 한다.

### 2) 기존 작품의 변용 양상

여기에서 기존 작품의 변용(變容)이란, 이미 선행하는 작품에서 창작의 모태(母胎)를 구하여 작품 창작을 하는 일종의 개작(改作) 작업을 가리킨다. 예를 들어 작품의 어느 한 부분을 공유하는 여러 작품이 나타나는 경우나, 표현의 양상이 달라지더라도 작품의 의미에는 손상이 없는 경우, 그리고 독립적으로 존재하는 두 작품이 모여 또 다른 한 작품을 이루는 경우를 생각할 수 있다.

이러한 작품 개작 양상을 기왕의 논의에서는 구비적(口碑的) 창악물(唱樂物)이라는 시조의 성격[15)]을 고려하여 작품 전승의 과정에서 비롯

14) 이 밖에도 212번과 943번의 작품이 해당된다.

15) 시조 장르가 지닌 구비적 측면에 특히 주목한 논의로는, 최재남, 「구비적 측면에서 본시조의 시적 구성 방식」, 서울대 『국문학연구』64집, 1983; 신연우, 「어구의 결합 원리에서 본 시조의 구성 방식」, 정신문화연구원 부속 한국학대학원 석사학위 논문, 1986 등이 있다.

되는 이본(異本) 혹은 이문(異文)의 양상으로 처리하여 왔다. 예를 들어 시조 3행 중 한 행 정도가 달라지는 작품들은 동일한 작품으로 처리하고, 주로 종장이 달라지는 경우만을 따로 '이문(異文)'이라 하여 표제로 보인 시조와 구별하는 식이다. 이는 시조가 개인작(個人作)으로 창작되는 문학의 갈래이면서도 본격적인 가집의 출현으로 문헌에 기록화되기 이전까지는 여전히 구비적으로 전승될 수밖에 없는 토대를 주목하였기 때문이다. 특히 노래로 불리며 전승되는 과정에서 작품이 계속 변모되어 동일한 작품이 여러 시조집마다 다르게 표기되기까지 이른 현상을 꿰뚫어 효율적으로 작품들을 정리하기 위한 방법적 결단이라 생각한다.

그러나 다른 한편으로 이들 작품이 '이본' 또는 '이문'으로 처리된다 하더라도 각 시조집이나 문집에 독립적인 한 작품의 자격으로 전승되어온 측면을 분명히 하여 그 실상과 의미를 주목하는 것도 필요하다. 무엇보다 작품 변모의 과정에서 그 담당층의 능동적 입장을 고려한다면, 동일한 작품의 변용이라고만 하기는 곤란한 지점이 존재하기 때문이다. 또한 작품을 개작하는 작업에는 담당층의 문학적 취향과 장르 인식이 반영되게 마련이므로 이를 통해 그 문학적 환경을 해명할 수도 있다. 「남훈틱평가」에서는 바로 이런 현상이 가집의 성격을 파악하는 커다란 특징으로 나타나기에, 더더욱 작품 개별의 존재양상에 의미를 부여할 수 있어야 한다.

여기에서는 이와 같은 이유를 고려하여, 기존 작품의 개작 양상을 보다 구체적으로 고찰하고자 한다. 이를 통해 담당층의 시조 창작 태도와 수준의 변화를 파악하고, 나아가 담당층의 성격을 추정하는 단서를 얻을 수 있을 것이라 기대한다.

### (1) 기존 작품의 한 부분을 공유하는 경우

「남훈태평가」에 나타난 기존 작품의 변용 양상으로 주목할 만한 양상은 무엇보다 기존 작품의 한 부분을 공유하는 경우에서 확인된다. 이는 기존 작품의 어느 한 부분을 공유하는 여러 작품이 나타나기 때문인데, 초장・중장을 공유하면서 종장이 달라지는 경우와 초장을 공유하면서 중장・종장이 달라지는 경우, 그리고 초장・중장은 다르지만 종장을 공유하는 경우로 세분화될 정도로 양적 비중이 크다. 보다 중요한 것은 이렇게 기존작품과 한 부분을 공유하면서 완성된 작품마다 그 의미지향이 어떻게 달라지는가를 주목하는 일이다.

먼저, 기존 작품의 초장과 중장을 공유하는 경우를 살펴보자. 이에 해당하는 작품들은 각기 그 종장에서 여타 가집에서 볼 수 있는 표현이 아닌, 다른 표현을 사용하고 있다. 물론 다른 표현이라 하더라도 다른 시조 작품에서 두루 보이는 공식적 표현을 선택하여 특별히 주목할 작품의 의미 손상은 없는 것으로 보인다. 다만 한문투나 문어체보다 국문의 구어체(口語體)를 선호하고 있음은 눈여겨 볼 만하다.

• 아희야 ᄆᆞᆯ鞍裝ᄒᆞ여라 타고 川獵을 가자 술병 걸 제 힝여 盞 이즐세라 白髮을 흣날니며 여흘여흘 건너가니 <u>내 뒤에 ᄯᅳᆫ쇼 탄 벗님ᄂᆡ는 ᄒᆞᆷᄭᅴ 가자 ᄒᆞ더라</u>. 「병와가곡집」

→ 아희야 말 안장 지여라 타구셔 천렵 가자 술병 걸 제 항여나 잔 니즐세라 빅슈를 흣날리며 여흘여흘 건너가니 <u>아희야 이 뒤에 뭇나니 잇거든 뒨녀흘노</u>. 「남훈태평가」

위의 작품은 초장과 중장의 표현을 공유하되 종장이 달라지면서 사설시조나 잡가류에서 많이 보이는 공식적 표현을 사용하고 있으며,[16]

아래의 작품에서는 '백구'의 이미지를 끌어들여 작품을 마무리하고 있다. 여기에서 보이는 백구의 이미지 역시 새롭다기 보다는 공식화된 고정성을 띠는 것으로, 시조에서는 흔히 '강호의 즐거움'을 말하기 위해 자주 동원되기 때문이다.[17)]

• 太公이 낙든 낙ᄃᆡ 비러 嚴子陵의 긴 줄 ᄆᆡ여 范蠡의 ᄇᆡ를 타고 張翰을 ᄎᆞᄌᆞ가니 乾坤이 이르기를 ᄒᆞᆷ긔 늙ᄌᆞ ᄒᆞ더라. 「병와가곡집」

→ ᄐᆡ공의 낙ᄃᆡ 빌고 엄자릉의 쥴를 다라 범녀의 ᄇᆡ를 타고 장한의 강동 ᄎᆞᄌᆞ가니 ᄇᆡᆨ구야 날 본 체 마라 속인 알나. 「남훈ᄐᆡ평가」

또한 다음 작품의 종장에서 보이는 구어적 표현은 「남훈ᄐᆡ평가」의 특성으로 지적할 수 있다.[18)] 기존 작품의 종장에서 보이는 문어체적 종결어와는 다르기 때문인데, 이에 대해서는 어조와 표현의 변화를 다루면서 자세히 논급될 것이다.

• 神農氏 嘗百草ᄒᆞᆯ 제 萬病을 고치되 想思로 든 病은 百藥이 無效ㅣ로다 저 님아 널노 든 病이니 네 고칠가 하노라. 「병와가곡집」

→ 신농시 상ᄇᆡᆨ토호사 일만병를 다 고치되 임 그려 상사병에 ᄇᆡᆨ약무효로다 져 임아 널로 난 병이니 날 살려주렴. 「남훈ᄐᆡ평가」

앞서 살핀 작품들이 기존의 작품들과 초장과 중장을 공유하면서 「남훈ᄐᆡ평가」만의 개성적인 면모를 보여주는 실마리에 해당된다면, 다음

---

16) 이 밖에도 115, 1283, 2599, 2836번의 작품이 해당된다.

17) 이 밖에도 928, 1259, 2551번의 작품이 해당된다.

18) 이 밖에도 552, 1115, 1326, 1779, 1783, 1980번의 작품이 해당된다. 그리고 이러한 특성에 대해서는 다음 장 '어조와 표현의 변화'를 다루면서 자세히 언급하고자 한다.

의 예들은 「남훈ᄐᆡ평가」 소재 시조가 지닌 작품 개작의 방향을 파악하는 데 보다 중요한 단서를 제공해준다.

• 太白이 언지 사람 唐時節 翰林學士 風月之先生이오 翫月之豪士ㅣ로다 <u>平生에 但願長醉하고 不願醒을 하리라.</u> 「병와가곡집」

→ ᄐᆡᄇᆡᆨ이 언제 사람 당국시절 한림학ᄉᆞ 풍월지션싱이요 완월ᄒᆞ든 호ᄉᆡ로다 <u>아마도 시간천자 쥬중션은 ᄂᆡ젹션인가.</u> 「남훈ᄐᆡ평가」

위의 작품의 종장에서 기존 작품의 것과 달리 새롭게 보이는 '아마도 -는 -인가'의 표현은 「남훈ᄐᆡ평가」에서 한시를 시조화하는 중요한 방법으로 여러 차례 나타나고 있어 흥미로운데,[19] 그 양상을 살펴보면 다음과 같이 정리할 수 있다.

• 瀟湘何事等閒回
水碧沙明兩岸苔
二十五絃彈夜月
不勝淸怨却飛來　　　　전기(錢起)의 <귀안시(歸雁詩)>

→ 소상ᄒᆞᄉᆞ등한회오 슈벽사명냥안ᄐᆡ라/
이십오현를 탄냐월ᄒᆞ니 불승청원각비ᄅᆡ라/
<u>아마도 이 글 지은 ᄌᆞ는 당젼긔라</u>// 「남훈ᄐᆡ평가」

• 黃山谷裡當春光
李白花枝手折枝
五柳村尋陶令宅
葛巾漉酒雨浪浪　　　　신위(申緯)의 <야춘(冶春)>

19) 이를테면 212, 1179, 1662, 2019, 2137, 2414, 3110, 3298번의 작품이 해당된다.

→ 황산곡니당춘절ᄒᆞ고 니빅화지슈절장를/
오류촌심도렷턱ᄒᆞ니 갈녹쥬우낭낭를/
아마도 이 글 지은 자는 자하련가// 「남훈틱평가」

이상의 작품에서 볼 때, 작품 구조는 초·중장에서 한시 절구(絶句)를 현토한 형식을 취하고, 종장에서 '아마도 이 글 지은 자는 (누구)인가'식의 표현을 취한다는 공통성을 발견할 수 있다. 그리고 이러한 한시의 시조화 방식은 삼장(三章) 육구(六句)의 시조 형식을 견고히 유지함과 동시에 한시 절구의 형식도 손상시키지 않는다는 효과가 있어 흥미롭다.

하지만 다른 한편으로는 이러한 효과에도 불구하고, 문학적 번역의 차원에서 보자면 시적 기교의 미숙성이 드러남 역시 부인할 수 없다. 신위의 작품은 원문을 해석하면 "황산곡 속에서 봄철을 당하고/ 흰 오얏꽃 가지를 꺾어 지팡이를 만들어/ 오류촌 도령댁을 찾아가니/ 갈건으로 술을 걸러 비가 낭낭히 흐르는 것 같다//"정도가 될 것이다. 「병와가곡집」에는 다음과 같이 시조화된 작품이 있어, 「남훈틱평가」의 경우에서 보인 문학적 기교가 어느 정도로 미숙한지를 비교할 수 있기 때문이다.

黃山谷 도라드러 李白花를 것거 들고/
陶淵明 ᄎᆞᄌᆞ이라 五柳村에 드러가니/
葛巾에 술 듯는 소리 細雨聲인가//

물론, '한시의 시조화'라는 것이 한시와 시조라는 두 가지 다른 양식을 융합시키는 작업이기 때문에 한시의 내용을 시조의 틀에 맞추어 묶어내기가 쉽지는 않음을 짐작하기란 어렵지 않다. 그럼에도 이러한 현상은 「남훈티평가」의 담당층이 기존 작품의 창작 수준을 크게 넘어서지 못하고 기존의 시 형식을 활용하는 정도의 창작 수준을 가졌음을 보여주는 징표라 할 수 있을 것이다.

다음으로 살필 것은 앞서 살핀 바와 달리 초·중장은 다르지만 종장을 공유하는 경우이다. 특히 「남훈티평가」에 나타난 작시 원리의 특징을 보여주는 예로서, 다음의 작품을 주목할 만하다.

> ● 孫約正은 點心을 ᄎᆞ리고 李風憲은 酒肴를 장만ᄒᆞ소 거문고 伽倻琴 奚琴 琵琶 笛 觱篥 長鼓 工人으란 愚堂掌이 ᄃᆞ려오시 글 짓고 노릐 부르기와 女妓花香으란 내 다 擔當ᄒᆞ옵시. 진본 「청구영언」

> → 티빅이 ᄌᆞ널낭은 호아장쥴 환미쥬ᄒᆞ고 엄ᄌᆞ릉 자네는 동강 칠리탄에 은닌옥쳑 낙과 안쥬 담당ᄒᆞ소 연명 자네는 오현금을 둥지더라 둥실 타고 장자방 자네는 계명산 츄야월에 옥퉁소만 슬니 불소 그남아 글짓고 춤츄고 노릐부르길낭 늬 다 담당험셰. 「남훈티평가」

이 작품의 기본 구조를 도식화해보면 다음과 같이 나타낼 수 있다.

┌ 초장 : 술과 안주 담당은 (누구)
├ 중장 : 삼현육각 반주 담당은 (누구)
└ 종장 : 시작(詩作)·가무(歌舞) 담당은 (나)

비교적 단순한 이 구조에서 각 장마다 등장하는 '누구'에 해당되는 인물들을 주목하여 두 작품을 비교하면 흥미로운 사실이 확인된다. 진본 「청구영언」의 작품에서는 '손약정, 이풍헌, 우당장' 등 일상적 인물이 등장함에 비해, 「남훈티평가」의 작품에서는 이들 일상적 인물이 한결같이 '이태백, 엄자릉, 도연명, 장자방' 등 고대소설을 통해서나 접했을 법한 중국의 유명 인물로 바뀌어 등장함으로써 보다 허구적인 특징을 획득하는 것이 가능해졌기 때문이다. 더욱이 이렇게 작품이 개작되는 의도성에 굳이 의미를 부여하자면, 고대소설의 세계와 익숙한 담당층이라서 그렇지 않은가 생각할 수 있게 된다.[20]

사실, 진본 「청구영언」에 실린 이런 형식의 노래는 연회로 즐긴 '시조 연행의 관습에서 유용하게 불린, 이른바 현장성이 있는 노래'라 할 수 있다. 시조 향수 자체가 문화적인 현상이라 할 수 있기에, 그 주변의 문화와 그 문화가 지향하고 반영했던 현실을 여실히 드러냈으리라 짐작된다.[21]

그러므로 「남훈티평가」에서 이루어진 이러한 변용 양상에서 소위 '노래가사 바꿔 부르기'의 심리적 효과를 생각할 수 있다. 의미 지향은 같다고 하더라도 시조 작품 세계의 분위기를 수용층의 취향에 적절히 대응시키려는 의도일 수 있기 때문이다. 시대와 환경이 바뀌면 그 변화에 부응하여 시어(詩語)와 의식도 달라진다는 일반적 원리가 여기에 적용될 수 있을 것이다.

이런 의도는 기존 작품의 초장을 공유하면서 작품의 의미가 크게 달라지는 다음 예들에서도 파악된다. 시조의 형식이 단형(短型)이고 또 초장은 시상(詩想)의 단서가 된다는 점에서 매우 중요함에도 불구하고, 중장과 종장의 전개는 사뭇 다르기 때문이다.

---

20) 담당층의 이러한 성격에 대해서는 3)장과 편자의 성격을 다룬 Ⅳ장 부분에서 자세히 살피기로 하겠다.

21) 다음의 논의들에서는 예시한 작품에 등장하는 '풍헌 · 약정 · 당장' 등을 근거로 사설시조 연행에 참여한 계층이 향반층(鄕班層)이라고 추정하였다.
김대행, 『시조유형론』, 이대출판부, 1986, 237~238면; 김학성, 「사설시조의 장르 형성 재론」, 『대동문화연구』 20집, 성균관대 대동문화연구원, 1986.

• 울며 잡은 소미 떨치고 가지마소 草原長程에 히다져 져무러니 客窓에 殘燈 도도고 식와 보면 알리라. 「병와가곡집」

→ 울며 불며 잡은 소미 쩔쩔이고 가들 마오 그딕는 장부라 도라가면 잇건마는 소첩은 아녀자라 못닉 잇씀네. 「남훈틱평가」

• 白沙汀 紅蓼邊에 고기 엿는 白鷺들아 口腹을 못 메워 져다지 굽니는다 一身이 閒暇할선정 술 못진들 관계ᄒᆞ랴. 진본 「청구영언」

→ 빅사장 홍뇨변에 굽니러먹는 져 빅노야 ᄒᆞᆫ 닙에 두셋 물고 무에 낫빠 굽니느냐 우리도 구복이 웬슈라 굽니러 먹네. 「남훈틱평가」

「남훈틱평가」 소재 작품에 나타난, 이별하는 님을 붙잡는 화자의 태도에서나 먹이를 구하는 백로의 행위에 대한 화자의 반응을 볼 때, 기존 작품의 변용이라 해서 단순히 표현의 변화에만 그치는 것이 아님을 확실히 알 수 있다. 이전 작품이 보여주는 감정의 절제와 초탈(超脫)의 분위기가 사라지면서 현실적 가치를 추구하는 태도가 보이기 때문이다.[22)]

또 다른 작품에서도 이러한 면모가 재삼 확인된다.

• 江邊에 그믈 멘 ᄉᆞ람 기러기는 잡지마라 塞北 江南에 消息인들 뉘 傳ᄒᆞ리 아모리 강촌어부인들 離別조ᄎᆞ 업스랴.

진본 「청구영언」 (방점 필자)

→ 강변에 총 멘 ᄉᆞ람 기러기란 죄 노ᄒᆞ라 낙시 그물 가진 ᄉᆞ람 니어여든 다 잡아라 니어와 기러기 잇셔도 쇼식 몰나.

「남훈틱평가」(방점 필자)

---

22) 이러한 가치관과 미의식의 변화에 대해서는 2)와 3)장에서 작품의 분석과 함께 자세히 논급하겠다. 여기에서는 작품을 개작하는 양상을 살피는 선에서 그치기로 한다.

초장의 시적 발상은 동일한 듯 보여도 중장과 종장에서 이루어지는 표현 변이의 양상은 의외로 크다. 무엇보다 위의 작품에서는 초장에서부터 시어의 변이를 보이고 있는데, 원작품에 쓰인 '그물'이라는 단어 대신 등장하고 있는 '총'이라는 단어는 「남훈틱평가」에서 새로 개척한 시어라 할 수 있다. 무엇보다 총의 기능을 생각할 때 시조의 시어로서 갖는 파격성을 감지할 수 있을 것이다.

위의 작품들을 보면, '님의 소식'을 알기 위해 '기러기'를 잡지 않고 놓아주는 행위는 동일하다. 그러나 「남훈틱평가」의 경우를 보면, 그물로 잡는 시대에서 총으로 잡는 시대로 변하였고, 기러기만으로는 부족하여 잉어를 낚는 행위까지를 재촉하고 있다. 이는 기러기를 통해 님께 내 소식을 전하고, 잉어를 잡아 님의 소식을 듣겠다는 의식을 나타낸다는 점에서 보다 적극적이다. 그럼에도 이 작품은 두 가지 조건을 충족시켜도 '소식을 알 수 없다'는 안타까움으로 작품을 마무리하고 있어 '강촌 어부'에게도 이별이 있으니 이별의 상황을 감내해야 한다는, 원작품에서 보인 달관적 자세와는 전혀 달라지고 있다. 현실에 대해 능동적으로 대처할 마음의 자세와 생활 태도가 「남훈틱평가」의 담당층에게는 익숙하게 배어있음을 알 수 있는데, 바로 이 점이 작품을 개작하는 한 요인이 된다고 보아 무방하다.

### (2) 표현을 부연적으로 첨가하는 경우

「남훈틱평가」에 나타난 기존 작품의 변용 양상으로 주목할 만한 두 번째 양상은 바로 표현을 부연적으로 첨가하는 경우이다. 이는 원작품과 비교하여 표현이 달라지고 있음에도 작품의 의미는 크게 달라지지 않는 경우로, 표현의 부연적 서술 혹은 반복적 첨가 등이 대표적인 예라 할 수 있다.

• 太白이 술 실너 가셔 달 지도록 아니온다 오는 ᄇᆡ 긘가 ᄒᆞ니 고기 잡는 小舡이로다 아희야 잔 씨셔 노하라 하마 올가 ᄒᆞ노라. 「해동가요」

→ ᄐᆡᄇᆡᆨ이 슐 실나 가더니 어졔 진 달 도다 져서 도루 도다 다 지드록 아니 온다 오ᄂᆞᆫ ᄇᆡ 그 ᄇᆡ만 녀거써니 고기 낙는 어션이라 동ᄌᆞ야 달빗만 살피여라 하미 올 ᄊᆡ. 「남훈태평가」

• 山中에 冊曆업셔 節 가는 줄 모로던니 꼿 피면 봄이요 닙 지면 가을이로다 世上에 甲子을 잇고 이리져리 늘그리라. 「병와가곡집」

→ 산즁에 무녁일ᄒᆞ야 졀 가는 쥴 모르러니 곳 퓌면 츈졀이오 입 퓌면 하졀이요 단풍 들면 츄졀이라 지금에 청송녹쥭이 ᄇᆡᆨ셜에 져져쓰니 동졀인가. 「남훈태평가」

여기에서 보이는 표현의 변화 양상은 「남훈태평가」에서 가장 빈번하고도 자연스럽게 나타나는 것들이다. 이 경우 기존 작품의 시적 발상과 표현을 그대로 받아들여 작품을 구성하고 있지만, 기존 작품에서 보인 시적 완결성과 압축미(壓縮美)는 계승하지 못하고 있다는 점을 특히 주목할 만하다. 「남훈태평가」의 중장과 종장은 시간의 순차적(順次的) 흐름을 이야기하는 단순한 시간적 나열만으로 그치게 됨으로써, 종장에서 시상을 마무리하는 시적 긴장과 구조미는 상실되고 있기 때문이다. 이로써 기교보다는 시상의 순차적 발전을 통해 주제를 구현하고자 하는 담당층의 미의식을 발견할 수 있게 된다.

이는 다음의 작품들에서도 확인된다.

• 가마귀 거므나다나 ᄒᆡ오리 ᄒᆡ나다나 환ᄉᆡ 다리 기나다나 올희 다리 져르나다나 世上에 黑白長短은 나는 몰나 ᄒᆞ노라. 「해동가요」

→ 가마귀를 뉘라 물드려 검다 ᄒᆞ며 ᄇᆡᆨ노를 뉘라 마젼ᄒᆞ야 희다드냐 황ᄉᆡ 다리를 뉘라 니위 기다 ᄒᆞ며 오리 다리를 뉘라 분질너 짤으다 ᄒᆞ랴 아마도 검고 희고 길고 잘으고 흑ᄇᆡᆨ장단이야 일너 무ᄉᆞᆷ. 「남훈틱평가」

「해동가요」에 수록된 작품에서 보이는 '거므나다나(검으나다나)'라는 표현은, '검든지 말든지'의 의미로 해석된다. '-다나'라는 말이 '-든아' '-ᄯᆞ나'로도 표기되는데, 윗말과 아랫말이 서로 반대되는 뜻을 가질 때 쓰이는 어미이기 때문이다.[23] 이 작품에서는 '희나다나, 기나다나, 져르나다나' 식의 표현을 반복함으로써 일종의 리듬감마저 얻고 있다.

그러나 원작품의 이러한 표현에서 보이는 간결미와 어감이 「남훈틱평가」에서는 상실되고, 대신 원인과 결과를 일일이 설명하는 식의 평범한 서술적 표현이 되어버렸다. 이는 담당층의 합리적 사고방식을 뜻함과 동시에, 「남훈틱평가」 소재 시조 작품들이 그만큼 시조 장르의 서정성에서 멀어지고 있다는 사실을 나타내는 것이기도 하다. 다음의 작품에서도 확인되겠지만, 이 작품에서 보이는 서술적 표현은 작품에 작가의 시점이 개입되면서 서사적 진술 양식으로 변화하는 가능성을 보이고 있기 때문이다.

• 生ᄆᆡ잡아 깃드려 둠에 꿩山行 보ᄂᆡ고/
白馬씻겨 바느려 뒷東山 松枝에 ᄆᆡ고 손죠 고기 낙가 버들움에 ᄢᅦ여 돌지질너노코/
아희야 날 블 손 오셔든 긴 여흘노 술와라// 「해동가요」

→ ᄉᆡᆼ마잡아 길잘드려 두메로 꿩산양 보ᄂᆡ고/
ᄉᆡᆺ말 구불굽통 솔질 솰솰ᄒᆞ야 뒤송졍 잔ᄆᆡ잔ᄆᆡ 금잔ᄃᆡ 난데 말ᄯᅮᆨ 쌍쌍 박아 바 늘여ᄆᆡ고 암ᄂᆡ 여흘 고기 뒷ᄂᆡ 여흘 고기 자나 굴그나 굴그나 자나 쥬

23) 정병욱(1966), 569면.

어쥬겹 낙과닉야 움버들가지 쥬루룩 훌터 아감지 쒜여 시닉 잔잔 흘으는 물에 청석바 바둑돌을 얼는 넝큼 슈슈히 집어 자장단 마츄아 지질너 노코/
동자야 이뒤에 윗쌜 가진 쳥소 타고 그 소가 우희가 부푸러 치질이 셩헛가 ᄒᆞ야 남의 소를 웃어타고 급히 나려와 뭇거들나 너도 됴곰도 지체말고 뒷녀 흘노// 「남훈틱평가」

위에 예시한 작품은 특히 밑줄친 부분 등을 중심으로 표현의 첨가가 극대화되면서 2장에서 다루게 될 표현의 특징적 면모를 적나라하게 보여주는 대표적인 예로 삼을 수 있다. 여기에서는 작품의 골격에 부연적 표현을 첨가하는 경우에 단형(短型)의 작품이 형식의 정제성을 잃고 파격(破格)되거나, 파형(破型)을 이룬 작품이 더더욱 파격적으로 형식의 확장을 이루는 경우가 있음을 지적하는 선에서 그치기로 한다.

### (3) 두 작품을 합성하는 경우

「남훈틱평가」에 나타난 기존 작품의 변용 양상으로는 두 작품을 합성(合成)하는 경우도 주목할 만하다. 이는 독립적으로 존재하는 두 작품이 모여 또 다른 한 작품을 이루는 경우를 말하는데, 다음의 작품을 먼저 살펴보자.

• 각시님 엣뿌든 얼골 져 건너 닉싸에 흘노 웃쪽 션는 슈양버드나무 고목 다도야 셕어 스러진 광딕등거리 다 되단 말가 졀머쏘자 졀머쏘자 셰다셧만 졀머쏘자 열 ᄒᆞ고 다셧만 졀무량이면 닉 원딕로. 「남훈틱평가」

인상적인 소견으로는 단일 화자로 이루어진 것이라 보기 쉬운 이 작품은 그러나, 초장에 나오는 '각시님'과 종장의 종구에 나오는 '나(의 원대로)'를 동일 화자라고 보기에는 무리가 있다. 고로 다음에서와 같이 "각시님……다 되단 말가"의 전반부와 "졀머쏘자……"후반부로 나누어

보는 것이 보다 자연스럽다.

- A: 각시님 엣쁘든 얼골 져 건너 닉짜에 홀노 웃뚝 션는 슈양버드나무 고목 다도야 셕어 스러진 광딕등거리 다 되단 말가
  B: 졀머쏘자 졀머쏘자 세다셧만 졀머쏘자 열 ᄒᆞ고 다셧만 졀무량이면 닉 원딕로. 「남훈틱평가」

곧, 전반부와 후반부에 각기 다른 화자가 등장하여 구성된 대화체(對話體)의 시조 작품임을 알 수 있다. 대화체란 "화자와 청자가 작품 표면에 나타나 있든, 나타나지 않고 숨어 있든 둘 이상의 다수의 화자와 청자가 텍스트 내에 존재한다는 가정 하에서 화자와 청자 상호간의 대화가 교체되는 진술 양식"으로 규정된다.24)

그런데 이 작품은 또한 밑줄 친 부분만을 주목하면, 진본「청구영언」에 수록된 다음의 작품과 대단히 흡사하다.

- 져머고져 져머고져 열닷솟만 되여고져/
  어엿분 얼고리 닉고의 션는 垂楊버들 광딕등걸이 되여고나/
  우리도 少年行樂이 어제론듯 ᄒᆞ여라// 진본「청구영언」

물론 초장과 중장의 표현이「남훈틱평가」소재 작품과 대단히 흡사하다 하여도,「남훈틱평가」에서처럼 표현의 부연적 첨가가 이루어지지 않고 있다. 무엇보다 이들 작품에서 근간이 되는 초장과 중장의 표현이 두 가집에서는 상이한 순서로 작품화되고 있다는 점에서 단순한 표현 공유의 차원만으로 볼 수만은 없다.

그리고 이러한 차이에는 무엇보다 '각시님'으로 시작되는「남훈틱평

---

24) 한채영,「시의 극적 화법 연구」, 부산대 석사학위 논문, 1986; 김광조,「조선전기 가사의 장르적 성격 연구」, 서울대『국문학연구』84집, 1988 참조.

가」에서의 작품 초장의 도입부가 시조에서 흔한 '각시네'류의 작품들과 유사한 것도 한몫을 하고 있다. 다음에 정리된 데서도 느끼는 것처럼, '각시'라는 대상을 설정하여 그에게 다양한 주제로 말을 거는 형식의 작품이 시조에는 매우 흔한 편이기 때문이다.

- 각시ᄂᆡ 고오라 ᄒᆞ고 ᄂᆞᆷ의 ᄋᆡ를 ᄭᅳᆫ치 마소…
- 각시네 곳을 보소 픠는 듯 이우는이…
- 각시ᄂᆡ 내 妾이 되나 내 각시의 後ㅅ남편이 되나…
- 각시네 더위들 사시오…
- 각시ᄂᆡ 玉ᄀᆞ튼 가ᄉᆞᆷ을 어이구러 ᄃᆡ혀볼고…
- 각시ᄂᆡ 玉貌花容 어ᄉᆞᆫ 체 마소…
- 각시ᄂᆡ 외밤이 오려 논이 두던 놉고…
- 각시ᄂᆡ 하 어ᄉᆞᆫ체 마쇼 고와로라 자랑 마쇼…
- 각시님 물너눕소 내 품의 안기리…
- 각시님 將棋 ᄒᆞᆫ 板 두세 板을 펴쇼…
- 각시님 ᄎᆞ오신 칼이 一尺劍가 二尺劍가…
- 각시님 草綠비단옷의 水墨으로 梅花를 그려…[25]

결국 이 작품은 비록 한 수의 사설시조 작품에 불과한 것으로 보이기 쉽지만, 기왕에 있은 두 부류의 작품을 절묘하게 합하여 이룩된 작품이라는 점에서 그 시사하는 바는 보다 크다고 할 수 있다. 합성이란, 이렇게 두 작품 이상의 사설이 부분적으로 합하여 독립된 한 작품의 문맥을 형성함을 의미한다. 이는 「남훈틱평가」의 담당층이 시조를 창작하기보다 그 시적 장치와 조어(造語)를 이용하여 작품을 개작하는 방법에 익숙한 성격임을 시사한다.[26]

---

25) 『역대시조전서』에 나오는 작품들의 초장 부분만을 보인 것들이다.

26) 이 밖에도 1330, 1170, 2283번에서 그 가능한 예를 찾을 수 있다. 이들 예에서는 공

그리고 이러한 작품 합성의 과정에서 본래 단일화자의 방식이던 원작품이 두 사람의 화자가 등장하는 대화체로 바뀌고 있다는 데서 「남훈틔평가」에 동원된 작품 합성의 방법이 단지 합성에 그치지 않고 보다 새로운 효과를 얻고 있음도 확인된다.

이는 종장의 후반부에 첨가된 표현들이 지니는 의미 지향에서도 그 효과를 지적하는 게 가능하다. 원작품의 종장에서 보이는 "우리도 少年行樂이 어제론듯 ᄒᆞ여라"의 표현은 사실 '탄로(嘆老)'의 주제를 가진 여타 작품에서 익히 보아온, 관용적 수사라 할 수 있기에 젊음을 소망하는 화자의 심리를 구체적으로 묘사하는 데는 한계가 있을 수밖에 없었다. 그런데 「남훈틔평가」에서는 두 사람의 화자를 등장시켜 보다 극적인 상황을 꾸미고, 각시의 속내를 절절하게 풀어주는 탄사로 "졀머ᄡᅩ자 졀머ᄡᅩ자 셰다섯만 졀머ᄡᅩ자"라는 기왕의 표현을 가져옴으로써 '늙음에 대한 각시의 한탄과 젊음에의 원망(願望)'이라는 주제를 보다 절실하게 전달하게 되었기 때문이다.

이렇게 기존 작품을 변용하거나 창작하는 작품 양상에서 드러나는 현상들은 「남훈틔평가」가 기본적으로는 관습시적 토대 위에 있되, 그 담당층의 문학적 취향과 요구를 반영하면서 변모한 부분이라 보아 무방하다. 시의 역사적 변모 과정 중 가장 극단적인 대조를 보여주는 시의 두 유형으로 관습시(慣習詩)와 현실시(現實詩)를 들 수 있다면, 관습시는 보편 원리의 세계를 믿는 시대에 나타나고, 현실시는 획일적이고 형식적인 사유 방식이 붕괴되고 현실의 재검토 내지 분석이 필요하다고 자각될 때 대두되는 것으로 규정되는 게 보통이기 때문이다.[27]

---

식적으로 활용되지 않는 독립적인 작품의 일부분이 또 다른 작품 생성의 토대가 되고 있다.

27) 김우창, 「관습시론」, 서울대 『논문집』12집, 1964, 77면.

## 2. '통속적 민요 세계'의 지향

### 1) 소재의 변화

앞선 논의를 통해 「남훈티평가」의 담당층에 이르면, 시조 창작 수준뿐만 아니라 시조 장르에 대한 기본적 인식 또한 달라졌음을 확인하였다. 이는 작품을 개작하거나 창작하는 양상을 통해 파악되었는데, 이 항에서는 수록된 작품이 나타내는 소재적 경향을 통해 담당층의 문학적 취향과 성격을 고찰하기로 한다. 시조 장르의 경우, 창작의 주류와 능동적 수용자는 사대부 계층이라 할 수 있는데, 「남훈티평가」에서는 시조 장르가 사대부의 전유물이라는 이러한 성격에서 크게 탈피하고 있기 때문이다.

우선, 일상생활과 밀착된 소재가 나타난다는 점을 주목할 수 있다. 이는 다음의 작품에서처럼 일상생활의 경험이 시화(詩化)되는 경우에서 단적으로 드러난다.

- 바람이 불냐는지 나무끗히 흐를긴다 밀물은 동호로 가고 혀ᄂᆞᆫ 물은 셔호로 돈다 사공이넌 그물 거러 사리 담ᄭᅩ 닷 들고 돗ᄌᆞᆯ 놉히.

「남훈티평가」

여기에서 화자는 '바람이 불' 것이라는 일기(日氣)를 예견하고, 사공에게 '그물 걸어 사리 담고 닻 들고 돛을 높이 하라'는 행위를 지시하고 있다. 이러한 예측을 가능케 하는 것이 바로 밑줄 친 부분에서처럼 '나무 끝이 흔들리며 밀물이 동으로 가고 썰물이 서쪽으로 가는' 현상의 관찰이다. 일상생활의 직접적인 경험에서 나온 인식이 시 창작의 바탕이 되고 있음을 알 수 있으며, 무엇보다 담당층의 사고와 시적 세계의 지향성을 추측할 수 있는 좋은 단서가 된다.

일상생활의 직접적인 경험이 시화되는 다음과 같은 작품도 그러한 사실을 뒷받침하고 있다.

- 오려 논에 물 시러노코 소딕에 올나보니 나 심은 오됴 팟헤 식 안져스니 아희야 네 말녀쥬렴 아모리 우여라 날녀도 감드라듬네.

「남훈틔평가」

'추수할 곡식에 날아드는 새를 말려달라'는 화자(초장과 중장에 등장)의 부탁과, 아희(종장에 등장)의 "아모리 밀려도 감도라듬네"라는 대답이 대화체를 이루면서 작품의 절실한 주제를 보다 효과적으로 전달해 주고 있다.

이는 다음과 같은 작품들과 비교할 때, 「남훈틔평가」의 작품에 담긴 진솔한 의식이 확연해진다. 밑줄 친 부분에서처럼 '오려(올벼)가 심어진 논에 물을 대'는 일상적인 농사일은 이들 작품의 공통된 시상이라 할 수 있지만, 이후 화자가 하는 행위는 이들 작품을 비교할 때 판이하게 다르기 때문이다.

- 오려논 물 실어노코 면화밧 믹오리라 울밋틔 외를 싸고 보리 능거 點心ᄒᆞ소 뒷집의 비즌 술 닉어거든 ᄎᆞ자 남아 가져오싀.

이정보 「해동가요」

- 오려논 물 실어노코 면화밧 믹오리라 울밋틔 외를 싸고 보리 능거 點心ᄒᆞ소 뒷집에 술이 닉거든 외ᄌᆞᆯ만졍 닉여라. 육당본 「청구영언」

- 오려논 물 실어노코 면화밧 믹오리라 익은 술 점점 시고 지진 쏫전 시어가네 자네네 아니곳 가면 닉 혼잔들 엇더리.[28]

28) 이병도, 『고전의 산책』, 민족문화추진회, 1985, 47면.

앞서 인용한 「남훈틱평가」의 작품에서는 한 가지 일이 끝나면 또 다른 일이 기다리고 있는 농사일의 고달픔을 드러내고 있다. 무엇보다 작품 전반에 연쇄적으로 나열되는, '논에 물을 대고, 밭의 곡식을 둘러보고, 새를 쫓아야 하는' 화자의 행위는 경험적 차원에서 행해지는 '노동'을 구체적으로 반영한 것이라 볼 수 있다. 반면, 사대부 계층에 속하는 이정보의 작품에서는 동일한 모티프임에도 '보리밥' 등으로 형상화된 소박한 점심상으로 이어지고, 이는 급기야 '술' 등으로 이어지면서 '음풍농월(吟風弄月)'하는 주제를 구현하고 있다. 이러한 양상은 「해동가요」·「청구영언」소재 작품들에서도 마찬가지이다. 이는 무엇보다 담당층의 성격이 다른 데서 기인하는 양상이라 할 것이다.

일상생활과 밀착된 소재의 양상은 일상생활의 직접 경험을 시화하는 경우 외에도 '쌀'이나 '맹꽁이', '정자', '기생' 그리고 '연날리기 풍속' 등에 이르기까지 매우 다양하다.29) 담당층의 문학적 취향이 소재에 있어서도 경험적 차원의 구체적이고도 일상적인 것들을 추구한 결과일 것이다. 이는 다른 한편으로는 시어가 속화(俗化)되었다는 측면과도 연관있는 사항인데, 이에 대해서는 논의의 장을 달리하여 살피기로 한다.

「남훈틱평가」의 작품 세계에서 소재의 변화라는 특징적 양상은 고대소설의 내용을 축약하거나 고대소설의 허구적 세계에서 작품의 모티프를 구한 것들이 많다는 점에서도 확인된다. 작품 제시는 생략하겠지만, 이 작품들은 주로 「삼국지」나 「초한전」의 내용을 담은 것들로, 원작품이 고대소설로 화(化)한 것을 다시 시조의 형식으로 나타낸 것이라고 보겠다.30)

이상의 고찰을 통해 볼 때, 시조 장르가 사대부적 전유물에서 벗어나

---

29) 이를테면, 212, 843, 943, 1010, 2546, 2553, 2717, 3108번이 해당된다.

30) 예를 들면, 45, 246, 1071, 2090, 2137, 2349, 2414번이 해당된다.

일상인의 생활공간과 밀접해지고 아울러 이념적 기반에서도 거리가 멀어졌음을 확인할 수 있다.

### 2) 주제의 변화

#### (1) 주정적(主情的) 주제의 표출

「남훈티평가」의 작품세계에서 확인되는 주제의 변화라는 특성적 양상은 일차적으로 '애정'·'그리움'·'이별'과 같은 보편적 정감을 적극적으로 수용하여 형상화하는 데서 확인할 수 있다. 이는 전대(前代) 시조에서 주변적 주제로 다루어졌던 것들이기에 주목된다.

예를 들어, 다음의 작품에서는 '육정(肉情)'이 최고의 가치이자 이상(理想)인 것으로 나타나고 있다.

• 등잔불 그무러갈제 창젼 집고 드ᄂᆞᆫ 임과 오경둉 ᄂᆞ리울 제 다시 안고 눕ᄂᆞᆫ 임를 <u>아모리 ᄇᆡᆨ골이 진퇴토록 니즐소냐.</u> 「남훈티평가」

그런데 종장에서 보이는 '백골진토'라는 표현은 일찍이 정몽주의 <단심가(丹心歌)>에서 비롯된 것으로, 기왕의 작품들에서는 군주에 대한 충성심을 나타내는 의미로 인식되어 왔다.[31] 이런 '연주(戀主)'의 표현이 '연정(戀情)' 혹은 '육정'의 주제로 변용되어 나타나고 있음에 주목할 만하다.

'정석가(鄭石歌)'식 표현을 빌려 연모하는 마음을 나타낸 아래의 작품에서도 이런 경향은 마찬가지이다.[32]

---

31) <단심가> 전문(全文)을 보이면, 다음과 같다.
"이 몸이 주거 주거 一百番 고쳐 주거/ 白骨이 塵土ㅣ 되어 넉시라도 잇고 업고 / 님 向한 一片丹心이야 가실 ᄲᅮᆯ이 이시랴//"

32) 이규호, 「정석가식 표현과 시간 의식」, 『한국고전시학론』, 새문사, 1985, 62면.

• 옥으로 말를 삭여 영천슈에 흘니 싯겨 녹초장졔상에 바 느려 미와두고 그 말이 그 풀을 다 먹도로고 니별 업시. 「남훈티평가」

이러한 주제 변화의 양상은 다음의 작품들에서는 삶의 존재 의의를 오로지 임과의 사랑에 둠으로써 주정주의(主情主義)를 표방하는 데서도 확인되고 있다.

• 임 니별ᄒᆞ든 날밤에 나는 어히 못쥭엇노 한강슈 깁흔 물에 풍덩실 ᄲᅡ지련만 지금에 사라 잇기는 임 보랴고. 「남훈티평가」

• 닉가 죽어 이져야 오르냐 네가 자라 평싱에 그리워야 올타ᄒᆞ랴 쥭어 잇기도 어렵ᄶᅥ니와 사라 싱니별 더욱 셜ᄶᅡ 차라로 닉 면뎌 쥭어 도라갈ᄶᅦ 네 날 그리워라. 「남훈티평가」

이렇게 '죽어 잊기도 어렵고, 살아 생이별도 서러운' 진퇴양난의 상황에서 '내가 먼저 죽을테니'라는 불가피한 해결책을 보이고 있다는 것은, '연정'이라는 개인적 가치를 위해 죽음도 불사(不辭)한다는 의식이 반영된 것이라 하겠다.

주제의 이러한 변화는 안민영·이세보, 그리고 소악부(小樂府) 작가들의 한역 시조(漢譯時調)에서도 볼 수 있어, 당대 유행하는 주정주의의 경향을 반영한 것이라 해석된다.[33] 이는 창작자 혹은 수용자가 시조 장르를 대하는 기본적 태도의 변화를 의미한다고 보아도 될 것이다. 주정적 주제의 표출은 중세적 관념에 대한 일탈적 의미를 지니기 때문이다. '중세적 관념'이란 시조에서 주로 추구되고 표방되던 유교적 덕목으로 공적(公的) 가치를 추구하는 교훈주의(敎訓主義)와 이념성을 말한

33) 황위주, 「조선후기 소악부 연구」, 정신문화연구원 석사학위논문, 1981, 37~46면.

다. 고로, 「남훈티평가」에 나타나는 주정적 주제는 "봉건적 질곡 아래 억압되었던 정서를 자유롭게 유출시킴으로써 소위 주자주의(朱子主義) 아래 억압된 정서의 방출체적 기능"[34]을 수행하는 것이라 볼 수 있다.

물론 이렇게 주정적 주제를 강력히 표출하는 것은 일찍이 사설시조에서 흔히 보아온 바라,[35] 새로울 것은 없어 보인다. 오히려 「남훈티평가」의 사례가 중요하고도 특별한 의미를 지니는 이유는, 이러한 주제가 형식의 파격을 크게 이루지 않는 비교적 단형의 시조 안에 담겨진다는 점에서이다. 앞서 지적한 바와 같이 시조 형식의 기본적 틀을 유지하면서 기존 작품을 변용하는 창작 태도를 나타내는 것이기 때문이다.

이는 다음의 작품에서 보다시피, 형식의 파격을 이루지 않고도 '불륜이라도 소문이 안 나면 괜찮다'는 의식이나, 여성의 감정을 보다 능동적으로 표출하는 적극적인 시선을 나타내는 데서 곧바로 확인할 수 있다.

- 웨 와씀나 웨 와씀나 나 홀노 자는 방에 웨 와씀나/
  오기는 왓거이와 자최업시 잘 단녀가오/
  갓득에 말만코 탈마는 집안에 모다깃넝 날싸// 「남훈티평가」

- 울며 불며 잡은 소믹 떨떨이고 가들 마오/
  그딕는 장부라 도라가면 잇건마는/
  소첩은 아녀자라 못닉 잇씀네// 「남훈티평가」

이렇게 시조 형식을 유지하면서도 의식의 변화를 나타내고 있다는 점에서, 「남훈티평가」 소재 시조작품들은 사설시조의 특성을 계승하면서 동시에 광의(廣義)의 시조를 형성하는 과정에 있음을 짐작케 한다.

---

34) 최원식, 「가사의 소설화 경향과 봉건주의의 해체」, 『창작과 비평』43호, 1977, 246면.
35) 서원섭, 『시조문학 연구』, 형설출판사, 1982, 303~356면; 박노준, 「사설시조에 나타난 에로티시즘」, 『시조문학 연구』, 정음사, 1985, 260~282면.

그리고 주정적 주제를 표출하면서 의식의 변화를 나타내는 면모는 「남훈틱평가」의 후반부에 수록된 잡가편과 가사편의 작품들이 보여주는 성향을 볼 때 더욱 확연해진다. 예를 들어, <소츈향가>는 판소리 <춘향가>의 한 대목을 취한 것으로, 춘향과 이도령의 상봉 장면을 서술한 작품이다. 좀더 설명을 보충하자면, 판소리에 장르 개방을 보이는 작품으로 화자의 등장인물에 대한 보고와, 주인공인 춘향과 이도령의 자기표현이 교차적으로 서술되고 있는 작품이다.36)

또한 <츈면곡>은 육감적이고 선정적인 묘사를 통해 전통적인 윤리관에서 크게 벗어난 사연(邪戀)을 나타내고 있어, '인간성의 해방을 노래한 것'이라고까지 평가받는 작품이다. 어떤 남자가 춘면에서 깨어 녹의홍상의 미인을 만나 운우지정을 나누고 이별한 뒤 그 미인을 다시 그리워하는 내용을 담고 있기 때문이다.37)

<상亽별곡> 역시 '부용의 상사곡' 등의 제목으로 당대 성행하던 작품을 가사화한 것인데, 무절제한 허무주의를 표출한다는 지적이 있는 작품이다. 기존 논의에서는 "동요하는 봉건사회에서 아무런 명일(明日)의 희망도 없이 고역(苦役)을 하는 일반 대중의 신음소리"를 주제화하여 봉건사회 말기의 병적 징후를 나타낸 작품이라고 보았다.38)

이렇게 작품의 의미론적 지향이 주정적 세계로 경도(傾倒)됨은 기존 작품을 그대로 재수록한 경우에도 그 선택의 안목이 그 쪽으로 치우쳐 있다는 점에서 마찬가지라 할 수 있다. 「남훈틱평가」 소재 시조 작품의 경우에도 작품을 주제별로 나누면, 취락이나 이별, 연모 등의 주제를 지

---

36) 김학성, 「조선후기 시가에 나타난 서민적 미의식」, 『한국인의 생활 의식과 민중예술』, 성균관대 대동문화연구원, 1983, 288면.

37) 송재소, 「이조후기 가사의 특징」, 『한국 시가문학 연구』, 신구문화사, 1982, 333면.

38) 최원식(1977), 236면.

향하는 작품이 큰 비중을 차지하기 때문이다.

### (2) 가치관의 변화

그렇다면 기존 이념과 가치에 대해서는 어떠한 태도를 보이는지를 살펴보자.

우선, 다음의 작품에서 보다시피 평범한 일상인의 삶을 지향함으로써 가치관의 변화를 나타내고 있다.

- 글 ᄒᆞ면 등용문ᄒᆞ며 활 쏜다고 만인적ᄒᆞ랴 왕발도 됴사ᄒᆞ고 염파라도 늙어느니 <u>우리랑 글도 활도 말고 밧갈기를.</u> 「남훈틔평가」

여기에서 '글하고 활쏘기'란 곧 입신양명(立身揚名)을 의미하는 것으로, 유교적 이념이 지배하는 시대에 있어서 모름지기 '출장입상(出將入相)'해야 하는 사대부적 삶의 자세를 대변하는 것이다.[39] 그런데 「남훈틔평가」에서는 이러한 사대부적 이념이 '밭갈기'라는 평민적 삶의 지향으로 바뀌어 나타나고 있다. '등용문'하고 '만인적'하는 이념적 가치조차도 '조사(早死)하고 늙는' 인생의 섭리 앞에서는 무의미함을 깨달은 때문이라 보아도 될 것이다.

---

39) 이는 조선조를 지배한 유교적 이념을 의미한다. 유교사상은 조선 사회의 도덕 및 문화의 성격을 결정한 가장 기본적인 요소로… 조선시대에는 문화적・사회적 가치가 유교에 기반을 두게 되었으며, 각 개인의 교양・행동 및 사고방식도 유교적인 것으로 형성되었다. 신옥희, 「조선시대 유교윤리의 특성과 한계」, 『한국인의 윤리관』, 정신문화연구원, 1983, 125면; 조명기 외, 「유교사상」, 『한국 사상의 심층 연구』, 효석출판사, 1982.
또한, 유학은 수기(修己)・위기(爲己)의 실천적 도덕의 학문으로, 수신(修身)・제가(齊家)・치국(治國)의 활동을 통해 인의(仁義)와 덕행(德行)을 실천에 옮겨야 관직과 양반 자격이 보장된다. 양반의 신분은 유학이 보장하는 것이며, 유학은 도덕・학문・정치의 삼위 일체이기에 양반의 자격은 독서・관계(官階)・품행(品行)의 3대 조건에 따라서 보장된다. 정신문화연구원 편, 『한국 윤리사상사』, 고려원, 1987.

이는 다음의 작품들에서 보이는 의식 세계와는 분명한 차이를 드러내고 있다.

- 글도 病된 일 만코 칼도 險한 일 잇세 이 두 일 마ᄌᆞ 하여 이 몸이 便ᄎᆞ ᄒᆞ면 聖主至極한 恩德을 어이 갑ᄌᆞ ᄒᆞ리요. 「해동가요」

- 글 읽어 政丞을 ᄒᆞ고 활 쏘아 大將이 되면[中章缺(중장결)] 輔國安民을 ᄒᆞ엽즉 ᄒᆞ도다. 서울대본 「악부」

평범한 일상인의 삶을 지향하는 작품세계는 다음의 작품들에서도 계속되어, '밭갈기'나 '고기잡이'를 하며 살아가는 생활에 대한 선망을 나타내고 있다.

- 풍파에 놀란 사공 ᄇᆡ를 파라 말을 사니 구절양장이 물도군 어려웨라 이후는 ᄇᆡ도 말도 말고 ᄇᆞᆺ갈기만. 「남훈티평가」

- 아희야 네 어듸 사노 ᄂᆡ 말숨이요 강변 사오 강변에셔 무엇 ᄒᆞ노 고깃잡아 ᄉᆡᆼᄋᆡᄒᆞ오 네 ᄉᆡᆼᄋᆡ 좀두 됴쿠나 나도 함ᄭᅴ. 「남훈티평가」

그런데, 이러한 평민적 삶의 지향은 기존 사대부 시조에서 보이는 강호적(江湖的) 삶의 지향과는 다르다는 데 주목할 필요가 있다. 사대부 시조에서는 자연이 미적인 존재이자, 무위자연이라는 인식에서부터 전개된다. 강호시조에서 표출된 이러한 관념이 시조에서 중요한 한 유형을 이루고, 이른바 귀거래(歸去來) 의식으로 대표되기까지 하였다.[40] 그러므로, 「남훈티평가」에서 보인 이러한 차이는 보다 현실적인 가치를 추구하는 의식을 바탕으로 하고 있기 때문이며, 이는 이미 기존 작품을

---

40) 최진원, 「강호가도 연구」, 『국문학과 자연』, 성균관대학교 출판부, 1981.

변용하는 개작양상에서 살핀 바와도 같다.

다음의 작품에서도 자연을 묘사하는 기존의 문학적 관습을 떠나 생활을 진솔하게 드러내려고 하는 태도를 엿볼 수 있다.

- ᄇᆡᆨ사장 홍뇨변에 굽니러먹는 져 ᄇᆡᆨ노야 ᄒᆞᆫ닙에 두셋 물고 무에 낫ᄡᅡ 굽니느냐 <u>우리도 구복이 웬슈라 굽니러 먹네.</u> 「남훈ᄐᆡ평가」

자연을 관조하는 사대부의 자연관에서 크게 벗어나, 자연을 '먹고, 마시고, 입고, 자는' 현실적 생활 공간으로 파악하는 자세를 나타내고 있기 때문이다. 자연의 근원적 조화를 존중하고 윤리적·심미적 가치를 높이 사는 사대부적인 시각과는 달리, 자연을 생존의 갈등이라는 차원에서 파악하는 안목을 나타낸다고 해석해도 무방하다. 즉, 사대부의 강호시조에서 흔히 등장하는 '백사장·홍료(붉은 여뀌)·백로'가 「남훈ᄐᆡ평가」의 작중 공간에서는 극히 현실적인 사물로 전환되어, 관조의 심미성(審美性) 대신 구체화된 삶의 세속성(世俗性) 안에서 파악되고 있다. 이렇게 자연을 파악하는 관점의 변화를 보이고 있다는 점에서, 가치관의 변화를 다시 확인할 수 있을 것이다.

다른 한편, 「남훈ᄐᆡ평가」에서는 기존 이념과 가치를 추구하기보다는 평범한 일상인의 삶을 추구함으로써 어쩔 수 없이 빚게 되는 회의와 갈등을 나타내는 측면도 크다. 이는 음주취락(飮酒醉樂)의 생활에 최상의 가치를 부여하는 작품들에서도 파악되는데, 다음의 작품을 살펴보자.

- <u>술먹고 노ᄂᆞᆫ 일을 나도 왼 쥴 알것마는</u> 신릉군 무덤우희 밧가ᄂᆞᆫ 쥴 못 보신가 <u>ᄇᆡᆨ년이 역초초ᄒᆞ니 아니 놀고.</u> 「남훈ᄐᆡ평가」

위의 예에서 보다시피, 초장에서 유교적 덕목에 어긋나는 음주취락의 삶에 대해 갈등을 토로하고 있어 솔직하면서도 소박한 회의를 읽을 수 있게 된다. 물론, 종장에 이르면 '인생무상(人生無常)'에 대한 허무감이 그 갈등을 압도하여 다시금 취락적 생활을 도모하는 것으로 끝나지만, 행간에서 읽은 갈등적 측면을 놓치지는 말아야 될 것이다.

이러한 지적은 「남훈ᄐᆡ평가」에서 유교적 덕목 중의 하나인 '충(忠)'이나 '보국안민(輔國安民)'을 긍정하는 측면도 드러나고 있기에 더더욱 유효하다. 결론부터 앞세워 말한다면, 담당층의 의식이 기존 이념과 가치 체계에 반발하거나 도전하는 데까지는 이르지 못했음을 단적으로 나타내는 것이라 할 수 있겠다.

이는 아래의 작품들에서 확인된다.

- ᄃᆡ장뷔 삼겨나셔 입신양명 못 헐찌면 찰ᄒᆞ리 다 썰치고 일업시 늙그리라 이밧게 녹녹ᄒᆞᆫ 영위에 걸일 쥬를. 「남훈ᄐᆡ평가」

- 젹토마 살지게 먹여 두만강슈에 굽씩겨 셰교 농천금 드는 카를 다시 가라 두러메고 언졔나 셩쥬를 뫼옵고 ᄐᆡ평셩ᄃᆡ. 「남훈ᄐᆡ평가」

이러한 양상들을 종합해볼 때, 결국 담당층의 의식이 이념의 동요(動搖)를 체험하고 있다는 증좌로 해석된다. 앞서 살핀 바와 같이 주정적 주제를 표출하면서 다른 한편으로 기존 이념에 대해 회의를 보이는 양상은, 우선적으로 시대의 변모상을 반영한 결과라 보이기 때문이다. 이는 「남훈ᄐᆡ평가」에 수록된 시조 전체를 두고 볼 때, 유교적 이념을 추구하는 양상이 앞서 살핀 부분 외에는 극히 미미한 것에서도 입증된다. 여기에서 「남훈ᄐᆡ평가」를 중심으로 한 19세기 시조의 일 부류는 관습시에서 현실시로 옮아가는 과도기에 있음을 미루어 짐작할 수 있을 것이다.

## 3) 문체의 변화

### (1) 시어의 속화

이제부터 살필 것은 「남훈틱평가」의 시조 작품들에 나타난 문체적 변화의 측면이다. 문체의 변화에서 첫 번째 양상으로 들 시어의 속화(俗化)에 대한 것은, 이미 소재의 측면을 고찰하면서 시사되었던 바다. 「남훈틱평가」에 동원된 소재가 전대 시조에 비해 보다 다양하게 나타나고 있기 때문이었는데, 이와 연결해서 이 항에서는 특별히 전대 시조에서 볼 수 없는 시어들의 등장이라는 특징을 고찰하고자 한다.

먼저, 풍속어(風俗語)를 구사하고 있다는 점을 주목해보자. 예를 들어, 다음의 작품은 연날리기 풍속을 시화(詩化)한 것이다.

- 띄오리라 띄오리라 셰빅사 눅모얼네 당사쥴 감아 띄오리라 반공 운무 중에 싸혓쏘나 구머리장군에 홍능화긴코 그 즁에 짓거리 잇고 말 잘 듯고 토김 톡 잘 밧는 년은 닉 연인가. 「남훈틱평가」

여기에 등장하는 '구머리장군'과 '홍능화긴코'는 연(鳶)의 종류를 말한 것으로, 각기 '윗머리 양쪽 귀퉁이에 검은 부등변 삼각형을 그린 연'과, '홍료화(紅蓼花) 모양의 붉은 쪽지를 붙인 연'을 가리킨다.[41] 이를 통해, 이런 풍습에 밀착된 담당층을 생각할 수 있다.

둘째, 시조의 시어로는 좀체 쓰이지 않던 일상적 비어(卑語)가 빈번히 나타나고 있다는 점이다. 예를 들어, 다음의 작품을 주목하자.

- 울며불며 잡은 소믜 썰썰이고 가들 마오 그딕는 장부라 도라가면 잇건마는 소쳡은 아녀자라 못닛 잇씀네. 「남훈틱평가」

41) 정병욱 편(1972), 174면.

‘울며불며’나 ‘떨떨이고’는 ‘울며’와 ‘떨치고’를 각기 강조한 표현으로, 작품에 나타난 상황이 절박함을 보여준다. ‘소쳡’이나 ‘아녀자’와 같이 여성의 인격을 낮추어 평가하는 듯한 비어가 등장하는 것도 그만큼 상황이 절박하기 때문이다. 그래서 ‘장부’의 이미지가 의연한 기상을 나타내기보다 ‘무정한 남정네’의 이미지로 나타남은, 통속성의 표출이라는 점에서 특기할 만한데, 다름아닌 속화된 시어의 역할이 크다고 보아 무방하다.

이러한 예로는 “달아 두렷훈 달아”로 시작되는 774번의 작품에서 ‘ᄉ싱결ᄯᅡᆫ’으로 주제를 압축시켜 표현한 경우를 지적할 수 있다. 이 밖에도 “백사장 홍뇨변에 굽니러먹는 져 빅노야”의 작품에서 쓰인 ‘웬슈’가 있으며, 1530번 작품에 나타나는 ‘치질’, 2553번 작품에서의 ‘날버러지, 길짐승, 길버러지, 날짐승’ 등의 예들도 같이 참고할 만한데, 구체적인 작품 인용은 생략하기로 한다.

셋째, 기왕의 논의에서는 전혀 주목받지 못했던 측면이자 「남훈티평가」의 새롭고도 특이한 국면으로 주목할 것이, 다름아닌 방언(方言)의 사용이다. 이는 앞서 살핀 작품에서도 부분적으로 확인되었는데, ‘아가미’를 ‘아감지’라 한다거나, ‘갓깝스럽다’·‘모다깃넝’[42]·‘요런’ 등 어조 자체의 변화뿐만 아니라 시어의 격을 함께 낮추고 있어 홍미롭게 살필 만하다. 이에 대해서는 별도의 논의가 필요할 정도로 그 양상이 다양하고 비중있는 분석 작업도 요구되므로, 제2부에서 이루어진 보론(補論)을 통해 살피기로 한다.

이상의 고찰을 요약하면, 「남훈티평가」에 등장하는 시어들은 민속적 색채가 강하거나, 비어·방언 등 다소 저급한 성격을 띠고 있어 종래

42) 이는 ‘뭇사람의 공격’ 또는 ‘한꺼번에 쏟아져 밀리는 명령’을 의미한다. 정병욱(1972), 377면.

인식되어오던 시조의 시어와는 그 성격이 판이하게 다르다는 것이 특징적이다. 그래서 시조에는 공식적 표현이나 이미지를 나타내는 어휘의 사용이 많고, 대개 전형성(典型性)을 띠고 나타났던 기왕의 시조 양상들[43]과는 확실히 차별화되고 있음이 분명해졌다.

그런 면에서 「남훈틱평가」는 속화된 것이긴 하나 시조 장르에서 시어의 영역을 보다 다양하게 넓혔다는 의의를 부여할 수 있다. 그리고 이런 시어의 양상이 관념적이고 형이상적인 차원을 지향하는 시조 본래의 성격에서 상당히 벗어나게 한다고 보아도 될 것이다. 무엇보다 시어의 변모는 단지 시어의 변모에만 그치는 것이 아니라 필연적으로 의식의 변모를 수반하는 것이기에 더더욱 중요하게 주목해야 한다.

### (2) 병렬적 표현

「남훈틱평가」에 나타난 표현법을 살펴볼 때, 또다른 두드러진 특징으로 '병렬적 표현'이 나타난다는 점을 들 수 있다. 병렬(竝列)의 형식은 민요 장르의 가장 중요한 구성 방식에 해당되는 것으로, 이는 다시 형태병렬(음운, 어휘, 통사, 연)과 의미병렬(반복, 전개, 대립)로 구체화된다.[44] 이 논의에서는 병렬의 형식을 세분화하여 보기보다, 병렬의 양상이 나타난다는 점을 지적하고 그러한 현상이 지니는 의미를 추적하는 데 중점을 두고자 한다.

이는 다음의 작품에서 보다시피, 「남훈틱평가」에서는 기존 작품의 표현과는 달리 작품의 중장에서 표현이 달라짐에 따라 4·4조의 음수율을 갖추게 된 초·중장이 민요와 같은 홍취를 나타내고 있기 때문이다.

---

43) 김대행, 『시조유형론』, 이화여대 출판부, 1986, 130~131면.
44) 김대행, 『한국시의 전통 연구』, 개문사, 1975, 40~58면.

- 萬匀을 늘려내야 길게 길게 노흘 꼬아 九萬里 長天에 가는 희를 자바 매야 北堂의 鶴髮雙親을 더디 늘게 ᄒᆞ리이다. 진본「청구영언」

→ 만근 쇠를 느려닉야 길게길게 노흘 꼬와 구만 장쳔 가는 희를 매우리라 슈이슈이 북당에 학발쌍친이 더듸 늙게.

「남훈티평가」(방점 필자)

기존 작품에 표현을 부연하면서 장형화되는 경우에는 이러한 양상이 더욱 두드러지는데, 다음에서 보다시피 음률을 맞추기 위해 표현이나 음절을 첨가하고 있다.

- (……) 뒤송경 잔듸 잔디 금잔듸 난데 말뚝 쌍쌍 박아 바 늘여미고 암닉 여흘 고기 뒷닉 여흘 고기 자나 굴그나 굴그나 자나 쥬어쥬겸 낙과닉야 (……) 시닉 잔잔 흘으는 물에 청석바 바둑돌을 얼는 넝큼 슈슈히 집어 자장단 마츄아 지질너 노코(……) 「남훈티평가」(방점 필자)

이로써 얻는 효과를 살피기 전에, 먼저 원작품이 나타내는 적절한 시적 긴장이 상실되고 있음을 주목해야 할 것이다. 단형의 정제된 형식미를 살리기 위해서는 생략과 압축의 기교가 요구되기 때문이다.

이러한 표현의 양상은 흔히 민요에서 나타나는 병렬의 기교로 율적(律的) 균제(均齊)를 위한 장치라고 해석할 수 있다. 다음에서와 같이, 단형시조의 형식을 깨뜨리고 장형화되는 경우에 흔히 이러한 병렬의 형식이 사용되면서 리듬감을 살리고 있기 때문이다.

- 날버러지 길짐승 - 길버러지 날짐승

- 보앗느냐 - 못보앗느냐

- 오르면 골각 - 나리면 길곡
  갈곡- 길곡 ᄒᆞ는 중에

- 이리로셔 져리로 갈제 닉 소식 드러다 님의게 젼ᄒᆞ고 -
  져리로셔 이리로 올제 님의 소식 드러 닉손대 부딕 젼ᄒᆞ야주렴[45]

여기에서는 두 가지 양상을 지적하고자 한다. 우선, 「남훈틱평가」에서는 전체적으로 열거의 양상이 두드러진다는 점이다. 즉, 의미 전달에 있어 하나의 사물만 대표적으로 선택하면 될 것을 그와 비슷한 사물 혹은 비슷한 사건 등을 계속 열거하고 있다. 이로써, 의미 전달 그 자체보다는 열거하는 데서 오는 리듬감을 보다 즐기는 태도를 보여준다. 예를 들어, 기생을 꽃에 빗대어 표현하면서 작품 전체를 기생명으로 구성한 작품에서나 숫자 · 지명 · 행위 · 짐승명 등을 열거하는 양상에서 확인할 수 있다.[46]

특히 허구적인 대상과 사실을 희화화하면서도 열거법을 통해 구체성을 획득하고 있다. 예컨대, "코를 즁즁 흘니고 머리 푸러 산발ᄒᆞ고 눈을 희번덕이며 다리 ᄭᅩ아 닉밀면서 용 올니는 밍꽁이", "학 타고 져 불고 호로병 차고 불노초 메고 쌍상투 짯고 쉭등거리 입고 가는 아희", "져 건너 풀은 산즁ᄒᆞ에 두룽다리 쓰고 져 총씩 두러메고 살랑살낭 나려오는 져 포슈" 등을 들 수 있다.

바로 이 점에서 한 가지 사물이나 행위를 형용함에 있어 중의법(重義法)이나 의성(擬聲) · 의태법(擬態法)을 사용하여 장황한 수식을 하는 데까지 나아가는 이유를 납득할 수 있다. 예를 들어 의성 · 의태법이 두드러진 부분을 보면, "솔질 솰솰하여…말뚝 쌍쌍 박아…쥬루룩 훌

45) 이 밖에도 10, 2546, 2553, 2893, 2921번의 작품과 22번 작품 전체를 참조할 것.
46) 예컨대, 212, 943, 1010, 1512, 2487, 3050, 3283번 등을 들 수 있다.

터…시니 잔잔 흘으는 물…얼는 넝큼 슈슈히 집어…자장단 마츄아 지질너 노코…", "어이울 어이울 우는 기러기", "에화즈슨 뚜다려서…부지군 쪽다다 짜버리고…", "발로 툭차 퀴여 낙락장송의 어르여잇고…", "바람은 솰솰 부러 시니 암상에 곳가지만 썰썰이는고나" 등과 같이 장형화된 작품들에서 그 기법이 극대화되고 있다. 또한 중의법 혹은 중첩된 표현의 양상을 보면, "얼는 넝큼 슈슈히", "잔듸 잔디 금잔듸", "울며불며" "사오이십 스무 맹꽁이", "하릴업고 하릴업스니", "썰썰이고" "말만코 탈마는 집안의" 등을 들 수 있다. 이는 일상생활과 직접 연관되고 구체적이며 실제적인 것을 추구하는 민요의 표현 자세와 근사하기 때문이다.

한채영의 논의[47]에 의하면, 민요를 포함하여 고려속요・사설시조・현대의 전후시(戰後詩)들은 대체로 텍스트의 환유적 구성 원리가 우위적으로 작용하는 '사실적(寫實的) 시'의 성향을 지니며 향가・평시조・근대시 등은 대체로 텍스트의 은유적 구성 원리가 우위적으로 작용하는 '관습적 시'의 성향을 지닌다고 한다. 그리고 '사실적 시'의 수법으로 관념적 정서가 아닌 구체적 사물을 통해 사실적으로 지시해주는 환유소(metonyms)・환유적 방법을 들고 있다.

둘째, 「남훈틱평가」에는 민요의 정형성을 보여주는 문체로 대표적인 'aaba'식 수사(修辭)가 빈번히 나타나고 있다는 점을 주목하는 것이 필요하다.[48] 이는 여타 가집에 수록되지 않은 작품들에서 특히 두드러진 특징이기에 담당층의 문학적 취향을 확연히 드러내는 것으로 파악된다. 예를 들어. 다음과 같은 표현들이다.

47) 한채영, 「한국시의 환유적 구성 원리와 그 사적 전개」, 부산대 『국어국문학』19호, 1982, 9~11면과 21~23면.

48) 김대행(1975), 101면; 정동화, 『한국 민요의 사적 연구』, 일조각, 1981, 28~45면.

- ᄯᅴ오리라 ᄯᅴ오리라 셰빅사 눅모얼네 당ᄉᆞ쥴 감아 ᄯᅴ오리라

- 웨 와씀나 웨 와씀나 나 홀노 ᄌᆞ는 방에 웨 와씀나

- 달아 두렷한 달아 임의 동창 비쵠 달아

- 어이ᄒᆞ야 못 오드냐 무숨 일노 못 오드냐 잠총 급어부의 촉도지난이 가리웟더냐 무숨 일노 못 오드냐

- 가노라 가노라 님아 언양단쳔에 풍월강산으로 가노라49)

위의 예들에서 보다시피 이러한 표현을 통해 의미를 보다 구체화시키고 있으며, 율적 효과 및 형식미의 충족 효과를 얻고 있다. 「남훈태평가」에 나타난 병렬적 표현의 양상은 그러므로, 담당층이 시조를 창작하는 데 있어 관념적이고 추상적인 표현을 추구하기보다 구체적인 표현을 추구하는 태도를 반영하는 것이다. 이러한 성격은 다음에서 살펴볼 어조의 측면에서도 연관성있게 드러난다.

### (3) 일상적 어조

문체의 변화로 들 수 있는 또다른 특징적 양상은 바로 일상적 어조의 측면이다. 「남훈태평가」의 시조 작품에 나타난 종결어의 유형에서는 담당층의 문학적 취향을 반영하듯 문어체보다 구어체를 구사하고 있음을 보이고 있기 때문이다.

- 玉에는 티나 잇ᄂᆡ 말 곳 하면 다 님의신가 내 안 뒤집어 남 못 뵈고 天地間의 이런 답답한 일도 또 잇는가 열 놈이 왼 말을 할지라도 님이 斟酌

49) 이 밖에도 2921, 3151번의 작품이 해당된다.

ᄒᆞ소셔. 「시가(詩歌)」(방점 필자)

→ 옥에는 틔나 잇지요 말 곳 ᄒᆞ면 다 남편 된나 니 안 뒤여 남 못 뵈고 요런 답답헌 일도 또 잇노 열 놈이 빅말을 ᄒᆞ야도 드르리 짐작.

「남훈틱평가」(방점 필자)

위의 작품에서 보다시피, 「남훈틱평가」는 원작품의 표현을 그대로 옮겨온 듯해보지만, 방점친 부분들에서 미미한 변화를 수반하고 있다. 다름아닌 '-요' '-노' '요런' 등 일상생활에서 흔히 쓰이는 평범한 어조의 사용이다. 이러한 어조는 흔히 구어적 표현이라 일컬어지는데, 기왕의 논의에서는 문답 형식을 빌린 사설시조 작품에서 많이 나타난다고 지적하여 왔다. 즉, 시정(市井)의 상거래(商去來)하는 모습을 나타낸 일부 작품에서 직접 대화를 인용하는 방식을 사용하며, 일상적인 어조와 표현을 그대로 살리고 있기 때문이다. 그러나 「남훈틱평가」에서는 반드시 문답형식이 아니더라도, 또한 장형화된 사설시조 작품이 아니더라도 일상적인 어조를 사용함으로써 문어체의 분위기와는 거리가 멀어지고 있다.

또다른 예들을 검토하기로 하자.

- 임 니별ᄒᆞ든 날 밤에 나는 어히 못 죽엇노 한강슈 깁흔 물에 풍덩실 빠지련만 지금에 사라 잇기는 임 보랴고. 「남훈틱평가」

- 달아 두렷ᄒᆞᆫ 달아 임의 동창 비췬 달아 임 홀노 누엇드냐 어늬 낭군 품엇드냐 져 달아 본듸로 일너라 ᄉᆞ싱 결판. 「남훈틱평가」

위의 예들은 연모의 감정을 영탄조의 독백체로 서술하고 있다는 점에서 공통적이다. 그리고 화자의 감정을 보다 절실하게 표출하기 위하여 강조법(예를 들면, “나는 어히 못 죽엇노”), 의태법(예를 들면, “풍덩실”), 돈호법(예를 들면, “달아 두렷한 달아……”) 등이 동원된다. 이 점에서 형식의 파격을 이루지 않는 단형의 작품인데도 시조다운 느낌이 줄어들고 있는데, 이를 통해볼 때 「남훈ᄐᆡ평가」의 시조 작품에서 민요적 색채가 두드러지는 현상을 납득하게 된다. 그리고 이 점에 대해서는 표현법과 시어의 측면에서 이미 언급이 되었던 바이기도 하다.

이러한 어조의 변화 양상은 다음의 예들에서 보다시피 여러 작품에서 다양하게 나타나고 있다. 전대의 시조 작품에서 보이는 종결어의 양상이 ‘-노라’ ‘-소냐’ ‘-리라’ 등 단정적이거나 명령형 혹은 의지형의 문어체를 주로 사용한다는 점과 비교할 때 극히 대조적이다.

- 네 나가 보들 말고 ᄂᆡ 나가보마…
- 게 가서나 뭇소…
- 나 홀노 ᄌᆞ는 방에 웨 와씀나…
- 울면서 쓴 글씨니 눌너보소…
- 누구셔 녹음방초를 승화시라더냐…
- 이 슐 한잔 못 다 먹엇씀네…
- 자네가…먹을까본가…먹으량이면 ᄂᆡ 믈리리 갑슬랑은…

여기에서 19세기 시조의 성격을 파악하는 중요한 단서가 드러나고 있다. 우선, 이러한 어조의 변화 양상이 특히 시조 작품의 종장에서 두드러지게 나타나고 있다는 점에서 그러하다. 「남훈ᄐᆡ평가」의 성격이 시조창을 전제로 하는 가집임을 고려하면, 종장 형태에서 어조가 변화한다는 것이 시조창에서는 종장 끝 음보를 생략한다는 음악적 관습과 밀접한 관계가 있으리라고 생각할 수 있기 때문이다.

이를 위해, 기존 작품을 변용하는 과정에서 종장의 어조가 변화하는 경우를 살펴보면 다음의 예들이 유효할 것이다.

• 神農氏 嘗百草할제 萬病을 다 고치되 想思로 든 病은 百藥이 無效ㅣ로다 져 님아 널로 든 病이니 네 곳칠가 ᄒᆞ노라 「시가」

→ 신농시 상빅토ᄒᆞ사 일만 병를 다 고치되 임 그려 상사병에 빅약 무효로다 져 임아 널노 난 병이니 날 살녀주렴.[50] 「남훈티평가」

• 우리 둘이 後生ᄒᆞ야 네 나 되고 내 너 되야 내 너 그려 긋든 애를 너도 날 그려 긋쳐보면 이 生에 내 셜워 ᄒᆞ든 줄을 너도 알가 ᄒᆞ노라.

「해동가요」

→ 우리 두리 후ᄉᆡᆼᄒᆞ야 네 나 되고 ᄂᆡ 너 되야 ᄂᆡ 너 그려셔 긋던 ᄋᆡ를 너도 날를 그려보렴 평ᄉᆡᆼ에 ᄂᆡ 셜워ᄒᆞ던 쥴을 네 알니라.[51]

「남훈티평가」

• 青山 自負松아 네 어이 누엇는다 狂風을 못 이긔여 불희져서 누엿노라 가다가 良工 만나거든 날 넷더라 ᄒᆞ고려. 진본 「청구영언」

→ 청산 자부송아 너는 워이 누어는냐 풍상를 못 니긔여 걱꺼져셔 누엇노라 가다가 냥공을 만나거든 옛드라소. 「남훈티평가」

흔히 시조창의 사설은 가곡창(歌曲唱)의 사설에서 종장의 종구를 생

---

50) 이렇게 종장에서 어조가 변하는 경우, 그러한 표현이 여러 작품에서 공식적으로 나타나기도 한다. 이를테면, 1115, 1779, 1783번이 해당된다.

51) 이 경우에도 2180, 2885번에서 이러한 표현이 공통적으로 등장한다.

략하면 되는 것이라고 간략히 설명된다. 기왕의 논의를 토대로 시조창의 특징을 요약하면 가곡창이나 가사에 비해 오늘의 대중음악과 같이 대중적인 형식이라 정리된다. 특히 비교적 배우고 부르기가 쉬워 음악적 소용없이도 아무 데서나 부를 수 있는 음악이라 지적하면서, 다음과 같이 비교하고 있다.52)

| 구분 | 가곡창(歌曲唱) | 시조창(時調唱) |
|---|---|---|
| 형식 | 5장 형식 | 3장 형식 |
| 음계 | 5음계로 된 우조(청황종 평조)와 계면조(임종 계면조) 2음계 사용<br>우조 음계(Sol, La, Do, Re, Mi),<br>계면조(La, Do, Re, Mi, Sol) | 계면조에 속함<br>2음계(중, 임, 황) |
| 장단 | 1장단 16박 또는 10박의 일정한 장단 | 초・중・종 94박 |
| 연장법 | 변격인 언롱(言弄) 이하 요곡(謠曲)에 한하고 3장 5장에서만 연장 | 변격인 엇시조, 엇엮음 시조에 한함 |
| 가사 생략 | 없음 | 있음(종장 끝의 하노라, 하더라 생략) |
| 창조 | 세청(細淸) 불사용(不使用) | 경제(京制) 세청 사용, 지방제 불사용 |
| 반주 형태 | 관현 반주가 반드시 붙고 간주곡, 후주곡이 있음 | 간주보다 장단 정도로 하는 수가 많음 |
| 곡종 | 정・변격(남창 24엽, 여창 15엽)<br>현행 각 가책에 따라 증감이 있음 | 정・변격 적다,<br>평시조, 중허리, 지름, 엇시조, 엇엮음, 말시조 |
| 내용 | 전문적 곡조를 가진 전문가의 음악 | 사설 중심의 평민적 경향 |

그러나 실제 시조창을 전제로 편찬된 시조집인 「남훈틱평가」의 경우를 살펴보면, 위의 예들에서 보다시피 종장의 종구를 생략하는 방법뿐만

52) 이병기, 「시조의 발생과 가곡(歌曲)과의 구분」, 『진단학보』2집, 진단학회, 1934; 권영민, 「시조의 시적 형식과 그 창곡의 음악적 형식과의 상호관계」, 『한국학보』12집, 일지사, 1978; 장사훈, 『시조음악론』, 국악학회, 1977; 구본혁, 『한국가악통론(韓國歌樂通論)』, 개문사, 1978 등의 논의를 토대로 정리한 것이다.

아니라 일상적 어조로 바뀌는 양상도 나타나고 있음을 확인할 수 있다.

물론, 이는 간단한 문제가 아니므로 좀 더 깊은 천착이 요구되는데, 여기에서는 시조 종장의 율격이 지니는 의미를 통해 그 현상을 설명하고자 한다.

시조의 율격적 규준에서 볼 때, 4음 4보격의 보편적 율격을 취하면서도 반드시 시상을 3행이라는 절제된 장치로 완결하해야 하고, 이를 위해 종장에서는 까다로운 율격을 고수해야 한다. 그리고 이러한 형식적 장치의 견고함과 간결성이야말로 그 까다로움에도 불구하고 사대부 계층의 논리적 사변성(思辨性)과 절도 있는 엄숙성을 표출하는 장치로서 가장 적절한 것이라고 지적되어 왔다.[53] 이런 맥락에서 시조에 나타나는 문어체적 종결어가 다름아닌 시조 연행의 관습에서 비롯된 화법적 표현이며, 사대부적 전언(傳言)의 태도를 대표하는 것이라는 지적이 설득력을 얻어왔다.[54]

이러한 사실과 연관시켜 볼 때, 「남훈티평가」에 나타난 일상적 어조의 양상은 시조가 지닌 사대부적 이념과 계층성과는 거리가 멀어지고 있음을 다시금 확인시켜준다. 시조 작품을 종결하는 태도가 달라진 것은 곧 시조 장르에 대한 기본적 인식이 달라졌기 때문이라고 보아도 될 것이다.

또한, 어조의 이러한 변화 양상과 관련하여 살필 수 있는 것이 「남훈

---

53) 김흥규, 「어부사시사의 종장과 그 변이형」, 『민족문화 연구』14, 고려대 민족문화연구소,1979; 최동원, 「시조 종장의 형식과 그 율성(律性)」, 『고시조론』, 삼영사, 1980, 146~176면; 이능우, 「시조의 율성」, 『고시가논고』, 이우출판사, 1966, 276~277면; 이태극, 「고시조 종장종구의 구조적 연구」, 『한국문화연구원 논총』25, 이화여대 한국문화연구원, 1979.

54) 김대행, 「시적 표현의 문법」, 『고전문학 연구』3, 1986, 10~15면; 김대행, 「시조의 화자와 청자」, 『이화어문논집』2, 1986.

틱평가」의 문학적 진술 방식이 다양하다는 측면이다. 이는 사설시조의 장르적 특성으로 이미 지적되어온 것인데, 「남훈틱평가」에서는 기존 작품을 변용하는 과정에서부터 그러한 성격을 내보이고 있다.

● A: 각시님 엣뿌든 얼골 져 건너 닉까에 홀노 웃뚝 션는…광딕드거리 다 되단 말가
  B: 결머쏘자 결머쏘자 셰다섯만 결머쏘자 열 ᄒ고 다섯만 결무량이면 닉 원딕로. 「남훈틱평가」

위의 작품은 이미 작품 합성의 경우에서 다룬 바 있는데, 단일 화자의 방식으로 존재하는 기존의 두 작품을 합성하는 과정에서 두 사람의 화자를 설정하여 대화체로 구성하고 있음이 확인된다.

다음의 작품 역시 원 작품에서 보이는 단일 화자의 진술 방식을 대화체로 바꾸고 있다.55)

● 白沙汀 紅蓼辺에 고기엿눈 白鷺들아 口腹을 못 메워 뎌다지 굽니는다 一身이 閒暇홀션졍 술져 무슴ᄒ리오. 진본 「청구영언」

→ A: 빅사장 홍뇨변에 굽니러먹는 져 빅노야 ᄒᆫ 닙에 두셋 물고 무에 낫빠 굽니느냐
  B: 우리도 구복이 웬슈라 굽니러먹네. 「남훈틱평가」

대화체의 등장은 기존 작품을 변용하는 경우에서뿐만 아니라, 「남훈틱평가」에 새롭게 나타나는 작품 중에서도 적지 않다.

● A: 기러기떼 쎄 만니 안진 곳에 포슈야 총를 함부로 노치마라 식북 강남

55) 이렇게 기존 작품을 변용하는 과정에서 대화체로 바뀌는 경우는 이 밖에도 764, 2054번 등이 있다.

오구 가는 길에 임의 소식를 뉘 젼ᄒᆞ리
B: 우리도 그런 쥴 알기로 아니 노씀네. 「남훈티평가」

위의 작품은 비교적 단형의 시조 안에 두 사람의 화자를 등장시킨 작품이며,[56] 아래의 작품은 현상적(現象的) 화자만 등장하는 경우이지만 잠재적 청자의 존재를 상정할 수 있기에 단순한 독백체와는 다르게 처리된다.[57]

- 곳지야 곱다마는 가지 놉하 못썩씻다 걱지는 못ᄒᆞ나마 일흠이나 짓고 가자 아마도 그 곳 일흠은 단장환가. 「남훈티평가」

이로 볼 때, 「남훈티평가」에 나타난 문학적 진술 방식의 다양성은 일차적으로 사설시조의 장르적 특성을 계승한 것임이 확인된다. 하지만, 「남훈티평가」에서는 문답 형식을 사용한 동일한 작품일지라도 전체적으로 대화체를 매우 강화하고 있음에서 사설시조의 특성을 단순히 계승하고 있는 것만도 아님이 확연한 차이점으로 드러난다.

이는 보다 현장적인 상황을 살리기 위해 돈호법이나 직접 대화를 인용하는 방법을 쓰기 때문인데, 다음의 작품에서 대화 부분을 유의하여 비교해 보기로 한다.

- A: "덕들에 나모들 사오"
  B: "져 쟝스야 네 나모갑시 언매 웨난다 사쟈"
  A: "ᄡᆞ리남게는 한 말 치고 검주남게는 닷 되를 쳐서 합ᄒᆞ야 혜면 마닷 되 밧습니 삿대혀보으소 ᄆᆡ양 ᄉᆞᄯᅳ히자 ᄒᆞ리라"
  진본 「청구영언」

---

56) 이러한 예로는 이 밖에도 1844, 2074, 3152번 등이 있다.
57) 이 밖에도 2208, 2234, 2473, 2541번 등이 있다.

→ A: "덕들에 나무들 삽소"
B.: "네 나무 훈 동에 갑씨 언미니"
A: "쌀이나무 훈 동에 쌀 훈 말 밧고 부젹이 훈 동에 쌀 닷 되 밧고 합허면는 말 닷 되올세 사싸야 봅쏘"
B: "진실노 그러량이면 골단이나 헙쎄" 「남훈틱평가」

이렇게 짤막한 대화 내용을 되도록 많이 제시함으로써, 대화가 이루어지는 상황의 현장성을 보다 생동감 있게 살리고 있다.[58] 이른바 작가가 개입되지 않은 작중 인물간의 극적 재현, 곧 준희곡적(準戱曲的) 진술 방식에 의해 현장성을 획득하는 경우라 할 수 있을 것이다.[59]

「남훈틱평가」에서는 앞의 경우뿐만 아니라 다음의 예들에서 보다시피, '그 장식 대답하되'와 같이 작가가 개입되는 설명적 어구를 삽입하는 경우 또한 나타난다.

- A: "덕들에 동난지 사오"
  B: "져 장스야 네 황후 무서시라 웨는다 사쟈"
  A: "外骨內肉兩目이 上天前行後行小아리 八足 대아리 二足 靑醬 으스스흐는 동난지 사오"
  B: "장스야 하 거복이 웨지말고 게젓이라 흐렴은." 진본 「청구영언」

→ A: "덕들에 동난젓 삽소"
N1: 외느니
B: "장사야 네 무어시니"
N2: 그 장식 딕답허되
A: "딕톡은 이톡 소톡은 팔톡 양목이 상천 외골 닉육 청장 흑장 압두 결

58) 이 밖에도 845, 2414번 등이 있으며, 앞서 살핀 대화체 유형의 작품도 이러한 극적 재현의 효과를 갖는 준희곡적 진술 방식에 해당된다고 할 것이다.
59) 김병국, 「판소리의 문학적 진술 방식」, 『국어교육』34, 1979, 115~118면.

벽 뒤도 절벽 전힝ᄒᆞ고 후거도 ᄒᆞ고 썰썰 기는 동난젓 삽쏘"
B: "장사야 페룻게 외들 말고 그져 방궤젓 삽소" 「남훈틱평가」

이는 원작품에서는 보이지 않는 N1, N2, 부분에서처럼 부분적으로서 술적 표현구를 삽입함으로써 일견 판소리의 서사체를 방불케 하고 있다.

- N: 李仙이 집을 叛ᄒᆞ여 노ᄉᆡ목에 金돈을 걸고 <u>天台上 層巖絶壁을 넘어 방울ᄉᆡ ᄯᅡᆺ기 치고 鸞凰孔雀이 넘ᄂᆞᆫ 곳ᄃᆡ 樵夫를 맛나</u>
  A: "麻姑할미집이 어디ᄆᆡ오"
  B: "져 건너 彩雲어린 곳의 數間茅屋 대사립 밧긔 靑ᄉᆞᆸᄉᆞ리를 ᄎᆞᄌᆞ소셔"
  「병와가곡집」

→ N: 니션이 반ᄒᆞ야 졔 집을 반ᄒᆞ고 나귀 등에 슌금안장을 지여 금젼을 걸고 쳔<u>ᄐᆡ산 층암은 절벽 방울ᄉᆡ 삭기친 곳에 잉무 공작 넘나ᄂᆞᆫ데 초부 불너 문ᄂᆞᆫ 말이</u>
  A: "쳔ᄐᆡ산 마고션녀 슈영ᄯᆞᆯ 슉향의 집이 게 어ᄃᆡ메뇨"
  B: "져 건너 사립 안에 청삽살이가 누엇ᄉᆞ니 게 쥴 아러봅소."
  「남훈ᄐᆡ평가」(방점 필자)

이 작품의 초반부는 특정한 장면에 초점을 맞추어 그 대상을 보여주기 위한 객관적 진술이다. 그런데 「남훈ᄐᆡ평가」의 경우에는 작가가 개입되는 설명적 어구가 삽입되면서, 이른바 이중시점(二重視點)의 전형적인 서사 방식을 보여주고 있다. 이중시점이란, 작가(서술가)가 등장인물의 생각과 감정을 대신 말해주는 방식인데,60) 방점 친 부분을 주목하면 이 부분이 작중 인물(이선)의 의식 내지 감정을 이입하는 작가의 언어임을 알 수 있기 때문이다.

60) 김병국(1979), 19면.

이는 기존 작품을 변용하는 경우, 흔히 표현이 부연적으로 첨가되면서 작가의 시점이 개입되고 있음에서도 확인할 수 있다. 특히, '생매잡아'의 모티프를 가진 작품이 중장·종장에서 크게 장형화하면서 표현의 변화를 보이고 있는데, 바로 부연된 이 부분에서 작가의 시점이 개입되고 있다. 앞서 보인 바 있어 작품 제시는 생략하기로 한다.

이러한 양상은 다음의 작품들에서도 확인된다.

- A: "져 건너 풀은 산즁ᄒᆞ에 두룽다리 쓰고 져 총써 두러메고 살낭살낭 나려오는 져 포슈야……(중략)……사벽달 셔리 치고 지식는 밤에 동녘 동딕회로 짝을 일코 홀노 에이울 에이울 울고 울고 가는 기러길낭 노치를 마라"

  B: "우리도 그런 줄 알기로 아니 놋씁네." 「남훈틱평가」

- N1: 현덕이 단게로 갈 제

  A1: '작노마야 날 녀라'

  N2: 압헤는 장강이요 싸루나니 쳐뫼로다

  A2: "아마도 상산 됴자룡이 날 못 차져." 「남훈틱평가」

- N1: 각셜 현덕이 관공 장비 거나리시고 제갈냥 보랴고 와룡강 건너 와룡산 너머 남양짜를 다다라셔 시문을 두다리니

  N2: 동지 나와 엿쑴는 말이

  A: "션싱님이 뒤초당에 잠드러 게오"

  B: "동자야 네 션싱 씨시거든 뉴관장 삼인이 왓쓰라고 엿쥬어라."[61]

  「남훈틱평가」

이렇게 「남훈틱평가」의 문학적 진술 방식이 전체적으로 대화체를 지

61) 이 밖에도 여타 장르와 모티프를 공유하는 작품들과 고대소설의 내용을 가진 작품들이 해당된다.

향하되 부분적으로는 서사체도 삽입하고 있다는 점은, 단형시조의 서정성에서 크게 벗어나 있음을 의미한다. 곧 단형시조의 서정적 독백의 진술 방식으로부터 한결 벗어나, 시조 장르 자체의 개념을 상실케 하는 과정을 나타낸다고 보아 무방하다.

특히 판소리의 문학적 특성과 밀접해지고 있음은 연행 공간과 담당층의 성격이 동일한 데서 비롯된 것이 아닌가 생각할 수 있다. 구비문학이 지닌 구연성(口演性)이라는 측면에서 보면 장르 상호간의 밀접한 교류가 가능하며, 영향의 수수 관계 역시 충분히 가능할 수 있기 때문이다. 이에 관해서는 좀 더 면밀한 검토와 천착이 요구되므로, 이 장에서는 그 관련 가능성을 시사하는 선에서 논의를 매듭짓기로 한다.

## 3. 「남훈틱평가」에 나타난 19세기 시조의 성격

여기에서는 「남훈틱평가」의 고찰을 통해 드러나는 19세기 시조의 성격을 다음의 두 가지 측면으로 정리하고자 한다.

우선적으로 주목해야 할 사항은 담당층의 변화가 미의식의 변화를 수반하고 있다는 점이다. 이는 「남훈틱평가」에 나타난 시조 작품 세계가 사대부적 미의식을 추구하기보다 서민적 미의식을 추구하는 방향으로 변화함을 의미한다. 서민적 미의식이란, '지배계층과 대립되는 이념체계와 사고 범주·가치 규준 및 세계관에 기초한 미적 의식'을 의미한다. 즉, 사대부적 미의식이 유교적 덕목의 이상인 청결성(淸潔性)·항상성(恒常性)·고고성(孤高性)·침묵성(沈默性) 등을 표상한다면, 서민적 미의식은 우둔하고 비속하고 추한 것들을 지향한다.[62]

---

62) 김학성(1984), 앞의 책, 252～266면.

「남훈틱평가」에 구현되는 서민적 미의식은 시조의 이념적 세계나 사대부적 가치관을 추구하기보다 평범한 일상인의 세계를 지향하는 데서 단적으로 파악된다. 이미 작품을 변용하는 과정에서 그러한 의식의 변화를 나타내기 때문이다. 이를테면, 앞서 살핀 바와 같이 '구복(口腹)을 채우기 위해 분망(奔忙)한 것보다는 일신의 한가함을 구하는 것이 낫다'는 고답적 자세를 버리고, '구복이 웬슈라도 굽니러 먹는' 생활 자세를 긍정하고야 마는 태도가 이를 말해 준다.

추수나 밭갈기, 혹은 어부의 생활상과 같이 일상사를 소재로 하고 있다는 점 역시 관념의 차원이 아닌 현실적 경험의 차원에 작품 세계가 위치함을 보여주는 것이다. 앞서 살핀 "바람이 불냐는지 나무슷히 흐를 긴다……"와 같은 작품은 이러한 경험적 세계를 시조화한 좋은 예라 할 것이다. 또한 고대소설의 모티프를 가진 작품들은 문학적 기교의 우수성이나 시적 발상의 참신성을 구하기는 힘든 대신에, 사대부적 미의식의 범주에서 탈피하는 데에 일조하는 의의를 획득하는 예들이다.

다음으로 주목할 사항은 시조 창작의 자세에 대한 것이다. 앞서 「남훈틱평가」의 시조 작품 세계를 고찰한 결과에서도 시조 작품을 창작하는 자세가 사대부적 이념과 교양에서 탈피된 것을 볼 수 있었다. 이는 시조 창작의 수준이 기존 작품을 변용하고 민요적 표현을 즐겨 구사하는 소박한 단계에 머무르고 있음에서도 확인된다.

이로 미루어 담당층의 성격이 변화하였음을 알 수 있는데, 이러한 담당층의 변화는 작품에 대한 문학적 흥미와 공감의 질(質)이 달라진 원인이 되는 것이기도 하다. 문학 작품에서 느끼는 흥미는 수용자에 따라서 다르기 때문이다. 예컨대 사대부는 시조 장르를 향수하면서 이념의 표방과 사대부적 유한(幽閑)의 분위기를 추구하는 경향이 크지만, 평서민(平庶民)은 그러한 것들에 큰 의미를 부여하지 않을 수 있다.

그런 점에서 「남훈틱평가」의 담당층은 '일상적 생활인'의 세계에서 즐거움과 재미를 찾는 문학을 지향하고 있다. 이는 소재나 주제의 측면에서 이미 드러났던 바와 같이 「남훈틱평가」에서 두드러지게 나타나는 표현상의 효과를 생각할 때 더욱 확연해진다. 앞서 살핀 바 있는 "져 건너 신진사집 시렁우희……"의 작품을 다시 살펴보면, "우듸 밍쫑이 다셧 아레듸 밍쫑이 다셧 문안 밍쫑이 다셧 문밧 밍쫑이 다셧 사오 이십 스무 밍쫑이……"와 같은 표현이 등장하는데, '위-아래' '안-밖'이라는 방위와 '4×5=20'이라는 평범한 지식이 시작(詩作)에 동원되는 양상을 볼 수 있다. 그리고 이러한 비시적(非詩的) 소재는 열거와 반복에 의해 사물을 희화화하는 데까지 나아가며, 흥을 돋우는 리듬감마저 주게 된다.

표현의 변화에서 이룩되는 민요적 성격은 일찍이 단형시조와 변별되는 사설시조의 특징으로 지적되어 왔다. '수다스러운 언사와 절제되지 않은 골계적 행위를 일상적 경험의 차원에서 과장되게 드러냄으로써 봉건적 질곡 아래 억압된 정서를 자유로이 분출하는' 사설시조의 작품세계와 상통하는 것이라 보아도 될 것이다.

하지만, 「남훈틱평가」는 주로 형식의 파격을 통해 구현되던 사설시조의 장르적 특성을 계승하면서도 반드시 형식의 파격을 수반하지는 않는다는 점에서 사설시조의 장르적 특성과는 차별화되고 있다. 「남훈틱평가」의 시조 작품 세계가 시조 장르에서 급격한 변모를 이루며 새로이 나타난 것은 아니라는, 바로 이 점 때문에 후대 '광의의 시조'를 형성하는 시조의 사적 전개과정을 예견할 수 있는 힘이 생기게 된다. 이후 시조 장르가 이념적 기반을 상실하면서 민요 작품을 개작하면서 형식상 시조의 틀을 그대로 유지한다든지, 여타 장르와 사설이 혼효되는 양상들이 빈번히 나타나게 되기 때문이다.

무엇보다 앞서의 사항과 연관하여 시조 장르에 대한 기본적 인식이 달라졌음을 기억하는 것이 중요하다. 이는 「남훈틱평가」의 담당층이 작품을 개작하거나 창작하는 과정에서 진술 방식의 다양성을 보이고 있기 때문이다.

근본적으로 시조 장르는 감정의 절제와 시의(詩意)의 축약이 요구되는 정형시이다. 이런 시조 형식의 구조미로 인해 성리학적 이념에 젖어 있는 사대부 계층이 자신의 세계관을 표출하는 데 알맞은 시가 양식으로 인식하여 왔다.

그런데 「남훈틱평가」의 경우, 표현 양상과 진술 방식의 성격에서 확인된 바와 같이, 아무리 사소한 사물이나 단순한 사실, 평범한 지식일지라도 열거와 반복, 중의적 표현 등의 기교를 통해 충분히 문학적 재미를 얻고 있었다.

그러므로 현실 생활의 경험이나 실용적 차원에서 무엇이든 가능한 많이 알고 있다는 잡학(雜學)이 시조 장르의 창작에 크게 유용하게 된다. 「남훈틱평가」에서 대화체를 강화하고, 서사체도 나타나고 있음은 시조의 장르적 성격이 변모하는 과정에 있음을 보여주는 것으로, 이념과 계층에서 멀어지고 있는 작품 세계와 궤를 같이 하는 것이라 보아도 될 것이다.

다음 장에서는 이러한 시조 성격을 가능케 한 요인과 배경을 살피기로 하겠다.

# Ⅳ. 「남훈틱평가」에 나타난 시조 작품의 변모 요인과 배경

## 1. 문학적 환경의 측면

조선 후기는 체제의 정비와 이념의 완성을 보인 조선 전기에 비해 체제와 이념의 동요뿐만 아니라 사회적 혼란상을 보인다는 점에서 그 시대적 성격이 특징적이다.

특히 19세기의 사회 역사적 상황은 봉건주의의 해체라는 커다란 위기에 직면하여, 전통 사회가 식민지 사회로 몰락하는 전이 단계에 해당된다는 점에서 전시대와는 다르다. 19세기는 전통 사회와 근대 사회의 시기적 갈림길이자 중세에서 근대로 이행해가는 시기이기에, 그 변화의 폭과 속도가 컸음을 짐작할 수 있다.

갑오경장에 의한 법제적 조치로 반상・양천의 신분적 장벽이 무너지기 이전까지 신분제는 질곡으로 작용하여 사회 발전을 저지하였다. 그러나 조선후기 농업 경영의 변동에 따른 계급 구조 변동의 결과, 일정한 부를 축적한 부농층과 중농층이 상급 신분으로의 신분 상승을 이루어 봉건적 신분제도를 붕괴시키게 된다.

18세기 초의 피라미드형 신분 구조가 바뀌어 19세기 중엽에는 역피라미드로 바뀌고 있음은, 이러한 신분제 붕괴 현상을 상징한다. 이를 시발로 중세사회에서 근대사회로 전환하는 제반 현상이 도출된다. 19세기 시조의 변모 양상이 나타나는 근본적인 요인으로 지적해야 할 것이 바로 외적(外的) 요인으로 작용하는 당대의 시대적 변화이다.

이 논의를 위해 두 가지 측면에서 중요한 사실을 지적하고자 한다. 먼저, 봉건주의 해체와 함께 상업적 문화 풍토가 조성됨으로써 이념적 기반이 붕괴되고 관습시적 토대가 동요되고 있다는 사실이다. 이는 조선 후기 17세기말, 18세기부터 지속되어 온 위항문학(委巷文學) 활동이 19세기에는 어떤 양상으로 나타나는지, 그 전개 과정과 말로를 통해 살펴야 할 것이다.

다음으로 주목할 사항은, 새로운 문화 담당층의 형성과 문화 구조의 재편성이다. 이는 18·9세기 문화 전반에 걸쳐 상업적 속성이 내재되면서 장르마다 전문적이고 직업적인 담당층이 형성된 결과이다. 이들은 영리를 추구하는 한편, 수용층의 확대와 작품 세계의 변모를 수행하여 온 것으로 파악된다.

### 1) 상업적 문화 풍토의 조성

먼저 조선 후기 예술사의 전개 과정은 어떠한지 살펴보자. 17세기말 이래 봉건적 사회 구조가 해체되는 현상과 더불어 가객을 비롯한 예능인들이 등장한 것은 주지하는 바와 같다. 이 사항에 대해 좀 더 부연하면, 다음과 같다. 서울 여항과 시정의 도시민적 취미 내지 향락 소비 생활의 발전이 음악의 수요를 창출하여 제반 연예 활동을 활발하게 만들어, 이에 제 나름의 기예(技藝)를 파는 일을 업으로 하는, 이른바 예능인들이 출현하게 된다. 이로써 예술의 새로운 존재 형태가 등장하게 된 셈인데, 예능인들이 종래의 예속적인 관계로부터 해방되어 장차 '예술 활동의 자유'를 획득할 계기가 여기에서 마련된다. 그리고 예능인 그룹은 이 시기 연예 활동의 특징적인 형태로, '줄풍류'를 성립시키게 된다.[63]

서울의 도시적 발전에 힘입어 등장한 이들은 예술을 이전 시기의 '제례적 · 교화적 · 예속적'인 성격으로부터 '주체적 · 창조적'인 것으로 전환시키는 단초를 열었다. 그것은 예술을 통해 문화적 욕구를 충족시키려 했던 평민 가객들의 내적 동인과 함께 예술에 대한 상품적 수요의 창출이라는 외적 요인이 함께 마련되었기에 가능했던 것이다. 화폐 경제의 원리가 예술 방면에도 침투하기 시작한 것이라 볼 수 있겠다.

물론, 18세기의 경우 일반 고객이 대량으로 출현하지 못하여 그러한 수요가 광범위한 현상이 되지 못하였기에, 아직은 몇몇 후원자의 비호 아래 부분적으로 이루어지는 단계였다. 때문에 예술 창작 내지 연예 활동에 대한 경제적 토대는 대체로 미약했다고 할 것이다.

하지만, 19세기에 이르면 상황은 상당히 진전된 것으로 보인다. 19세기 중반의 서울의 풍물을 다각도로 제시하고 있는 <한양가(漢陽歌)>에는 금객(琴客) · 가객 등 여러 예능인들이 모여 풍류를 즐기는 모양을 장황하게 나열한 뒤에 "춘성삼백구십교(春城三百九十橋)와 대도청루십이중(大道青樓十二重)에 집집이 관현(管絃)이요 거리거리 노래로다"라고 하여 예술적 수요가 확산되어가는 현상을 시사해 주고 있기 때문이다.[64]

상업이 발달하고 자본주의적 생산 양식이 어느 정도 정착된 18 · 9세

63) 임형택, 「18세기 예술사의 시각」, 『우전 신호열 선생 고희기념 논총』, 창작과비평사, 1983, 376~377면.

64) 박성의, 『농가월령가 · 한양가 주해』, 예그린출판사, 1978, 122~138면.
당대 풍류 절차나 놀음 풍속에 대한 기록은 『가사문학전집』 중의 <노인가>(308~379면), <만언사>(419면), <해조사>(520면) 등에서도 볼 수 있다.

기에는 이렇게 상품 화폐 경제의 원리가 예술 부문에도 적용되어 도시의 유흥적·오락적 음악이 등장하고 있음을 알 수 있다.

여기에서 우리가 주목해야 할 것은 시조 장르의 경우에도 이러한 추세에 부응하여 오락적 기능에 종사하는 가객의 활동이 나타났다는 점이다. 그리고 이들의 활동이 상업적 문화 풍토의 조성에 큰 기여를 하며 급기야 시조의 대중화 양상을 크게 진작시키고 있다는 점 또한 주목할 사항이다.

예술에 대한 상업적 수요가 있게 되면서 시조가 문학적 상품으로 존재하게 되었다고 볼 수 있는데, 이러한 과정에 참여한 이들은 경제적 여유를 누리는 대신 사회적으로는 상층 문화권에 예속된 기능인으로 전락한 셈이다. 즉 몇몇 고정적인 가객·금객·기생이 일종의 연희 집단을 구성하고 연희의 대가로 일정한 보수를 받았음을 알 수 있기 때문이다.[65]

관련 기록을 통해 그 상황을 좀 더 부연하여 파악하기로 하겠다. 유만공(柳晚恭)의 「세시풍요(歲時風謠)」에 나타난 정월 대보름 밤 서울의 여항(閭巷) 풍속을 보면, '중촌야회일촉유(中村夜會日燭遊)'·'배반즉연석(杯盤則宴席)'이라 하여 당시 서울에 상하 각층의 모임과 놀이에 명목이 많았음을 알 수 있다.[66] 가객의 시조 작품에서도 이러한 여항인들의 향락적이고 소비적인 생활상을 엿볼 수 있다.[67]

---

65) 권두환, 「조선후기 시조가단 연구」, 서울대 박사학위 논문, 1984, 66~71면과 121~122면.

66) "雪從街北廣通西 富屋宵遊兼燭齊 細細三絃歌曲譜 房中之樂月中携" "杯盤爛處夜如何 曲罷篇歌變雜歌 古調春眠今不唱 黃鷄鳴咽白鷗蛙" 임형택(1983), 37면에서 재인용.

67) 「해동가요」의 김수장(金壽長) 작품(『역대시조전서』829번)과 「금옥총부」의 안민영 작품 178번을 참조할 것.

「청구야담(靑邱野談)」에서는 사대부층의 인사들을 상대로 하여 이세춘(李世春) 등의 가객 및 기생들이 잡사(雜詞)를 가창하였다는 기록이 보이며,[68] 「관서악부(關西樂府)」는 "일반시조배장단(一般時調排長短), 내자장안이세춘(來自長安李世春)"이라 하여 이세춘이 시조를 불러 사람들에게 인기를 끄는 현장을 나타내고 있다.[69] 이세춘을 중심으로 '금가지반(琴歌之伴)'을 이룩한 예능인 그룹[70]은 당시 서울의 가단을 풍미했던 독보적 존재로, 시조의 오락적 기능에 종사하는 경향이 우세했고, 무엇보다 유행되는 가창조(歌唱調)에도 민감했다고 보인다.

이는 19세기 가악계(歌樂界)의 상황에서 파악되는 시조 음악의 성격에서도 여실히 반영된다. 이 시기는 시조뿐만 아니라 가사나 잡가, 판소리 등 제반 가창 문학이 형성되던 때로, 이러한 시대적 분위기에 힘입어 18세기 후반 이세춘·송실솔(宋蟋蟀) 등에게서 보이기 시작한 창작과 가창의 분리 현상이 더욱 촉진되고 있기 때문이다.

19세기 이후의 가객들은 시조 창작보다는 가창을 전문으로 하는 음악인으로서 위치하게 됨은, 이 시기의 가곡창이 삭대엽(數大葉)을 중심으로 미세하게 분화(分化)하여 음악적으로 대단히 세련되어진 현상과도 긴밀하게 연결되는 것이다.[71] 19세기 초엽 이래 가곡의 창악적 발달

68) "在李尙夜 笙歌暄轟之時 唱雜詞 絃轉急而鮮正_適有一宰相入來(……) 盡歌而罷 時琴客金哲石 歌客李世春 妓生_梅月等偕焉", 『이조 한문 단편집』中卷, 「秋妓臨老說古事」, 381면.

69) 이우성, 「내자장안이세춘(來自長安李世春)에 대하여」, 『국어국문학』46, 1970, 73~74면에서 재인용.

70) "及沈公之遊後 葬於坡州之柴客 琴歌之伴 相與泣下曰 吾輩平生爲沈公 風流中人 知己也 知音也 歌歇琴殘吾將何之會于柴谷 一場歌 一場琴 遂痛哭于墳前 各散其家", 「풍류(風流)」, 『이조 한문 단편집』中권, 411면.

71) 장사훈(『국악총론』, 세광출판사, 1986)의 논의에 의하면, 현행 전창되고 있는 가곡의 곡수는 남창 85곡, 여창 71곡, 도합 156곡이라고 한다. 422~426면과 429~431면. 또한 송방송(「조선후기의 음악」, 『한국음악사』, 예술원, 1985)의 논의에서는 19세기

이 점차 누적되어 「가곡원류」에 이르면 30여 종의 곡종(曲種)이 파생되기까지 하여 이른바 현행 가곡의 체계가 확립되기에까지 이르기 때문이다.[72]

그런데 한 양식의 음악적 세련은 창자에게는 고도의 숙련된 기능을 요구하며, 그것을 듣고 즐기는 향유층에게는 수준 있는 감식안(鑑識眼)을 동시에 요청하게 마련이다. 달리 말하면, 창곡의 이러한 세분화는 이미 가곡창이 광범한 대중적 지지 기반을 떠나 소수의 문화로 변화할 여지를 내포하는 것임을 의미하는 것이다. 실제로 이 시기 가객들의 후원자가 대원군을 비롯한 왕실의 인사들이었음은 가곡창이 상층의 문화로 재편입되었음을 말해주는 것이기도 하다.

좀더 설명을 붙이자면, 대원군은 파락호 시절 위항의 시인·예술인들과 서로 교유하였고 나중에 집권하였을 때는 판소리 창자·위항 시인·가객들의 후원자로 19세기 문화에 깊이 관여하였다. 그는 박효관·안민영·안경지(安敬之)·김윤중(金尹仲) 등의 가객들과 밀접한 관계를 맺었고, 특히 안민영에게 구포동인(口圃東人)이란 호를, 박효관에게는 운애(雲崖)라는 호를 직접 내리기까지 하였다.[73]

이 시기에 시조창이 그것 나름대로 국악사(國樂史) 또는 문학사(文學史)의 표면으로 부상되어 나타나게 되는 것은 이러한 음악 양식의 변화와 보조를 같이 하는 것이다.[74] 판소리나 잡가와 같은 민속악(民俗

---

후반 현행 가곡의 체계가 완성되었다고 지적한다. 331면.

72) 「가곡원류」에 나타난 곡조를 보면, 우조초중대엽(羽調初中大葉)·장대엽(長大葉)·삼중대엽(三中大葉)·계면초중대엽(界面初中大葉)에서부터 농가(弄歌)·계락(界樂)·우락(羽樂) 등 29항목이 된다(국악원본에서는 모두 30항목이다).

73) 이에 대해서는 안민영의 「금옥총부」에 나오는 1242~1243번의 주기(註記) 사항을 참조할 것.

74) 국립국악원 편, 「고악보해제」, 『한국음악 자료총서』, 1983 참조.

樂)의 인기를 앞지를 수 없었던 가곡창은, 이제 민간에서 유행하는 민속악과 격을 같이함에 따라 가악과 민속악이 접근된 양상을 보이게까지 변화된다. 즉, 가곡창이 시조·가사와 함께 판소리·잡가·인형극 등에 이르기까지 다양한 장르와 연행의 장(場)을 함께 하게 된 것이다. 예를 들어, 송만재의 <관우희>에서는 공연의 현장을 묘사하면서 판소리가 다른 노래를 압도한 사정을 잘 나타내 주고 있다.[75)]

이런 추세는 후기로 갈수록 더욱 가속화되어, 교방(敎坊)을 중심으로 한 연행 공간에 민간의 연예(演藝) 종목들이 침투하고, 잡가 및 그 가창 집단의 영향력이 상당히 부상하게 되기까지에 이른다. 이를 뒷받침하는 단적인 예로 「교방가요」를 들 수 있다. 이 책은 원래 교방에서 사습(肆習)하는 가무를 교정하여 풍교(風敎)를 바로잡고, 아울러 가창되는 시조시를 선택하고 한역함으로써 교방의 가요를 정착시키려고 만들어진 것이다. 편자는 가곡·시조·가사를 악보와 함께 싣는 한편, 무용과 악기에 관한 내용 또한 담았는데, 책의 말미에는 판소리 여섯 마당 및 잡희·사당·풍각·초란·산대·곽투·산타령·저타령·단가 등에 대해서도 단편적인 소개를 덧붙이고 있다.[76)]

이상에서 지적한 변화상은 근본적으로 봉건주의가 해체되고 예술 부문에도 화폐 경제의 원리가 적용됨으로써 가능한 것들이었는데, 다른 한편으로는 문학 평가에 있어 공식적인 평가와는 다른 가치관이 성장하고 있음에도 기인한다. 이전까지 문학 평가의 기준으로 내세워지던 '품위(品位)'와는 상극인 '인기(人氣)'가 대단한 구실을 하게 되었다고

---

75) 이혜구, 「송만재의 <관우희>」, 『한국음악 연구』, 1957.
이 밖에도, 정원표, 「관극시(觀劇詩)에 대하여」, 『한국시가문학 연구』, 신구문화사, 1983, 250~259면; 윤광봉, 『한국 연희시 연구』, 이우출판사, 1985, 66~91면 참조.
76) 정병욱, 「교방가보」, 『한국고전시가론』, 신구문화사, 1985, 443~457면.

보아도 무방한 것이, '인기'는 누구나 흥미를 가질 수 있고 현실적 경험도 손상시키지 않으며 바로 나타낼 수 있는 개방된 갈래에 관심을 갖게 하기 때문이다.

이런 문화 풍토에서는 예술의 형태가 흥행 위주로 변하게 되면서 공식적인 서열에 따라 정해진 등급은 무의미해지게 됨은 당연하다. 수용층의 폭을 최대한 넓혀서 판소리와 같이 상층과 하층의 관심을 모두 아울러 한 작품 속에 반영하려는 움직임이 있게 될 뿐이다. 곧 현실적인 관심에 맞는 흥미를 제공해주는 예술을 환영하면서, 다른 한편으로 소박한 형태가 아닌 세련된 기교를 평가하는 척도가 새로운 수용층의 확대와 함께 정착되게 된 것이다.

예컨대, 판소리 <춘향가>과 <흥부가> 또는 <심청가> 등에서 인습적 규범에 대한 반발이 절묘하게 형상화된 이유도, 이런 풍토에 휩쓸려 표면적이면서도 이면적인 이중적 주제를 갖추게 된 것이라는 지적이 그래서 가능해진다.[77] 여기에서 소위 중세문학에서 근대문학으로 이행하는 과정을 발견하게 되는데, 문학 담당층의 확대와 함께 계급성이 붕괴되어가기 때문이다. 따라서 경제력을 가진 수용층이 문화 성격을 좌우하는 큰 힘을 가지게 됨은 당연한 수순으로 받아들여야 될 것이다.

결국 사대부 문학을 주류로 발전한 조선시대 문학사의 양상이, 대략 17세기 중엽 이후부터는 새로운 문학 담당층의 성장으로 인해 달라지고 있음을 알 수 있다. 물론 사대부 문학이 여전히 지속된 것은 사실이다. 그러나, 그 일각에서는 실학파 문학이 혁신적인 기풍을 조성하였고 중인·서리 중심의 중간층에서 여항 문학이 형성되고 있었으며, 이어 사회의 저부 기층(底部基層)에서는 서민 문학의 의의있는 성장이 이루

77) 조동일, 『한국문학통사 3』, 지식산업사, 1984, 179~182면.

어지고 있는 현상을 간단히 볼 수만은 없다. 여항 문학과 서민 문학은 중세에서 근대로 이행하는 역사적인 운동 과정에서 등장하는 새로운 특징으로 보아 그 의의를 크게 살 만하기 때문이다.

19세기에 이르러 특히 방각본 출판을 중심으로 한 문화 양식이 문학사적으로 부각되어 표면화되는 것은 바로 이러한 문학사의 양상을 대표하는 것이다.[78] 이를 부연하면, 계층과 지역에 따라 분화되어 있던 중세문학의 폐쇄성을 무너뜨리고 중간층에 기반을 두되 상하의 영역까지 가능한 대로 끌어들여 근대문학으로서의 개방성을 성취하는 시민문학의 형성이라고 요약할 수 있을 것이다.[79]

### 2) 새로운 문화담당층의 성격

앞서 지적한 바와 같이, 19세기는 문화 전반에 걸쳐 상업적 속성이 내재되어 상업의 발달・신분제의 동요가 예술에 있어서도 계층성을 붕괴하고 혼효되고 교류되는 양상으로 나타나고 있었다. 따라서 이제부터는 문학 장르마다 전문적・직업적 담당층이 형성되어 상업적 영리 추구라는 경제적 목적을 위해 문학 활동을 하게 되었다. 이렇게 새로운 성격의 문화 담당층이 등장함으로써 문화 구조의 재편성이 이룩되고, 결국 수용층의 확대와 작품 세계의 변모를 수행하여 온 것이다.

18・9세기 국문학의 장르 체계를 보면, 전문적・직업적 작가의 문학이 특징적으로 나타난다.[80] 이 시기 특히 그 역할이 부각되어 나타난

78) 임형택, 「여항문학과과 서민문학」, 『한국학 연구 입문』, 지식산업사, 1984, 315~322면.

79) 조동일(1984), 180면.

80) 조동일, 「18・9세기 국문학의 장르 체계」, 『고전문학 연구』1집, 고전문학연구회, 1971, 86~92면.

예능인을 다음과 같이 정리할 수 있다.

- 고급 예능인 집단:
  - 중인가객
  - 기생
- 저급 예능인 집단:
  - 이야기의 경우 – 이야기꾼
    - 강담사 ………… 한문단편 성립
    - 강독사 ………… 국문 통속소설
    - 강창사(판소리광대) ‥ 판소리
  - 소리의 경우 – 소리꾼
    - 선소리꾼 ……… 선소리(입창)
    - 사계축 ……………………… 잡 가
  - 삼패 기생 ……………………………… 잡가・민요
- 천민 예능인 집단:
  - 소리의 경우 – 무 당 ……………………………………… 노랫가락
  - 연희의 경우 – 놀이패(유랑 예능인)[81]

구비문학의 계승 방법을 비직업적(非職業的)・비전문적(非專門的) 구연자(口演者)에 의한 경우와 직업적・전문적 구연자에 의한 경우로 나누어 살필 때,[82] 이 시기 특히 그 역할이 부각되어 나타난 예능인들의 성격은 주로 후자에 해당되는 것으로 파악된다. 문학 작품의 구연 혹은 계승에 있어, 전문성을 가진 인물이 주로 자신의 생계 유지나 경

---

81) 이는 조동일(「18・9세기 국문학의 장르 체계」, 『고전문학 연구』1집, 1971)의 논의를 참조하고, 다음의 논문들을 정리한 것인데, 좀 더 깊은 정리와 이해가 필요하다.
임형택, 「18・19세기 이야기꾼과 소설의 발달」, 『한국학논집』2집, 1975, 85~88면; 성경린, 「서울의 속가(俗歌)」, 『향토 서울』2, 1970; 장사훈, 「한말의 여기(女妓)」, 『여명의 동서음악』, 보진재, 1977, 143~145면; 이능우, 『가사문학론』, 이우출판사, 1977, 44~49면; 박전열, 「천민계층 문학론」, 『국어국문학』85, 1981; 김흥규, 「조선후기의 유랑예능인들」, 『고대문화』20, 1983; 전신애, 「거사고」, 『한국인의 생활의식과 민중예술』, 성균관대 대동문화연구소, 1974 등.

82) 김흥규, 「문학 작품의 유통 과정과 서책」, 『한국문학의 이해』, 민음사, 1986, 187면.

제적 목적을 위해 문학 구연을 직업으로 삼는 것이다. 그래서 문학 작품의 창작과 구연(전승)에 있어 전문성과 영업성 또는 상업성을 기본 성격으로 하는 담당층이 문화 구조의 재편성에 일익을 한 것이라 보아 무방할 것이다.

담당층의 이러한 성격은 당시 전반적으로 진행된 사회 구조적 변화와 병행되어 나타난 것이다. 조선 후기 경제구조의 변화가 특히 급진전되어 유통 경제가 일반화되고 천직(賤職)으로 인식되던 상공업이 보다 크게 팽창되면서 바야흐로 서민층은 경제적 힘을 배경으로 급격히 부상하게 되었다.

18세기 서울의 전경을 가장 잘 묘사하였다고 평가되는 박제가의 <성시전도시(城市全圖詩)>를 중심으로 살펴보면, 18세기 들어 인구의 급속한 증가가 서울의 소비와 수요를 급증시키고, 화폐가 서울로 집중됨으로써 상업·수공업에 새로운 촉진제가 되었음이 확인된다. 신흥 조성 3대시로 주목받게 된 이현(梨峴)·종루·칠패는 행상의 집합소이자 주민의 일상적 구매장으로, 상인과 수공업자, 그리고 구매자인 시민들의 모임 장소가 되었다. 서울의 상업은 육의전 중심의 정부 어용상인의 특허 상업에서 대중의 소비 생활에 직결된 3대시의 자유매매의 분산적 소상업으로 확장되었다. 소상인의 자금 공급자인 자본주는 중인 계급으로 이동하였고, 귀족·관료·지주들의 궁핍이 가중화되기까지에 이르렀다고 한다.[83]

이제까지 지배계층에 억눌려 있던 서민 계층의 지위가 급격히 상승하고 큰 세력을 형성함에 따라, 자연히 서민층의 문화 양식도 비공식적

83) 이우성, 「18세기 서울의 도시적 양상」, 『향토 서울』17호, 1970, 12~17면; 심경호, 「한문단편에 반영된 객주(客主)의 상업 활동」, 『이조후기 한문학의 재조명』, 창작과 비평사, 1983, 315~321면.

인 위치에서 벗어나 표면화될 계기를 갖게 되었다. 이는 직업적인 이야기꾼의 출현과 함께 판소리계 소설의 생산 모태가 되는 판소리의 최전성기를 이루며, 가면극이 농촌 가면극에서 도시 가면극으로 전환하여 광범위한 관중을 확보해 가는 현상에서도 충분히 확인되는 것들이기도 하다.

이렇게 이들이 문화 흐름에 큰 구실을 하게 되면서 지난 시기의 문화를 해체하고 변화시킨 결과 나타나는 문화 변화의 양상은 크게 세 가지 측면에서 확인된다.

첫째, 민속예술(民俗藝術)이 이른바 민중예술(民衆藝術)로 발전하면서 본래 지닌 성격이 변모하는 경우인데, 굿 음악이 시나위로 바뀌어간 과정에서 단적으로 확인된다. 원래 무당이 굿을 할 때 반주를 담당하는 음악이던 것이 시나위라는 합주(기악) 음악으로 인기를 모으게 되었기 때문이다.

민속예술이 민중예술로 발전하면서 본래의 성격을 바꾸어 놓은 현상은 무당춤·승무 등이 무용으로 독립되고, 무신도(巫神圖)를 그리던 솜씨로 민화(民畵)를 내놓기도 한 사례들에서도 확인된다. 판소리나 탈춤의 성장역시 이와 함께 고려해야 할 것이다.[84]

둘째, 표면상 교훈을 표방하지만 이면은 흥미를 찾는 예술을 요구하는 경우로, 앞서 지적한 바대로 판소리에 나타나는 이중적 주제의 양상에서 충분히 드러난다.

셋째, 소비적인 수용자의 위치를 고수케 되는 대중예술의 등장이다. 방각본 국문소설이나 잡가와 같은 통속 민요의 등장은 이런 대중예술의 형성을 의미하는데, 본고에서 특히 주목하는 측면이기도 하다.

84) 조동일(1984), 186~187면.

이러한 문화 변화의 양상은 연행 공간의 성격에서도 확인된다. 이를 다음과 같이 정리할 수 있다.[85]

- 판놀음[86]
  - 판소리 : 단가
    - 판염불 또는 선소리(입창)
  - 판 줄[87]
  - 판 굿[88]
  - 판 춤
- 방안 놀음[89]
  - 풍류방 놀음[90]
  - 소리꾼 놀음[91]

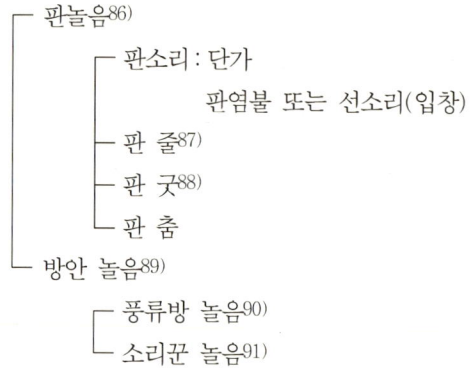

앞서 지적한 새로운 문화 담당층, 예컨대 소리꾼이나 이야기꾼 등은 이러한 연행 공간에서 언제 어디서나 마치 공연을 하듯이 '연예 활동'을 벌이게 된다. 판소리가 공연 예술의 성격을 띠고 지방에까지 확산된 것은 연행 공간이 보다 확대되고 다양한 성격을 가졌음을 나타내는 좋은 예라 할 것이다. 이로써 단순히 구비 가창물(口碑歌唱物)이던 장르가

---

85) 이혜구, 「이씨조선 서울의 음악 문화」, 『한국음악서설』, 1972, 242~248면; 공연예술총서Ⅳ 『민속예술사전』, 한국문화예술진흥원, 1977, 21면; 『한국민속대관』 권4; 「한국음악의 장(場)」, 고려대 민족문화연구소, 1982, 67~70면; 『한국예술총람』 등을 참조하여 정리한 것이다.

86) 넓은 마당을 놀이판으로 잡아, 놀이패들이 민중을 관객으로 삼고 벌이는 놀음이다.

87) 중타령 · 왈자타령 등으로 불리며, 3현 6각의 반주음악이 연주된다.

88) 농악대들이 벌이는 농악

89) 방안에서 벌이는 놀음이다.

90) 율객 · 가객이 영산회상 · 가곡 · 가사 등을 부르고 연주한다.

91) 방안소리인 잡가를 부르는데, 이를 좌창이라고 한다. 가사 · 시조도 부르나, 잡가 · 민요가 장기이다.

공연 가창 예술물(公演歌唱藝術物)로 성격이 변모하는 과정을 미루어 짐작할 수 있게 된다. 「목민심서(牧民心書)」에서, 난장판에 등장하는 잡류(雜流) 중 악공(樂工)과 가객을 포함한 놀이패가 그 중 폐해가 크다고 지적한 사실[92]을 보더라도 공연을 통해 생계유지가 가능할 정도로 예술의 성격이 변모했음을 알 수 있다.

이는 사회·경제적 변화에 따라 문화 담당층의 성격도 변모하고 예술의 성격도 크게는 대중예술의 방향으로 변화함을 의미한다. 대중예술이란 '주체적이고 능동적인 역할을 하지 못하는 평서민이 창조의 현장에는 개입하지 않고 소비적인 수용자의 자리만 지키도록 하는 예술'[93]이라고 정의할 수 있다. 문화예술의 이러한 단계에서는 창작과 수용이 엄격히 분리되게 된다. 이로 볼 때, 대중예술이라고 하면 조선 후기에는 볼 수 없는 것이었고 그 용어가 사용되기 시작한 최근에 이르러서야 비로소 문제가 되었다 할지 모르나, 반드시 그런 것만은 아니다. 대중예술이라는 용어를 소급해서 적용하면 그런 예를 이미 조선 후기 문학 전반에서 찾을 수 있기 때문이다.

---

92) "(稅米를 수납하기 위하여) 倉村을 열려고 할 때에는 미리 榜을 내걸어서 雜流들을 엄금하여야 한다. 창촌에서 출입을 금해야 할 자들은 첫째 優婆(우리말로 사당), 둘째 娼妓(늙은 退妓도 금한다), 셋째 酒婆(소주·약주 따위를 앉아서 파는 여자), 넷째 花郎(무당의 남편을 가리키며, 우리말로 광대), 다섯째 樂工(가야금 타고 피리 부는 자와 가객들), 여섯째 倡子(우리말로 초라니), 일곱째 馬弔, 여덟째 屠肆(소·돼지를 잡는 자들)이다. 이 여덟 가지 잡된 무리들은 聲色과 酒肉으로 온갖 유혹을 하여 창촌의 관리가 이에 빠지고 뱃사람들도 이에 빠지곤 한다. 씀씀이가 과람하고 탐욕이 더욱 깊어지면 함부로 부정하게 거두어 들여서 그 모자람을 배우려고 할 것이니 이것들은 마땅히 엄금하여야 한다." 정약용, 『목민심서(牧民心書)』, 「증보 여유당전서(與猶堂全書)」권 오(卷五) 경인문화사, 1970, 402면. 김홍규, 「조선후기 유랑예능인들」, 『고대문화』20, 1970, 36~37에서 재인용.

93) 조동일, 「민중·민중의식·민중예술」, 『한국인의 생활의식과 민중예술』, 성균관대학교 출판부, 1984, 182면.

## 2. 시조집으로서의 성격적 측면

「남훈태평가」에 나타나는 시조 작품의 변모 양상은 담당층의 변화와 함께 시조가 이상(理想)으로 하는 조화를 위태롭게 하는 상황이 조성된 데 기인한다. 특히 19세기에 이르면, 시조의 경우에도 당대에 형성되는 상업적 문화 풍토의 보편적 흐름에 편승하여 상업적 속성이 개입되는 대중문학으로 변화하는 면모를 나타내었다.

이제 시각을 「남훈태평가」 자체로 돌려, 시조집의 성격이 갖는 측면에서 변모 요인을 찾고자 한다.

### 1) 「남훈태평가」의 편찬 의도

이 시기 시조 장르가 마치 '문학적 상품'과 같이 존재하게 되었음은 앞서 확인되었던 바다. 직업적 · 전문적 예능인의 활동에 따라 창작과 가창, 그리고 수용이 엄격히 분리되면서 대중문학의 형성 과정에 있게 되었기 때문이다.

그리고 새로운 수용층을 겨냥하여 나온 양상이 바로 방각본 시조집의 출판이라 할 것이다. 방각본은 서민층의 요구에 따른 영리적 출판도서로, 서민층이 주된 수용층이다. 이러한 상업적 문화 풍토에서 시조 장르는 방각본 시조집이 등장함으로써 수용층의 범위를 보다 더 넓히면서 대중화된다.

이렇게 방각본 출판이 본격화하는 데 작용한 조건으로 서책에 대한 수요의 현저한 증가와 민간 상업자본의 발달, 그리고 공인(工人)들의 관영 공업체제(官營工業體制)로부터의 이탈 등을 들 수 있다.[94]

---

94) 大谷森繁, 「19세기 소설」, 『조선후기 소설독자 연구』, 고려대 민족문화연구소, 1985, 103~118면.

이에 이 장에서는 「남훈틱평가」가 다름 아닌 방각본으로 출판되었다는 점에 주목하고자 한다. 「남훈틱평가」가 서민층을 대상으로 시조를 보급하기 위하여 편찬된 노래책이라는 성격은 이미 작품의 고찰 결과 나타난 담당층의 하향화와 민요권에 밀착된 작품 경향에서도 그 일단을 찾을 수 있었는데, 보다 집중적으로 그 편찬 의도를 헤아려야 할 것이다.

이를 위해 먼저, 서민층에 이러한 시조집이 특별히 필요하게 된 배경을 두 가지 측면에서 살펴보기로 한다.

첫째, 일찍이 민요권에 침투된 시조의 양상을 통해 서민층은 시조 장르에 익숙해져 있다는 사실이다. 민요권에 침투되어 서민층에 구전되고 있는 시조의 양상은 조선 후기 활발히 전개된 시조 한역(時調漢譯)의 성격에서 확인된다.[95] 시조가 서민 사회의 기호에 맞춰 흡수되었다가 서민화 혹은 그 과정에 있는 단형시조를 역사적·문학사적 여건에 의해 한문학 담당층이 재발견하여 한시 형식으로 담게 되었기 때문이다.

몇 가지 사례를 들면 다음과 같다. 권용정(權用正)의 시조 한역 작품 <동구(東謳)>는 시조의 문헌을 펼쳐놓고 한 것이 아니라 여항남녀(閭巷男女)들이 부르는 소리를 채집한 것인데,[96] 이는 민요권 깊숙이 포용된 시조가 여항의 민가(民歌)로 채취되어 한역되었음을 시사하는 것이기도 하다.

18세기 전반기의 임정(任珽)이 행한 시조 한역 작업에서도 시조가 민가로서 지방에까지 확산되고 다시 한역되는 상황을 짐작할 수 있다. 임정은 2차에 걸쳐 23수의 단형시조를 채집하여 한역하였다고 하는데,

95) 이동환, 「조선후기 한시에 있어 민요 취향의 대두」, 『한국한문학 연구』3·4합, 1983, 37~38면.

96) 이동환(1983), 38면.

관련 기록을 살피면 <야문가만필번록(夜聞歌漫筆翻錄)>은 종성(鍾城)에서, 그리고 <번방곡(翻方曲)>은 평산(平山)에서 채집한 것이라고 한다.97)

유몽인(柳夢寅)의 「어우야담(於于野談)」에서는 단형 시조가 민요권에 흡수되는 양상이 오래 전부터 있어왔으며 노동요의 역할까지 했음을 보여주고 있다. 예컨대, "옛적의 이러ᄒᆞ면 이 형용(形容)이 나마실가 / 수심(愁心)이 실이 되야 굽이굽이 ᄆᆡ쳐이셔/ 아모리 푸로려 ᄒᆞ되 긋간ᄃᆡ를 몰래라//"라는 작품은 남녀 농인(男女農人)이 도가(徒歌)로 부르고 있었다고 한다.98)

이로 볼 때, 시조의 존재 양상은 문헌에 남아있는 시조 외에도 민간에서 노래로 불려진 시조가 있으며, 소악부 작가들에 의해 이루어진 대개의 시조 한역은 현실적으로 민간에서 불리는 노래 그 자체로 채취된 것이라 볼 수 있다. 이렇게 민요권에 들어온 시조는 대개 작자 불명(不明)으로, 기본적 욕망이나 정서에 관련된 주제를 서민적 감각으로 표출한 것인데, 평민 사회가 자기들 구미에 맞게 단형 시조를 흡수하는 바탕 위에 순수 민요와의 결합에 눈을 돌려 이른바 협의의 민요 세계에 유착되는 양상을 보인 것이라 하겠다.

물론, 민요권과 밀착된 시조의 양상은 그 반대 방향에서도 찾을 수 있다. 논매기 노래나 기음 노래가 시조에 수용된 예를 발견할 수 있기 때문이다. 위백규(魏伯珪, 1727~1798)의 <농가구장(農歌九章)>은 논매기 노래를 대상으로 여음(餘音)을 생략하는 등 시조 형식에 맞게 개작한 것인데,99) 한 작품만 대표적으로 들면 다음과 같다.

---

97) 이동환(1983), 38면.

98) 이동환(1983), 39~40면.

99) 해당 작품은 794, 855, 871, 924, 1025, 1539, 1937, 3020, 3221번이다.

• 둘너내쟈 둘너내쟈 바라기 역고를 골골마다 둘너내쟈 쉬짓튼 긴 스래 난 마즈 잡아 둘너내쟈.

기음 노래는 다음과 같은 작품으로 변용되어 육당본 「청구영언」에 수록되어 있다.

• 논밧 가라 기음 매고 비잠방이 다임쳐 신들메고 낫 가라 허리에 차고 도씨 벼려 두러메고 茂林山中 드러가셔 삭따러 마른 셥흘 뷔거니 베히거니 지게에 질머 짐팡이 맛쳐노고 시옴을 ᄎᄌ가셔 點心도슭 부시이고 곰방디를 톡톡 떠러 닙담비 퓌여 물고 코노릐 조오다가 夕陽이 직 너머 갈 제 엇씨를 추이르며 긴 소릐 져른 소릐 하며 어이갈고 ᄒ노라.

이상의 고찰을 통해볼 때, 이미 전대부터 서민층은 시조 장르에 대한 향수(享受) 욕구가 잠재해 있었던 것으로 보이며, 바로 이 점에서 「남훈틱평가」의 등장 배경과 향수층을 설명하는 단서를 얻게 된다.

둘째, 시조의 오락적 기능에 종사하는 연예 집단과 지방 거주 가객과 유랑예인 집단의 활동이 시조 장르를 마치 '유행가(流行歌)'처럼 대중성을 띠게 만들었던 것으로 볼 수 있다는 점이다. 그리고 이러한 시조의 대중화는 경제적 여유를 누리게 된 서민층에게 가창의 욕구를 불러일으켰다고 보아 무방하다.

따라서 이들의 가창 의욕을 충족시킬 필요가 있게 된 것인데, 이는 19세기에 등장하는 고시조 이론서나 시조 악보의 보급 등에서 실제로 시조 음악에 대한 수요가 급증했음을 단적으로 알 수 있다.

대표적인 것으로 「시조연의(詩調演義)」가 있다. 이는 고시조에 관한 하나의 이론서라 할 수 있는데, 무오(戊午) 중춘(仲春, 1858)에 삼관(三貫) 임중환(林仲桓)이 저술한 것이다. 목차를 보면, 서문(序文)에 이어

음향절주(音響節奏)와 시조격(時調格)을 서술하고, 시조의 종류를 '평시조 · 질늠 · 엇조…'로 구분하여 115수를 예시한 뒤 <처사가> · <춘면곡> · <상사별곡> 등을 수록하였다.[100)]

이러한 체재와 성격은 「남훈티평가」와 상당히 흡사한데, 이런 성격의 시조 이론서는 연대를 확인할 수 없기는 하나 현전하는 것이 여럿 있다고 한다.[101)] 19세기 악보의 경우에도, 전대에 비해 양적으로 급증함과 동시에 '시조창'의 곡조를 싣고 있음이 새로운 경향으로 지적된다.[102)]

이렇게 19세기 시조창곡(時調唱曲)에 대한 호응도가 높았기에, 그러한 호응에 부응하고자 시조집(노래책)이 등장하게 되기까지 이른 것이라 보겠다.

이제 다시, 방각본이 영업적 출판도서의 성격을 가짐에 주목하자. 이는 방각본의 기본적 성격이 영리 추구(營利追求)라는 상업성에 있음을 의미한다.

원래 목판본 또는 활자본에 의한 출판은 비영리적인 것으로 나타났는데, 후손들에 의해 꾸려지는 문집류의 경우가 대표적이다. 하지만 이와 달리 고대소설과 같은 경우에는 영리적인 측면이 선행하지 않고서는 출판에 소요되는 경비를 감당할 수 없었고, 자연스레 이후 문학 작품의 영리적 출판을 정착시키는 구실을 했다고 한다.[103)] 방각본이 지닌 이러한 상업적 속성에 대해서는 이미 활발한 연구가 진행 중인 방각 고소설에 관한 연구들에서도 의견의 일치를 보이고 있다.[104)]

---

100) 하동호, 「<시조연의(詩調演義)> 해지(解志)」, 『한국시가문학 연구』, 신구문화사, 1983, 181~191면.

101) 장사훈(1973), 158~164면 참조.

102) 국립국악원 편(1984), 2~5면. 특히, 「구라철사금자보」 · 「삼죽금보」를 들 수 있다.

103) 조동일, 「문학은 어떻게 해서 이루어지는가」, 『문학 연구 방법』, 지식산업사, 1980, 208면 참조.

방각본이 지닌 이러한 성격적 측면은 「남훈틔평가」의 경우에도 그대로 적용될 수 있다. 곧, 체재상 전대(前代)의 가집과는 달리 시조창곡 위주로 격이 다른 잡가와 가사를 함께 수록하고 있는 점, 분량을 조절하기 위해 시조집 후반부에 수록된 잡가나 가사 작품의 경우 여타 가집에 수록된 것과 달리 어구가 첨삭(添削)되는 양상을 보인다는 점, 무엇보다 보다 저렴한 가격으로 구입할 수 있는 '분권(分卷)'의 체재까지 동원하여 수용층의 범위를 보다 넓히려 한 점에서 그러한 측면이 확연히 드러나고 있기 때문이다.

또 한 가지 중요한 사실은, 「남훈틔평가」의 서지사항에서도 찾을 수 있다. 다름아닌 편찬 연대를 제외한 나머지 사항을 정확히 파악하기가 힘든 점과, 특히 '신간(新刊)'이라는 표기에서 영업적 출판 태도를 엿볼 수 있다는 점이 바로 그것이다. 왜냐하면 상인의 수중(手中)을 전전하며 간기(刊記)를 깎고 다시 신간으로 내놓았을 수도 있으며, 간지(干支)·지소(地所)의 표기가 소홀해지는 양상은 방각본의 편찬 작업을 상업적 수단으로 인식한 때문이라 볼 수 있기 때문이다. 방각본의 초기에는 상업적 수단이라기보다 사본(寫本)의 인출(印出)이라는 당위 의식을 토대로 그가 소속되어 있는 배경·문벌의 비호를 받았음인지 간기(刊記)를 정확히 적고 판주(板主)의 이름도 적어 놓았는데, 후기로 갈수록 그러한 의식이 희미해지고 있다고 한다.105)

그러므로 「남훈틔평가」는 시조 음악에 대한 서민층의 수요가 급증함에 따라 시조를 보급하는 노래책으로 펴낸 것으로 정리된다. 이때, 당대

---

104) 설성경, 「방각 고소설의 본문 비평」, 『고소설의 구조와 의미』, 새문사, 1986, 380~425면; 이욱헌, 「경판 방각본 소설의 상업적 성격과 이본 출현에 대한 연구」, 『관악어문 연구』12집, 1987, 179~208면 등 참조.

105) 김동욱, 「방각본에 대하여」, 『동방학지』11집, 연세대 동방학연구소, 1970, 109면.

유행하는 가창 장르를 종합하여 수록하는 편집 방법을 취함으로써 보다 많은 판매를 의도했음 또한 설득력있게 추정됨은 시대적 조류에 편승하여 새로운 수용층을 겨냥하고 그들의 취향에 부응하려는 의도를 무시할 수 없었기 때문일 것이다.

### 2) 수용층의 성격

앞서 「남훈틱평가」의 수용층이 서민층임을 시사한 바 있다. 이는 방각본의 속성에서 추론한 것인데, 작품 세계에서 파악되는 성격적 면모와 합치되는 것이기도 하였다. 이제 그 수용층의 성격을 필사본(筆寫本) 가집의 경우와 비교하여 구체적으로 살펴보기로 한다.

「남훈틱평가」의 수용층은 다음의 세 가지 측면에서 필사본 가집의 수용층과는 다르다.

우선, 「남훈틱평가」의 표기법이 순국문을 채택하고 있다는 점에서, 그 수용층은 언문을 해득한 계층으로 추정된다. 바로 이 점에서 필사본 가집의 수용층과는 지적 수준이 다름을 알 수 있다. 여타의 필사본 가집에서 국·한문을 사용하여 비교적 정밀한 음악 이론까지 나타내고 있음은 「남훈틱평가」의 경우와 비교할 때, 극히 대조적이기 때문이다. 「가곡원류」계 가집이 대표적인데, 대개 '가곡형용지도(歌曲形容之道)'와 '논곡지음(論曲之音)' 등으로 음악적 이론과 지식을 과시하는 경향이 확인된다. 이는 필사본 가집의 수용층이 고도의 세련된 음악 이론과 자질을 갖추었거나, 적어도 한문이나 한시에 대한 기본적인 소양을 갖추었음을 나타내는 것이기도 하다.

수용층의 측면에서 드러나는 이러한 성격 차이는 연행의 성격과도 밀접히 관련되는 것이라고 파악된다. 「남훈틱평가」는 일반 서민층에 시조를 보급하고 가창 의욕을 충족시키기 위해 노래가사를 중심으로 편찬된 노래책이라는 의미에서 '보급용 노래책'이라 칭할 수 있는 반면, 필사본 가집은 보다 전문적인 음악 실기(實技)와 한문적(漢文的) 소양을 갖춘 수용층에 필요한 수준 높은 노래책이라 할 수 있기 때문이다.106) 「가곡원류」계 가집 등에서 보이는 음악 이론의 정밀성(精密性)은 이런 측면에서 해석되어야 할 것이다. 앞서의 논의에서 지적된 바와 같이 이들 필사본 가집은 가곡창의 곡조(曲調) 분화와 함께 세련된 음악적 기교와 수련을 요구했던 당대 상황을 반영하고 있다. 가곡창과 비교할 때, 그만큼 시조창의 간편성(簡便性)이 두드러진 결과이기도 하다.

둘째, 「남훈태평가」의 수용층은 필사본에 의존하는 한정된 수용층보다도 더 확대된 범위의 서민층이다. 이는 방각본이 시골 저자나 지방에서도 판매되는 상황을 미루어 볼 때, 지역적으로도 확대된 것을 알 수 있기 때문이다. 초기 방각본은 필묵이나 행상 등을 통해 간단히 물물교환이 가능했으며, 수요와 자본, 그리고 기술의 일정한 성숙 위에서 본격화된 방각본 출판은 서울·안성·태인·전주 등 주요 출판지를 중심으로 전국적으로 이룩되게 된다. 방각본의 판종(板種)을 경판(京板), 완판(完板), 안성판(安城板) 등으로 구분하는 것은 이런 전국적 출판이 이루어짐에 따라 판종별로 지방적 특색을 띠기 때문이다.107)

이때, 가곡창의 경우와는 달리 시조창에 경제(京制)와 지방제(地方制)가 있어 지역적인 특색을 보인다는 점은 이와 연관시켜 생각할 수 있는 문제이다. 시조창의 분류와 특색을 보면, 다음과 같이 정리될 수

106) 이는 기생이 대표적이라 할 것인데, 「교방가요」의 성격을 참조하는 것이 가능하다. 기생의 성격에 대해서는, 이능화(『조선해어화사(朝鮮解語花史)』, 신한서림, 1968)의 논의를 참조할 것.

107) 김동욱, 「한글소설 방각본의 성립에 대하여」, 『향토 서울』8, 1970, 38~67면.

있다.

| 명칭 / 지방별 | 현 명칭 | 장사훈 정정(訂正) | 이주환 | 이태극 | 구본혁 | 현행가곡과 비교 | 비고 |
|---|---|---|---|---|---|---|---|
| 경제(京制) | 평시조 | 평시조 | 평시조(향제시조) | 평시조(평거시조) | 평시조 | 平擧 | |
| | 중허리시조 | 중허리시조 | 중허리시조(우조시조) | 중허리시조(중거시조) | 중허리시조(중거) | 中擧 | |
| | 지름시조 | 지름시조 | 평지름시조(우조지름시조) | 지름시조(두지) | 지름시조 | 頭擧,삼수대엽 | 얼(孼) |
| | 여창지름시조 | 여창지름 | 여창지름시조 | 여창지름 | 여창지름 | 〃 | |
| | 사설지름시조 | 엇시조(旕) | 사설지름시조 | 弄시조(사설지름) | 얼시조·엇시조 | 言(旕)弄, 言(旕)樂 | 엇(旕) |
| | 수잡가 | 엇엮음(旕編)시조 | 휘모리시조 | 반시조 반잡가 | 휘모리시조 | 言(旕)編 | |
| | 휘모리잡가 | 엮음(편,사설)시조 | 휘모리잡가 | 엮음(휘모리) | 휘모리잡가 | 編數大葉 | |
| 영제(嶺制) | 평시조 | 평시조 | 평시조(향제시조) | 〃 | 향제시조 | 平擧 | |
| | 사설시조 | 엮음시조 | 사설시조(반사설) | 〃 | 〃 | 編數大葉 | |
| 내포제(內浦制) | 〃(영제) | 〃 | 〃 | | 〃 | 〃 | |
| 완제(完制) | 〃 | 〃 | 〃 | 〃 | 〃 | 〃 | |

지방에 시조 명창(時調名唱)이 있다는 기록들 역시 이와 연관시켜 생각되는 문제들이다. 예를 들어, 「금옥총부」 127번 작품의 주기(註記) 사항을 보면, 다음과 같이 되어 있다.

> "……善伽倻琴編時調名唱崔致學 及昌原妓瓊見之善歌舞 解唱夫神餘音之高名矣 使人請崔相見後 請伽倻琴神方曲聽之 次請編時調聽之 果是透妙名琴名唱也 大低嶺南有編時調三名唱 一是馬山浦崔致學 一是梁山李光希也 一是密陽李希文也……"108)

권두환의 논의에서도 김유기의 지도를 받았던 한유신 등 지방에 거

108) 강전섭 교(校), 「금옥총부(金玉叢部) 주옹만영(周翁漫詠)」, 충남대 『어문연구』 7집, 241면. 그 밖에 주기 사항 중 141번, 157번, 162번, 178번 참조(名唱의 기록).

주하는 가객이 존재했으리라는 점을 시사하고 있다.[109]

이로써, 18세기 이후 경향(京鄕)의 시조 음악 및 문학 활동의 대비가 가능하게 될 것인데, 관련 자료를 좀 더 개척해하는 것이 필요하다. 좀 더 면밀한 검토가 요구되기에, 여기에서는 시조창이 그만큼 대중성을 띠고 누구나 쉽게 익힐 수 있는 형식이며 방각본 시조집의 등장 또한 지역적으로 확대되는 수용층을 생각게 한다는 점에서 관련 가능성이 있음을 지적하는 선에서 그치기로 하겠다.

셋째, 앞서 살핀 소재와 주제, 문체의 변화에서도 파악되듯이, 「남훈태평가」의 수용층은 시조에 대한 문학적 취향이 다르다는 점이다. 즉, 사대부적 고답성을 탈피하고 민요적 세계를 지향하는 면모에서 이미 수용층이 이념이나 계층에서 멀어지고 있었기 때문이다.

이는 수용층의 취향에 부응하려는 의도로 함께 수록된 잡가와 가사의 성격에서도 확인되는 바, 운우지정(雲雨之情)을 노래한 <츈면곡>이나 <상사별곡>, <춘향전>의 한 대목을 간소하게 엮은 <쇼츈향가>, 그리고 시조 여러 수의 합성인 <믹화가> 등에서 이런 성향을 읽을 수 있었다.

이는 동시기의 필사본 가집 「삼죽사류(三竹詞流)」의 작품 성격과는 확실히 차이가 난다는 점에서 주목할 만하다. 이는 조황(趙榥)이 1847년에 펴낸 필사본 가집으로, 「삼죽사류」에 시조 111수, 「삼죽사류 이본(異本)」에 시조 92수가 수록되어 있다. <인도행 서(人道行序)>를 필두로 한역을 병행하고 있는 「삼죽사류」는 봉건주의의 해체와 이념의 동요라는 시대적 전환기에서 오히려 봉건적 이념에 충실하려는 교훈적 태도를 뚜렷이 표방하고 있다.

---

109) 권두환, 「18세기 가객과 시조문학」, 『진단학보』55, 1983, 121～122면.

더욱이 '이본'이 등장할 정도로 상당한 호응을 얻었던 것으로 보여, 수용층의 문학적 취향이 이렇게 판이할 수 있음을 알게 한다. 이를 19세기 시조문헌의 성격과 연결하여 생각할 때, 복잡다단한 시대적 전환기를 반영하는 19세기 시조의 복합적 성향으로 간주할 수 있겠다.

### 3) 편자의 성격

앞서 「남훈티평가」의 편찬 목적과 수용층의 성격을 고찰한 결과, 당대 혹은 전대의 필사본 가집과는 다른 특성을 가짐이 드러났다. 이제, 「남훈티평가」의 편찬을 담당한 편자의 성격을 고찰할 순서인데, 우선 편찬 과정을 통해 편자 추정의 단서를 찾기로 한다.

방각본의 간행에는 방각시 저본(底本) 또는 모본(母本)이 될 시조 작품이 우선적으로 필요하다. 이를 위해 가능한 방법으로 전대 작품집에 실린 작품들을 모아 재수록하는 경우를 손쉽게 생각할 수 있다. 이는 18세기 진본 「청구영언」의 등장 이래 대개의 시조 문헌에서 택한 방법으로, 이미 「남훈티평가」 수록 작품 중 상당한 분량이 재수록된 것임을 보았다.

또한 민요권에 침투된 시조의 양상에서 보듯이 여항간(閭巷間)에 유행되는 작품을 수합(收合)하는 방법도 있다. 이는 구비전승되던 문학작품을 문자로 정착시킴으로써, '텍스트(text)의 고정성'을 이룩한다는 의의를 지닌다.

마지막으로, 동원될 수 있는 방법이 작품을 창작하는 것인데, 기존 작품의 창작이나 개작 양상에서 드러났듯이 「남훈티평가」의 편자는 뛰어난 창작 수준을 보여주는 편은 아니었다. 기존의 작품들을 가져와 한 작품으로 합성하는 양상에서 그 창작 태도와 수준의 변화가 단적으로 드러났다.

이렇게 저본이 되는 시조 작품집을 편집하는 태도는 이미 체재상 잡가·가사를 함께 수록한 점에서 파악되었듯이, 수용층의 취향과 당대 유행풍에 민감히 반응하여 이를 크게 반영하였으리라 짐작된다.

다음으로, 「남훈틱평가」의 존재 의의가 교습용(敎習用) 가창대본(歌唱臺本)에 있는 것이 아니라는 점에 주목해야 할 것이다. 즉, 「남훈틱평가」의 현실적 가치, 곧 실용성은 서민층이 가창 욕구를 충족시키고자 노래가사를 익히려는 소위 완독용(玩讀用)에 있기 때문이다.

이러한 성격은 「남훈틱평가」의 체재와 기술면에서 몇 가지 근거를 댈 수 있다. 무엇보다 「남훈틱평가」에는 동시기 다른 가집들에서 흔히 보이는 창법(唱法) 지도에 관련된 사항이나 음악적 이론이 전혀 없다는 점에서 그러하다. 「남훈틱평가」에서는 오히려 시조 작품의 표기에 불필요한 조사나 군더더기 말을 크게 사용하여 보다 정확한 가사 전달을 방해하고, 덩달아 시조 가창을 매끄럽게 하지 못한다는 점에서 확신을 얻게 된다.

첫 장에서 보인 곡조 명칭 중 '원사청'에 대한 해명이 현재까지 되고 있지 않다는 점 역시 이와 연관된다. '원사청'은 「파한집(破閑集)」 권중(卷中)의 김유신 조(條)에 나오는 '원사(怨詞)'와 관련이 있을 듯한데, '원사청'이라는 기록은 확인하지 못하였다. '청'이 대개 곡조명에 붙여지므로 '원사청(怨詞淸)'이라 해석될 듯하나, 심정적 추론일 뿐 확실하지 않다.

이렇게 여타 가집에서 나타나지 않는 곡조명을 보이고 있으며, 그 곡조에 대한 설명도 되어 있지 않다는 것은 그만큼 음악적 측면에서의 엄밀성이나 실제적 효용성에 대해서는 기대할 만한 것이 아님을 보여주는 반증이라 할 것이다. 이로 미루어 볼 때, 「남훈틱평가」의 편자는 시조 음악에 정통한 전문인은 아닌 듯하다.

이 점은 특히 수록된 가사 작품의 경우 상당한 길이 이상이 첨가됨으로써 작품이 장편화되고 있음에서도 확연해지는데, 이는 작품집의 분량을 채우기 위해 일어난 현상으로 보아도 될 듯싶은 게, 이런 부분들이 실제로 가사의 가창을 어렵게 하고 있기 때문이다. 편자가 음악에 정통한 전문인이라면 음악적 이론의 제시와 함께 보다 정확한 가사 전달을 도모했을 것이다. 이렇게 시조 음악에 대한 비전문성을 나타낸다는 점에서 필사본 가집의 편자와는 그 성격이 크게 다르다는 점을 기억해야 할 것이다.

마지막으로 시조 작품의 양상을 통해 편자 추정의 단서를 살펴보자. 「남훈틱평가」에서는 한문의 음독(音讀)이 제대로 되어 있지 않고, 방언의 사용이 다채롭게 드러나고 있었다. 심지어 비속어의 사용에 능하며 잡학을 자랑하는 경향이 있었다. 이런 사실들을 종합할 때, 일상 생활의 습속(習俗)에 밝은 중인 이하 하층인으로, 수용층과 비슷한 수준의 인물이 아닐까 생각하게 된다.

이는 수록 작품 전체가 익명(匿名)으로 나타난 데서도 확인된다. 익명으로 처리한다는 것은, 작품의 문학성을 추구하여 개인의 창작 능력이나 문학성을 발휘함을 목표로 하지는 않은 데서 빚어지는 것이기 때문이다. 이러한 익명성은 오히려 직업적이고도 전문적인 작가의 소산일 수 있다고 생각되기까지 한다. 그래서 동시기 고대소설의 경우에서 활발히 활동하던 직업화된 문인의 일 부류와 마찬가지 궤적을 생각할 수 있다.

이상의 고찰 결과를 정리하면, 「남훈틱평가」의 편자는 시조 창작에 능숙하지도 않고, 전문적 음악인도 아니며, 당연히 상층에 소속된 인물도 아니다. 단지 시조 작품의 개작이나 문헌의 편집에 참여하는 인물로,

시조에 관한 음악적 전문성이나 수련을 특별히 쌓지는 않은 중·하층의 인물로 짐작되는데, 구체적인 논의의 진척은 후고를 기약해야 할 것이다.

다만, 「남훈틔평가」의 편자가 지닌 이러한 성격적 면모는 후대에 등장하는 활자본 가집에서는 더욱 노골적으로 나타난다는 점에서 유의미한 방향성을 제시해준다. 흔히 잡가집(雜歌集)으로 불리는 수다한 활자본 가집이 「대동풍아(大東風雅)」(1908, 김교헌 편)를 필두로 등장하기 때문이다.[110] 1910년대에 집중적으로 나온 이들 잡가집을 보면, 약간의 내용 차이에도 불구하고 책 제목에 '신찬·증보·대증보·특별대증보·정정 증보·무쌍유행' 등의 관형구를 붙이고 있으며, 부제(副題)와도 같이 '박춘지 소리'[111] '졀딗 명창 홍도·강진 구술(口述)'[112] 등의 인상적인 문구들을 표지에 특필하고 있다.

더욱이 출판사들의 다단한 출몰과 함께 빈번한 중판(重版)의 일들, 심지어는 거의 한 지형(紙型)이 출판사마다를 전전하였을 것으로 짐작되는 현상들이 나타나 이러한 작품집 간행의 보편화 현상을 충분히 짐작하게 해준다.[113] 소리꾼이나 기생(명창)의 구술(口述)을 그대로 옮겨 편집하거나 기존의 작품집을 개작하는 태도에서, 시조집 편찬을 직업으로 대하는 편자의 성격을 확인할 수 있기 때문이다.

이러한 흐름대로라면 시조 창작과 시조집 편찬은 보다 직업적이고

---

110) 이는 『한국잡가전집』 4권(정재호 편)으로 정리되어 있다.

111) 『무쌍신구잡가(無雙新舊雜歌)』의 경우, 광무딗 소리, 박춘지 소리 등으로 작자명을 표기하고 있다. 즉, 밍꽁이 타령-박춘지 소리(58~60면). 산념불-박춘지 소리(84~85면). 곰보타령-광무딗 소리(60~61면). 바위타령-박춘지 소리(65~66면)와 같은 식이다.

112) 『신구(新舊) 류힝잡가』의 경우, 목차를 보면, 다음과 같이 되어 있다. 졀딗명창 강진홍도 구술, 좌창잡가부·평양날탕픽 션소리부·바창 시됴 가사부.

113) 이능우, 「보급용 가집들에 대하여」, 『한국 시가문학 연구』, 신구문화사, 1983, 179면.

전문적인 소수에 국한되고, 수용층은 시조를 보고 익히는 수동적인 위치에 더더욱 만족하게 마련이다. 시조의 창작과 수용이 현장에서 직접적으로 이룩되는 것이 아니라, 전달자(가집 혹은 시조집의 편자)의 개입에 의한 간접적 수용으로 시조의 향수 방식이 변모하였기에 빚어진 자연스런 결과로 받아들여야 할 것이다.

이 과정에서 문학 담당층의 계층성이나 장르의 변별성은 희미해지고, 문학적 격조를 따지기보다 유행되는 시류를 좇아 보다 큰 이익을 도모하려는 움직임이 나타나게 됨은 당연하다. 단적으로 활자본 가집이라 할 잡가집에서는 시조보다 잡가를 위주로, 하층의 저급 가창 장르까지 총망라하여 편집하는 태도가 드러나고 있으니까 말이다.

### 4) 「남훈틔평가」의 등장 의의

「남훈틔평가」는 방각본 시조집으로 등장하였기에, 기왕의 필사본 가집과는 다른 자료적 가치를 생각할 수 있었다. 왜냐하면, 시조 작품이 전대의 필사본 가곡창 가집과는 달리 활발한 유통 과정을 통해 서민층에 향수되는 양상을 보여주기 때문이다.

이를 위해, 문학 작품의 전달 방식을 다음과 같이 살펴보기로 한다.

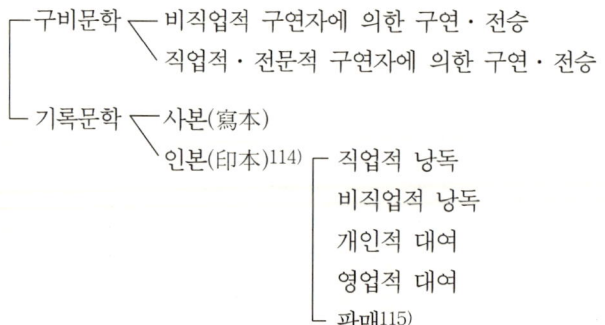

- 구비문학
  - 비직업적 구연자에 의한 구연 · 전승
  - 직업적 · 전문적 구연자에 의한 구연 · 전승
- 기록문학
  - 사본(寫本)
  - 인본(印本)[114]
    - 직업적 낭독
    - 비직업적 낭독
    - 개인적 대여
    - 영업적 대여
    - 판매[115]

여기에서, 「남훈틔평가」는 인본(印本) 시조집으로서 대여 혹은 판매를 통해 수용층에 향수되었음이 종래 가집과는 다르다. 이로써 시조 창작과 수용이 연행 현장에서 직접 이루어지는 직접적 만남은 불가능해지고, 시조집의 편자가 취하는 의도에 따라 작품 성격이 조절되는 간접적 수용이게 된다. 이제 수용층은 일차적으로는 시조의 완독을 거쳐 가창하게 되는 과정을 겪게 될 것이다.

이로 볼 때, 「남훈틔평가」의 등장으로 인해 시조의 사적(史的) 전개 과정에서 야기되는 양면적 성격을 발견할 수 있다. 즉, 지역적으로 확산되고 연행 공간의 제한 또한 비교적 적어짐으로써 시조 향수층의 범위를 크게 확대시켰다는 점에서, 시조의 대중화에 기여하는 긍정적 측면이 있다. 반면, 상업적 영리 추구의 속성이 시조 장르의 변질을 가속화시키는 부정적 측면 또한 무시할 수 없다. 이는 보급용 노래책의 등장과 보급을 계기로 시조가 저급 가창 장르까지 포용하고 나아가 이후 활자본 가집에 이르면 시조보다 잡가가 보다 유행하게 되는 양상에서 여실히 확인되기 때문이다.

---

114) 인본(印本)을 세분화하면, 관판(官板), 서원판(書院板), 사가판(私家板), 방각판(坊刻板) 등으로 나뉜다.

115) 김흥규(1986), 179면.

# Ⅴ. 「남훈티평가」의 문학사적 의의

## 1. 19세기 문학의 사적 동향

앞선 논의에서 「남훈티평가」에 나타난 시조 성격의 변모 요인과 배경을 고찰하였다. 「남훈티평가」를 통해본 19세기 시조의 변모 양상은 상업적 문화 풍토가 조성되면서 기층에 잠재해있던 문학 담당층의 취향과 요구가 반영되었기 때문이다. 이러한 면모는 보급용 노래책으로 펴낸 「남훈티평가」의 성격에서 재확인되었다.

이 장에서는 이러한 시조 작품의 변모 양상과 성격이 19세기의 문학사적 동향이라는 측면에서 어떤 의의를 갖는지를 살피고자 한다. 이는 「남훈티평가」의 영향력이 동류 국문 시조집으로 나타날 만큼 크게 파급되었고, 이후 속출하는 활자본 가집과 밀접히 연관되기 때문이다.

당초 인쇄는 관판(官版)이요 대부분이 선인(先人)의 문집류(文集類)에 국한되는 게 일반적인 경향이었지만, 독자 저변이 민중으로 확대되면서 출판업은 상인에게로 넘어가게 되었다. 이로써 17세기 병자호란(丙子胡亂)뒤에 간각(刊刻)되어오던 방각본이 19세기 중엽, 특히 1860년대부터는 본격적인 유행을 보게 된 것이다.

1860년대에 접어들어 근대적인 민중운동과 외형적 제도화가 자의적

이든 타율적이든 가장 다양하게 계기(繼起)하면서, 봉건적 체제로부터 근대 시민사회로 급변하여 갔음은 근대의 기점을 설정하는 논의에서 충분히 지적되고 있다.116)

이는 19세기 한국문학의 동향에서도 확인된다. 우선, 이 시기의 문학사적 변화를 보면, 일반 역사의 변동과 대응하게 일어나고 있다. 즉, 율격적 질서가 통제력을 잃고 문학 세계가 변환되는 양상은 기존 질서가 해체되고 전통적 가치가 무력하게 되는 역사적 변화와 동일한 축 위에서 일어난 것이라 보아 무방하다. 상이한 문학 장르가 접융되고 이질적 문학양식이 결합되는 문학사의 변환 역시 다양한 변화가 급속히 일어난 19세기의 역사적 변환과 상응한다. 이렇게 조선 후기에 진행된 봉건적 질서의 해체과정이 19세기에 와서 급속히 이룩된 모습은 한문 단편 서사물, 판소리나 판소리계 소설, 후기 가사와 사설시조, 그리고 민속극 등에 여실히 반영되고 있다.117)

문학이 대중적 전달매체에 의해 민중 속에 평범한 독자저변을 확대해 나간 것도 19세기 후반의 두드러진 현상이다. 지역적・계층적 연희물(演戲物)에 그쳤던 판소리 사설의 문자화(文字化), 방각본 국문소설의 대량 출간과 광범한 유포와 보급 등은 「남훈틱평가」의 문학사적 의의를 단적으로 확인하게 하는 사실이라 보아도 될 것이다.

한편, 문학작품의 성격은 그 작품을 존재하게 하는 사회적 환경에 의해 구별될 수 있다. 예컨대, 민속문학(民俗文學 fork literature)나 본격문학(本格文學 professional literature)의 차이에 대한 인식은 흔히 사회적

---

116) 황패강, 「한국문학사와 근대-<근대>의 기점 설정을 위한 시고」, 『근대문학의 형성과정』, 문학과지성사, 1983, 72~74면.

117) 서종문, 「19세기 한국문학의 성격」, 『19세기 한국전통사회의 변모와 민중의식』, 고려대 민족문화연구소, 1982, 153~180면.

인 성격을 띠기 마련이다. 그리고 문학 장르는 '문학적 내지 문화적 관록(literary and cultural importance)'에 의해 얼마나 고양되고 있는가에 따라 '높은 장르(high genre)'와 '낮은 장르(low genre)'의 등급을 매길 수 있으며, 옛 작품의 모방과 계속되는 문학적 전통에 의해서도 구별된다.[118]

문학 장르들은 언제나 동시 공존하되, 어느 것이 그 시대의 문화적 관록을 대표하는가에 따라서 그 주도적 위치가 결정된다. 문학 장르의 변천은 정치적·사회적 변동의 획기적인 시기를 전후하여 뚜렷이 그 변모가 드러나는 것은 아니지만, 서서히 진행되는 장르 변천의 역사는 높은 장르가 낮은 장르에 의해 밀려나는 과정을 보여주고 있다.

문학사의 흐름이 인간 소망의 '높은 모방양식(high mimetic mode)'으로부터 현실 같음의 '낮은 모방양식(low mimetic mode)'으로 자리바꿈을 하면서 전개되어 나가는 과정을 보여줌은 시조의 발생과 사적 전개과정에서도 확인된다.[119] 즉 시조 장르는 본격적으로 조선조 유교 문화의 관록을 고양시킨 그 시대의 주도적인 장르가 되었으나, 조선 후기의 사회적 변동과 함께 민간문학(民間文學)이 지녔던 낮은 장르의 침범이 이에 영향을 끼치고 있다.

「남훈티평가」를 중심으로 살펴본 19세기 시조의 성격이 사설시조의 장르적 성격을 계승하면서 광의의 시조를 형성하는 과정에 있음은 이러한 문학사의 보편적 흐름을 반영하는 것이며, 다음 장에서 살필 말기 시조와의 연계성에서도 확연히 드러나게 될 것이다.

---

118) 김병국, 「시조 발생의 문학사적 의의」, 『고려가요연구』, 새문사, 1982, 152~155면.
119) 김병국(1982), 150면.

## 2. 말기 시조와의 연계성

### 1) 일상생활과 밀착된 시조 창작 양상

「남훈틱평가」를 통해 이미 살펴본 바와 같이 보급용 노래책의 향수층은 서민층이 중심이 된다. 동류 국문 시조집 역시 보급용 노래책의 범주에 속하는데, 담당층의 창작 수준이 보다 낮고 유치해졌음을 확인할 수 있다. 작품의 양상이 조잡해지는 단계에까지 이르렀음을 보여주기 때문이다.

- 소삼 관이 스륙ᄒᆞ고 쥐코삼 ᄉᆞ오륙이라 이륙 슴뉵 출픠ᄒᆞ니 열여덜이 격이로다 각쳐의 복픠 힝젼ᄒᆞ쇼 건달 ᄀᆡ평. 「시가요곡」

위의 작품에서 '소삼'은 골패(骨牌)놀이의 1·3패를 말하며 '관이'는 2·5패, '쥐코삼'은 쥐의 코 모양으로 된 1·2패를 말한다.[120] '2·6·3·6(二·六·三·六)'의 패가 나오고, 복패(福牌)에 대한 현금 거래가 있으며, '건달'이 '개평[121]'을 뜯는 노름판의 상황이 한 폭의 풍속화처럼 제시되고 있다.

이념성과 고답성을 추구하는 태도에서 탈피하여, 비속성의 표출을 통해 문학적 재미를 얻는 태도가 소재의 선택에서부터 반영되고 있다. 일상생활의 사소한 모습까지 여실히 묘사되어 현실의 중요성이 두드러지게 부각되는 「남훈틱평가」의 성격을 계승한 것이다.

또한, 기존 작품을 개작하면서 담당층의 창작수준을 시사하는 작품들도 나타나게 된다.

---

120) 작품의 주석은 정병욱(1972), 285면 참조.

121) 남이 차지한 것에서 거저 얻거나 주는 것을 말한다.

• 개를 여라믄이나 기르되 요개갓치 얄미오랴 뮈온 님 오며난 꼬리를 홰홰 치며 치뛰락 나리뛰락 반겨서 내닷고 고은 님 오며난 뒷발을 바동바동 므르락 나오락 캉캉 짓는 요 도리 암캐 쉰밥이 그릇그릇 날진들 너 머길 줄이 이시랴. 「해동가요」

→ 긔야 검둥긔야 두 귀 축 처진 이만한 긔야 나 먹든 수프머리를 늬 안이 먹고 너를 주니 밤중만 정든 님 오시거든 보고 잠잠. 「시가요곡」

• 웃는 양은 니빠디도 죠코 흘긔는 양은 눈씨도 더욱 곱다 안거라 셔거라 것거라 닷거라 온갓 嬌態를 다 ᄒᆞ여라 허허허 내 ᄉᆞ랑 되리로다 네 父母 너 삼겨낼 제 날만 괴게 삼겻도다. 「해동가요」

→ 네 날보고 방싯 웃는 이속도 곱고 미워라고 할기죽죽 흘기난 눈끼도 곱다 창가묘무는 반졈단순 화반발이요 탄금수셩은 일쌍옥수 졉쌍무라 두어라 가금졀식을 남 줄소냐. 「시가요곡」

여기에서 특히 주목되는 것은 밑줄친 부분에서 보다시피 작품 개작시 의식의 변화를 보이고 있다는 점이다.

특히 다음의 작품은 「맹자」의 한 구절을 시조화한 것인데, 구현되는 주제의 방향이 확연히 달라지고 있다.

• 孟子見梁惠王ᄒᆞ신ᄃᆡ 첫 말삼에 仁義로다 朱父公 註義에 그 더옥 誠意正心 우리난 聖主 뫼와시니 알의말삼 업시라. 「동가선」

→ 맹자견양혜왕ᄒᆞ신ᄃᆡ 첫 말숨이 인의로다 인의도 ᄒᆞ련이와 부국강병 바릴손가 아마도 부국강병 인의이. 「시조」

「동가선」의 작품은 '인의'를 추구하는 유교적 가치를 보다 긍정하고 나아가 충성을 강조하고 있다. 반면, 「시조」의 작품은 인의를 추구하는 것도 부국강병(富國强兵)의 뒷받침 없이는 무의미함을 주장하고 있다. 부국강병은 곧 민생의 안정과 평화를 의미하는데, 이를 인의에 버금가는 가치라고 믿고 있음이 드러난다. 담당층이 공허한 관념보다는 보다 현실적 가치를 추구함을 이야기하는 것이며, 그만큼 유교적 이념과는 거리가 멀어졌다고 보아도 될 것이다.

한편, 다음의 경우는 시대상을 반영하면서 시조 창작의 소박한 수준을 보여주는데 밑줄친 부분이 시대상을 반영하는 부분이다. 탈이념성(脫理念性)의 추구와는 별개의 문제로 시사적(時事的)인 내용도 시조 형식을 통해 표출되고 있음을 알 수 있다.

- 大韓忠節 閔忠公은 忠則盡命ᄒᆞ여 잇고 竭忠報國 崔免岩은 意死馬島ᄒᆞ엿스니 童子야 竹葉盃의 술 부어라 大韓獨立. 「조 및 사」

- 우염은 한상 제갈양이요 담냑은 오후 손빅부라 규방유신은 주문왕지 셩도이요 쳑셔위정 공밍지교훈이라 아마도 간긔 영웅은 국틱공이신가. 「시가요곡」

- 南薰殿 발근 달은 勤政殿의 비취엿다 靈臺下의 노든 鳶이 景會樓로 나라든다 아마도 朝鮮第一明堂은 景福宮인가 「조 및 사」

이상의 예를 볼 때, 그만큼 시조창의 형식이 대중화되었으며 일상적 소재 역시 다양하게 시조화되고 있음을 알 수 있다. 이보다 조금 후대인 1910년대에 집중적으로 등장하는 개화기 시조의 경우, 신문 · 잡지의 고정란을 통해 계몽적 내용을 담은 시조 역시 대개 종장 종구를 생략한 형태로 나타나는데, 이 경우와 연관시켜 생각되는 부분이다. 개화기 시조가 신문 · 잡지 등에 게재되면서 종장 종구 생략형 · 타령조(打令調) 가미형 · 제3형의 시도 등 다양한 형태 변용을 나타내고 있기 때

문이다.[122]

또한 「대한매일신보」의 시사 만평란에 각양각색의 잡가 내지 민요의 양식과 사설시조 같은 변형 양식들까지 광범위하게 이용되고 있음을 지적하거나,[123] 3구시·17자시를 통해 시조창의 형식·개화기 시조의 종장 종구 생략 현상·개화기 시가에 나타난 변형 양식의 연원 문제를 해결할 수 있으리라는 가정 하에 양자의 관련성을 검토하는 논의도 제출된 바 있으나,[124] 이에 대해서는 좀 더 깊은 천착이 요구되므로 그 가능성만을 지적하는 선에서 그치고자 한다. 즉 연행 공간의 성격과 시조 음악의 담당층이 시조의 관습시적 토대인 유교적 이념에서 탈피하여 보다 현실적 차원에서 시조를 창작하게 되었으며, 이와 아울러 시조를 지어 읊는 풍류(風流)의 개념 또한 달라지게 되었으리라는 점이 그것이다.[125]

이상의 고찰을 통해볼 때, 19세기 후반부 혹은 말엽에 오면 시조 장르의 창작과 향수 자세가 일상생활과 상당히 밀착됨을 미루어 짐작할 수 있다. 이는 「남훈태평가」의 등장과 보급을 계기로, 시조 장르가 대중성(大衆性)과 통속성(通俗性)을 아울러 획득한 결과라고 보아야 할 것이다.

여기에서 특별히 주목할 만한 말기(末期) 시조의 두 가지 양상을 지적하고자 한다. 첫째 언희(言戱)의 양상이며, 둘째 유흥적(遊興的) 노래의 양상이다. 이들 양상은 시조시형(時調詩型)은 동일하지만 이미 봉건적 이념의 토대와 계층성을 상실하였기에 이른바 '광의의 시조'가

122) 박을수, 「개화기의 저항시가연구」, 경희대 박사학위논문, 1984.
123) 임형택, 「東國詩界革命과 그 의의」, 『한국시가문학연구』, 신구문화사, 1982.
124) 이규호, 「三句詩·十七字詩와 시조 형식」, 『한국고전시학론』, 새문사, 1985.
125) 조동일, 「시조를 지어 읊는 풍류」, 『한국문학통사』 4, 지식산업사, 1986, 85~88면.

형성되었음을 보여주는 예들로, 당대 음악문화의 상업화에서 초래된 소위 고급예술의 세속화(世俗化)라 할 것이며 동시기 문화의 보편적 경향으로 지적될 수 있을 것이다.

### (1) 언희의 양상

다음의 작품은 진본 「청구영언」에 수록된 작품으로, 우리가 일반적으로 이야기하는 사설시조의 특징을 잘 나타내고 있다. 터무니없는 내용의 단순한 말장난으로 희화화된 상황을 극화(劇化)하고 있다는 점에서, 이 작품은 홍겹게 즐기고자 하는 농담에 불과해 보인다. 비속한 시어와 행위, 등장인물의 천격(賤格)함, 무엇보다 전혀 가당찮은 상황이 이념과 무관한 창작 태도를 적절히 반영하고 있다.

- 중놈은 승년의 머리털 손에 츤츤 휘감아 쥐고 승년은 중놈의 상토를 풀쳐 잡고 두 끄등이 마조 잡고 이 왼고 저 왼고 작작공이 쳣는디 뭇 소경놈이 굿 보난고나 어디서 귀 머근 벙어리는 외다 올타 ᄒᆞᄂᆞ니

진본 「청구영언」

그런데, 이러한 경향은 「시철가」에서는 그 비속한 정도가 보다 심해지고 형식의 파격도 커지면서 희화화의 정도가 심해지게 된다. 다음에서 보다시피, 병렬적 표현이 두드러지는 점과 '신홍사 중놈'·'암감골 승년'이라고 보다 자세히 표현하려는 태도에서 잡학(雜學)이 시조 창작에 유용함을 재확인하게 되기 때문이다.

- 신홍ᄉᆞ 중놈이 암감골 승년에 머리치 쥐고 암감골 승년이 신홍ᄉᆞ 중놈에 상투을 잡고 하나님전에 등장갈제 조막손이 육갑 꼽고 꼽장이는 장초 맛고 안짐방니 탁견ᄒᆞ고 장안판슈 졸상니 세고 벙어리는 판결ᄉᆞ헌다 길아릐 목

업는 돌부처는 앙천디소. 「시쳘가」

희작화의 경향은 다음의 경우와 같이 언희의 양상에서도 나타난다.

• 南山에 봄 츈자 드니 가지가지 꼿 화짜라 一호酒 가질 지 허니 세닉가에 안질 좌짜 座中이 조을 호 질질 낙 풍년 풍 져물 모 ᄒᆞ니 도라갈 귀나. 「조 및 사」

• 하날 천 따 지 땅의 집 우 집 쥬 집을 짓고 너불 홍 거칠 황허니 나 릴 달 월이 발거구나 우리도 은제나 정든 임 만나 별 진 잘 숙. 「조 및 사」

• 하날 천 따 지 땅의 집 우 집 쥬 집을 짓고 날 일째 영창문을 달 월 째로 거러두고 밤중만 정든 님 뫼시고 별 진 잘 숙. 「시가요곡」

• 님니 갈 제에 지환 한 작 주고 가시더니 지ᄌᆞ는 갈 지ᄌᆞ요 환ᄌᆞ는 돌라올 한ᄌᆞ라 지금에 지환이 무쇼식한니 글을 셜워. 「시쳘가」

• 오다가다 오동나무요 십리 절반에 오리목나무 남의 손목은 쥐염나무 하날 중텬에 구름나무 열아홉에 스무나무 서른아홉에 ᄉᆞ세나무 아흔아홉에 빅자나무 물에 둥둥 쑥나무 …(중략) … 쟝긔판 바둑판 쌍륙판 다 노엿고나 쌍륙 바둑은 져레ᄒᆞ고 쟝긔 한졔 버릴 적에 한나라 한ᄌᆞ로 한픽공 삼고 초나라 초ᄌᆞ로 초픽왕 삼고 말 마ᄌᆞ로 마툐를 삼고 선비 ᄉᆞᄌᆞ로 모ᄉᆞ를 삼고 꾸리 포ᄌᆞ로 녀포를 삼고 좌우 병졸노 다리 놋코 이 포 저 포가 넘나들 제에 십만 대병이 춘셜이로구나 고대본 「악부」

밑줄친 부분에서 보다시피 이러한 언희의 양상은 글자를 가지고 희롱한 것들로, 일종의 말장난에 불과하다. 이는 언희하는 행위를 통해 즐거움이라는 문학적 효용성을 추구하는 것일 뿐, 가치 판단이라는 측면은 개입되지 않기 때문이다. 앞서 표현의 변화에서 살핀 바와 같이 잡학에 가까운 지식의 나열과 반복이 문학적 재미를 추구한다는 지적이 여기에서도 적용됨은 물론이다.

이는 조선 후기, 특히 19세기의 문학에 두드러지는 희작화의 경향과 궤를 같이하는 것이기도 하다.[126] 판소리나 탈춤에서는 희작적인 내용과 수법을 대담하게 전면적으로 구사하고 있으며, 사설시조나 잡가에서는 희작화에 의한 변종(變種)의 양식이라 여겨지는 작품들도 많이 나타난다. 특히 한문학의 경우 이러한 경향을 주도적으로 나타내는데, 앞서 보인 시조 작품들이 소위 '언문풍월'의 양상에 근사해지고 있음에서 그 영향을 짐작할 수 있다.

이들 양상은 작품 창작의 자세가 동일한 데서 비롯되는 것으로, 이전의 고시조(古時調)가 지닌 유한(幽閑)의 분위기는 느낄 수 없다. 19세기 시조 장르가 생활과 언어정감(言語情感)의 구체성(具體性)을 추구하며 통속적인 성격을 나타낸 결과이다. 엄격한 사회 규범이 해체되기 시작하고 개성적인 자각이 나타나던 시대를 반영하던 것으로, 당대 재담이나 언문풍월·육담풍월 등이 유행하며 문학 작품에서 흥미거리를 찾는 경향과 맞물리는 면모로 해석된다.[127]

### (2) 유흥적 노래의 양상

다음의 예들은 <장진주사(將進酒辭)>의 초반부와 민요 사설을 활용한 작품으로, 여기에서 보이는 작품의 경향은 연석(宴席)에서 취흥(醉興)을 돋우는 역할을 충분히 하게 한다.

---

126) 임형택, 「이조말 지식인의 분화와 문학의 희작화 경향」, 『전환기의 동아시아 문학』, 창작과 비평사, 1984, 11면.

127) 임선묵, 「문자유희고」, 『동양학』 17집, 단국대 동양학연구소, 1987, 152~169면.

• 한 잔을 먹사이다 ᄯᅩ 한 잔 먹사이다 ᄭᅩᆺ츠로 술을 빗져 無窮無盡 먹사이다 童子야 잔 가득 부어라 취코 놀고. 「조 및 사」

• 노세 절머 노세 늘거지면 못 노느니 花無十日紅이요 달도 차면 긔우나니 人生이 一場春夢이라 아니 놀가. 「조 및 사」·「시가요곡」

이러한 성격을 지니는 또다른 작품으로 <파연곡(罷宴曲)>을 들 수 있는데, 다음에서 보다시피 이들 작품이 지향하는 의미는 일차적으로 '유흥의 파장(罷場)'에 주어진다.

• 그만 저만 罷宴曲 하셰이다 北斗七星이 앵도라졋다 갈 임 가오시고 잡불 임 자부소서 아희야 신 돌녀 노아라 갈 길 밧바 하노라. 「교방가요」

• 파연곡 ᄒᆞ셔이다 북두칠성 잉도라졋네 잡을 임 잡으시고 날 갓튼 님은 보ᄂᆡ쇼셔 동ᄌᆞ야 신 돌려 노와라 갈 길 밧바 ᄒᆞ노라. 「대동풍아」

흔히 '아희야'를 등장시켜 주제를 표출하는 종장 형식이 여기에서도 나타나는데, 사대부의 고답적 태도나 이상을 표출하는 분위기는 사라지고 없다. 시대가 그만큼 변화하였고, 무엇보다 제목이 시사하듯이 실제 교방 등에서 연회를 마무리하는 노래로 불리었다는 사실에 크게 기인한다.

이는 같은 제목을 가진 윤선도(1587-1671)의 작품과 비교할 때, 더욱 확연해진다. 다음에서 보다시피 윤선도의 <파연곡>에서는 고답적 자세를 읽을 수 있기에, 연행 공간과 담당층의 성격이 변화함에 따라 지향하는 의미도 달라질 수 있음을 쉽게 알 수 있다.

• 술도 머그려니와 德 업스면 亂ᄒᆞ노니 춤도 추려니와 禮 업스면 雜되ᄂᆞ니 아마도 德禮를 ᄃᆞᆨ히면 万壽無疆ᄒᆞ리라. 「고산유고」

• 즐기기도 ᄒᆞ려니와 근심을 니즐것가 놀기도 ᄒᆞ려니와 길기 아니 어려오냐 어려온 근심을 알면 万壽無疆ᄒᆞ리라. 「고산유고」

이렇게 유흥 공간에서 쓸모 있는 작품은 단연 권주가(勸酒歌)류로 대표된다. 술자리에서 기생이 '술을 권하며 부르는 노래'라는 제목이 시사하듯이 시조 장르가 실용적인 목적에서 창작되는 면모를 재확인할 수 있다. <권주가>는 흔히 잡가로 규정되는데, 그 형식적 틀은 시조에 있다. 3장 구조의 연첩이라 볼 수 있으며, 실제 독립된 시조 작품으로 존재하는 사례도 있기 때문이다.[128]

시조 형식에 기반을 두고 창작되는 <권주가>의 양상은, 그래서 시조 장르의 기능과 성격이 유흥 공간에서 흥을 돋우기 위해 흥미 본위로 불리는 통속 민요의 방향으로 변질되고 있음을 단적으로 보여주고 있다. 시조 장르의 담당층이 변화하면서 이념적 기반에서 벗어난 대신, 유흥성의 측면에서 보다 문학적인 효용성을 갖게 되었다고 보아야 될 것이다.

또한, 흔히 '구조(舊調)'에 대한 '신조(新調)', 원작품과 구별하여 붙여지는 '신작(新作)' 또는 '신제(新制)' 등의 표기에서 작품의 개작·변모 과정을 파악할 수 있다. 새로운 노래를 얻기 위해 작품을 창작하기보다 기존 작품을 활용하는 방법을 취한 것이다. 이런 경향은 특히 잡가집 중의 하나인 「무쌍 신구 잡가」에서 두드러지는데, 예를 들면 <농부가(農夫歌)> 뒤에 <신제 농부가(新制農夫歌)>를 싣고 있으며(39~40면), <산염불(山念佛)> 뒤에는 <신제 산염불(新制山念佛)>(90~92면)을 수록하고 있다[129] <권주가> 역시 처음 나온 작품을 '구조(舊調)'라 하고 새로이 작품을 만들어 '신조(新調)'라 칭하는데, 이 과정에서 표현의

128) 「가곡원류」 일석본에 수록된 2469번의 작품이 그 단적인 예이다.

129) 정재호 편, 『한국잡가전집』권 이(卷二)에 수록되었다.

변화가 수반되면서 형식 자체도 시조형과는 더욱 거리가 멀어지고 있다. 무엇보다도 종장의 결사 형식이 지켜지지 않고 있기 때문이다. 자연스레 시조 장르의 변별성을 잃게 되는 과정을 납득할 수 있게 된다.

이는 이러한 작품 개작에 참여하는 계층이 기생이나 소리꾼 등으로, 음악적 측면에서는 뛰어나다 할지라도 문학적 소양과 지적 수준이 반드시 높지는 않음에 큰 요인이 있다. 다른 예술의 경우에서처럼 시조 장르의 가창에 가담하는 계층이 보다 전문화된 일부 음악인으로 축소되는 양상은, 시조의 창작과 수용이 분리되면서 대중성을 취득하는 방향으로 시조 장르가 전개됨을 나타내는 것이다.

### 2) 시가 장르 교섭의 한 징표

「남훈티평가」에 수록된 시조 작품 중 여타 장르와 모티프를 공유하는 양상은 이미 Ⅲ장에서 지적한 바 있다. 이렇게 다른 장르와 모티프를 공유하는 작품은 시조 작품 세계를 확장시킨 의의를 지니는데, 「남훈티평가」에서 이미 시가 장르가 교섭하는 현상을 살필 수 있었기 때문이다.

이러한 양상은 동류 국문 시조집에서는 형식의 파격을 더욱 크게 이루면서 장르의 위상을 위협하는 차원으로까지 나아가는 것으로 파악된다. 이런 작품은 특히 「조 및 사」·「시쳘가」에서 두드러지는데, 이들 가집에서 이러한 장르 혼효의 정도가 심한 것은 작품을 수록하는 가집의 편찬 태도에도 일원인이 있다고 보인다. 장르나 체재를 중심으로 체계적인 정리를 하기보다는 수렵된 작품 전체를 그대로 모아놓은 상태에 만족하고 있는 것으로 드러나기 때문이다.130)

---

130) 이를테면 235, 1494, 1995, 3105, 3108번 등이 해당된다.

• 生ᄆᆡ 잡어 길 잘드려 뒨山 두꿰로 꿩산냥 보ᄂᆡ고 신말 구불굽통 갈기 솔질 활활솰솰허여 임의 집 송정 뒤 잔디잔듸 金잔듸 밧테 말말뚝 꽝꽝쌍쌍 박어 승마 바고 길게 느려ᄆᆡ고 암ᄂᆡ 여울고기 뒷ᄂᆡ 여울고기 오루는 고기 나리는 고기 자나 굴그나 굴그나 자나 주엄주섬 낙가ᄂᆡ여 세니 東으로 버든 움버들가지 와지끈 쑥딱 꺽거 걱구루 잡고 입시구 셋만 넝기고 주루룩 훌터 아감지 땀만 느슬느슬 쒸여 세ᄂᆡ 잔잔 흐르는 물의 납작실즉 靑바둑돌노 임도 모루고 아무도 모루게 가마니 살작 자기자 장단 맞처 지근지지 둘너놋코 童子야 이 뒤의 鶴 타신 仙官이 날 찾거든 그물 낙ᄃᆡ 종이종 다락키 파리 밥풀통 고치장 술병꺼지 가지고 뒷ᄂᆡ 여울노 오라구 일너만 주소 아마도 山中豪傑은 나뿐인가.
「조 및 사」

이 작품은 「남훈틱평가」의 작품 개작 양상에서 이미 살핀 바와 같이 전대의 단형시조 작품에서 보인 '생매잡아'의 모티프를 활용한 것이다. '생매잡아 길잘드려 두메로 꿩사냥 보내고 …'로 시작되는 작품 내용이 「남훈틱평가」에서 표현의 다양한 변화를 통해 형식의 파격을 이루고 있었음은 이미 앞서 살핀 바 있는데, 「조 및 사」에서는 표현의 변화가 보다 다양하고 현란하게 이루어지고 있어 무척 흥미롭다.

특히 밑줄친 부분에서 보다시피 열거와 반복의 양상이 두드러지면서 소위 휘몰이잡가로 처리될 수 있는 특성까지도 나타낸다. 왜냐하면, 현재 휘몰이잡가로 규정되는 작품들은 옛 시조에서 그 근원을 찾을 수 있는 것으로, 무엇보다 사설시조와 같이 형식이 파격되는 작품과 밀접한 것으로 보고되었기 때문이다. 즉, 휘몰이잡가는 사설시조 중에서도 특히 우스꽝스럽고 익살맞고 황탄한 노래들이 이 바닥 소리꾼들에 의해 영합되었고, 이것이 휘몰아치는 장단으로 바뀜과 동시에 상스럽고 우스꽝스러운 결말 투성이의 노래로 변모된 것이라고 정리된다.[131] 직업적

131) 장사훈, 『시조음악론』, 한국국악학회, 1973, 98~99면.

인 예능인들에 의해 사설이 개변(改變)하는 경우로, 시조 담당층의 확대와 함께 가창장르의 공유 범위 또한 확대되면서 나타나게 된 결과로 보아야 할 것이다.

여기에서 출판업자의 등장으로 인해 많은 노래책이 보급되게 된다는 사실을 주목하는 것이 필요하다. 한편에서는 시조 장르의 변별적 특징이 희미해지고 다른 한편에서는 동시대 문학의 저층(底層)을 함께 형성하는 장르간 사설의 혼효 현상이 이루어지는 양방향의 변화상에 이들 잡가집이 큰 영향을 미치기 때문이다. 직업적·전문적 예능인이 맡아서 부르는 홍행적인 민요는 '잡가'라는 갈래를 따로 이룩하여 이제 뚜렷한 위치를 차지하게 되며, 당연히 판소리에 버금가는 인기를 반영하듯 다시금 책으로 거듭 출판되기까지 한 상황이 이를 말해주는 것이다.[132]

시대가 변하고 창자(唱者)가 달라짐에 따라 원(原) 노래와 크게 달라지게 된 잡가의 양상은, 따라서 시조 작품의 개작 양상과 같은 범주에 있는 것이며 시조 장르의 대중화 현상을 반영하는 것이라 보아도 된다. 잡가의 성행은 중세에서 근대로의 이행기 문학을 보여준다는 점에 의미를 갖기 때문이다. 즉 중세적 질서가 유지하던 기간에는 사대부 문학과 민요가 각기 존재했지만, 사회의 동요와 함께 문화 구조가 재편성되는 움직임이 더욱 확대되면서 양자가 혼효하는 양상을 보인 것이다.

이러한 시가 장르 교섭의 양상은 고대본「악부」에 이르러 보다 극대화되어 정연한 설명이 불가능할 정도의 다양한 양상을 풍부하게 보여주는 데까지 이른다. 물론 이에 대한 논의는 별도의 작업이 요청되는 만큼 간단히 이야기하기는 곤란하나, 대체적인 경향에 대해서는 소략하

132) 정재호,「잡가고(雜歌攷)」,『한국잡가전집』4, 계명문화사, 1984, 9~17면.

나마 설명을 하고 넘어가기로 한다.

먼저, 서지적 검토를 행하면 다음과 같다. 체재 및 수록 내용을 살피면, 상·하 2책으로 된 필사본으로, '시조·가사·잡가·속요·민요·동요·창가·한시문·수필·소설 작품까지 수록된 잡연(雜然)한 가요집(歌謠集)'으로 정의된다. 편자는 이용기(李用基) 옹(翁)으로 밝혀져 있는데, 그는 1860년대 서울 태생의 풍류객으로 전해진다. 편찬 동기는 한국 가요를 수집하려는 의도라 하며, 주로 편자의 기억과 견문(見聞)을 통해 작품을 채집하였다고 한다. 편찬 연대는 미상(未詳)이나, 대략적으로 19세기말, 20세기 초로 추정한다. 이 가집의 가치는 무엇보다 여타 가집에 수록되지 않은 미발견의 작품과 이본이 많다는 데 있다. 양적으로도 매우 풍부하여 본격적인 검토 작업과 추후 논의를 기대하게 한다.

무엇보다 고대본 「악부」의 자료적 위상이 중요한 것은, 사설시조 작품이 마치 민요와 같이 인식된 흔적을 나타내고 있다는 점에 있다. 이는 다름 아닌 작품 명명(命名)에서부터 드러나는데, 사설시조 작품 중 '-타령'으로 명명된 작품은 다음과 같다.

- <더위 타령>(49번: 각시네 더위들 사시오…)
- <도련님 타령>(853번: 도련님 날 보려 할 제…)
- <발가숭이 타령>(1152번: 발가버슨 아희들이…)
- <넌덜머리나는 서방 타령>(1743번: 술이라 하면 말 물 혀듯 하고…)
- <님 잡아가라는 원혼 타령>(2368번: 이제사 못 보게 하여…)
- <물것 타령>(2437번: 일신이 사자하니 물것 계워 못 살리로다…)

- <무서운 타령>(2783번: 천지간 만물지중에 그 무엇이 무서운고…)
- <정실 타령>(2828번: 첩을 조타 하되 첩의 폐설 드러보소…)[133)]

이들 작품은 표현법상 열거와 반복의 사용이 현저하며 일상적인 사물을 소재로 한 점에서 「남훈티평가」의 작품 특성과 비슷하다. 더욱이 고대본 「악부」에 수록된 '사설시조 · 휘모리 · 역금'항에서는 엮음수심가의 사설이 그대로 수용되어 나타나기도 하는데, 이는 시조 장르가 민요와 교섭하면서 장르적 변별성을 잃게까지 되는 양상을 보여주는 것이다. 「남훈티평가」의 경우에서와 마찬가지로, 담당층의 확대가 가창 장르의 공유 범위 또한 확대시킨 결과라 할 것이다.

문화의 보편적 흐름이 장르간 변별성을 희석시키고 계층간의 문화적 차이를 점차 혼합시켜 나가는 방향으로 나아갔음을 확인할 수 있다. 이러한 문화의 흐름이 20세기에 이르면, 시조의 보편화 현상이 더욱 두드러져 거의 전 계층이 이를 향유하고 있음을 보여주게 된다. 긴 안목으로 볼 때 시조 장르의 대중화 과정이 진척을 보인 결과임을 고려해야 할 것이다.

133) 작품 번호는 『역대시조전서』의 번호이다.

# Ⅵ. 결론

본고의 목적은 18세기 이후 담당층의 확대를 보인 시조 장르가 19세기에는 어떻게 나타나며, 이후 이어지는 시조 양상과는 어떤 연계성을 갖는지를 고찰하는 데 있다.

이 논의를 위해 「남훈틱평가」의 자료적 가치에 주목하여, 논의의 중심 자료로 삼았다. 왜냐하면 「남훈틱평가」에 새로이 나타나는 작품 양상은 전대 볼 수 없었던 성격이며 동류 국문 시조집에 그 성격이 계승되어 나타나므로, 19세기 시조가 지닌 특징적 측면을 대표할 수 있기 때문이다. 「남훈틱평가」는 또한 방각본 시조집이라는 점에서 시조 장르가 전대와는 달리 유통 과정(流通過程), 곧 대여 혹은 판매를 통해 서민층에 향수되는 양상을 보여주며, 이를 「남훈틱평가」를 둘러싼 문학적 환경과 관련하여 살펴보면 당대 시조 장르가 지니는 성격과 의의에 대한 해명이 가능하다고 보았다.

그러므로 본고는 시조 장르가 서민층에 확대·보급되면서 시조 성격의 변화와 함께 대중화되는 과정을 고찰한 작업이다. 논의의 결과를 확대시키면, 「남훈틱평가」에 나타난 시조의 변모 양상이 19세기 이후 국문학에 전반적으로 진행되는 대중문학의 형성과정과 궤를 같이하는 보편성을 취득하고 있다는 점에 연구의 의의를 가진다.

연구 결과를 요약하면 다음과 같다.

1)「남훈틱평가」에 나타난 작품 양상의 고찰을 통해 19세기 시조의 성격 변화와 특성을 파악하였다.

기존 작품을 변용하는 방식과 여타 장르와 모티프를 공유하는 작품이 두드러지게 나타난다는 점에서 담당층의 창작 수준과 시조 장르에 대한 기본적 인식이 달라졌음을 지적하였다.

어조와 표현의 변화 · 주정적 주제의 표출 · 일상 생활과 밀착된 소재는 '통속적 민요 세계'를 지향하는 담당층의 문학적 취향을 반영한 것으로, 이념의 표출이나 고답적 분위기와는 거리가 멀어졌다.

이를 통해 19세기 시조 장르가 시조 형식을 유지하면서도 이념적 기반에서 멀어지고 있음을 지적하였다.

2) 이러한 시조 작품세계의 변모 요인을 다음의 두 가지 측면에서 살펴보았다.

우선, 19세기 사회 · 경제적 변화에 따라 상업적 문화 풍토가 조성되고 봉건주의의 해체와 함께 관습시적 토대가 동요되고 있음을 파악하였다. 그 결과 19세기 문학 전반에 걸쳐 상업적 속성이 내재되고, 장르마다 전문적 · 직업적 문학 담당층이 형성되면서 수용층의 확대를 가져왔다.

시조 장르의 경우에도 구비 가창물(口碑歌唱物)에서 공연 가창 연예물(公演歌唱演藝物)로 전환하는 예술의 전반적 흐름에 부응하며, 서민적 문화풍토로 변모하였다. 여기에서 창작과 수용이 분리되는 소위 대중문학 형성의 단서를 살필 수 있었다.

다음으로, 시조집으로서 갖는 성격이 서민층을 대상으로 한 영업적 출판도서라는 점에서 직접적인 변모 요인을 지적하였다. 즉, 「남훈티평가」는 시조의 대중화 요구에 부응하여 당대 유행하는 가창 장르를 종합하여 펴낸 영리 추구의 보급용(普及用) 노래책이다.

「남훈티평가」의 수용층은 일찍이 민요권에 침투된 시조에 의해 시조 장르에 익숙해있었던 언문 해득 서민층으로, 필사본 가집에 의존하던 한정된 수용층보다 지역적으로도 더 확대되었음을 알 수 있었다. 편찬 과정을 통해 볼 때, 편자는 시조 작품의 개작이나 편집에 직업적으로 참여하는 인물로 시조에 관한 음악적 전문성이나 수련을 쌓지 않은 하층의 인물임을 밝혔다.

「남훈티평가」의 등장은 시조 창작과 수용의 직접적 만남이 불가능해지고, 상업적 영리 추구의 속성이 시조 장르의 변질을 가속화하는 부정적 측면을 지닌다. 반면, 시조 향수층의 범위를 크게 확대시켜 시조 장르의 대중화 작업에 크게 기여하는 측면이 있음을 지적하였다.

3) 이로 볼 때, 「남훈티평가」의 문학사적 의의는 다음과 같이 요약된다.

우선, 「남훈티평가」를 통해 높은 장르가 낮은 장르의 침범에 의해 변모되는 양상을 확인할 수 있었다. 이는 19세기 문학의 사적 동향을 볼 때, 당대 진행되는 대중문학의 형성과정과 궤를 같이하는 측면으로 문학사의 보편적 흐름과 부응한다.

둘째, 「남훈티평가」에 나타난 시조 성격이 광의(廣義)의 시조를 형성하는 과정에 있다는 점에서 말기 시조의 다양한 양상을 설명하는 단서를 제공한다. 즉, 언희의 양상 · 유흥적 노래의 경우에서처럼 시조 창작과 향수가 일상생활과 보다 밀착됨으로써 이념과 무관해지고 있다.

그리고 담당층의 확대와 함께 가창 장르의 공유 범위가 확대되면서 동류(同類) 국문 시조집의 경우에는 휘몰이잡가 등 변종(變種)의 형식이 나타나고, 고대본 「악부」에서는 시조 명명(命名)의 혼란·수심가 사설과의 교류상 등 시가 장르의 교섭 현상과 맥이 닿고 있었다. 이러한 제양상(諸樣相)은 시조 장르의 대중화가 진척된 결과라 보아 무방하다.

「남훈티평가」를 통해본 19세기 시조의 변모 양상은 이 시기 전반적으로 진행되는 대중문학의 형성 과정과 궤를 같이하는 보편적 양상으로 파악할 수 있으며, 시조 장르가 대중화되는 과정을 나타낸다는 점에 의의를 획득하고 있다.

‖ 제2부 ‖

# 「남훈틱평가」 소재 시조의 종장 구성상의 특징과 그 의미

# Ⅰ. 서론

「남훈틱평가」(이하 남태)는 19세기에 등장한 방각본 가집으로, 19세기 시조사의 구도를 밝히는 중요한 자료로서 일찍이 그 가치를 주목받은 바 있다.[1)]

방각본은 어느 정도의 자본과 조직을 통해 불특정 다수를 대상으로 하여 대량 복제되고, 대량 복제된 산물은 상품성을 지니며 시장을 통해 유통된다는 점에서 현대 사회에서 대중매체의 특징과 상당히 흡사하다. 고로 방각본 가집인 남태가 등장하였다는 것은 소비를 위한 상품으로 존재하는 예술의 초기적 형태가 이루어진 것이라 할 수 있다. 편찬의 측면에서 파악되는 남태의 방각본적 특성은 이윤 창출을 위한 효용성 고려와 소비자의 욕구를 만족시키기 위한 선별 작업을 의미하는 것이기 때문이다.[2)]

또한 남태는 시조의 음악 형식으로 가곡창이 아닌 시조창의 방식을 따르고 있어 19세기 활발히 진행된 시조창의 향유 상황을 알 수 있게

---

1) 최규수, 「<남훈틱평가>를 통해본 19세기 시조의 변모 양상」, 이화여대 석사학위논문, 1989.

2) 박이정, 「대중성의 측면에서 본 <남훈태평가> 시조의 내적 문법 연구」, 서울대 석사학위논문, 2000, 7~9면.

한다는 점에서 더욱 중요한 대접을 받았다.3) 이는 남태 소재 시조의 형태가 가곡창의 5장 구분이 아니라 시조창의 3장 구분에 의거하고 있음을 표점 형식으로 나타내고 있고, 이전 시기의 가집에 수록된 작품을 재수록하면서 종장의 종구(終句) 부분을 생략하는 데서도 드러나는 사실이다.4)

특히 남태 소재 시조의 개괄적 소개에서도 밝혀진 바와 같이 기존 작품을 그대로 재수록하는 경우보다 소재나 주제 어조 등의 측면에서 변화를 꾀하는 특징이 두드러진다는 점5)은, 남태가 기왕의 가집 소재 작품을 토대로 하면서도 그것을 그대로 가져와 종장 종구만을 생략하는 방식으로 시조창 가집을 만드는 단순한 노선을 취하지는 않았음을 보여주는 실마리가 된다고 생각한다.

이렇게 남태의 자료적 가치를 대중적 수요에 부응키 위해 상업적으로 출간된 방각본 시조창 가집에서 찾는 기왕의 주목에 힘입어, 이 글에서는 종장 구성상의 구체적인 특징 분석에서부터 출발하여 그 가치

3) 최규수(1989), 앞의 논문; 고미숙, 『19세기 시조의 예술사적 의미』, 태학사, 1998; 박애경, 「조선후기 시조의 통속화 과정과 양상 연구」, 연세대 박사학위논문, 1998.

4) 「남훈티평가」의 자료적 가치에 대한 검토 작업은 최규수(1989), 앞의 논문, 5~9면 참고.

5) 필자의 이전 작업에서 18세기와 다른 19세기 시조의 특징을 남태 소재 시조의 재창작 양상 등에서 짚어낸 바 있는데, 그 결과를 요약하면 다음과 같다.

남태 소재 시조 224수 중 신출 작품이 7수, 남태 계열 작품이 59수, 나머지 158수가 기존 가집의 수록 작품을 재수록한 것이었다. 이 때 재수록된 158수의 작품에 나타난 변이 여부를 살펴보았더니, 78수의 작품에서 달라진 양상을 드러냈다.

그리고 변이의 양상을 보이는 78수의 작품을 다시 시조의 각 장별로 비중을 따져본 결과, 초·중장을 공유하고 종장만 달라지는 경우가 27수로 전체 78수의 약 3분의 1 수준을 넘어, 종장에서의 변이상이 비중 있게 검토될 만하였다.

게다가 남태에서는 표현의 측면에서 부연 첨가되거나 소재 혹은 주제의 측면에서 변화를 보이는 구체적이고 다양한 양상들이 드러났는데, 특히 주목할 만한 것이 종장에서의 어조 변화였다.

최규수(1989), 앞의 논문, 12~47면.

와 의미를 다시 한번 조명하고자 한다.

시조에서 종장이 갖는 의미와 역할을 환기할 때, 시조에서 각 장은 서로 긴밀하게 연결되면서도 종장에서 의미 종결을 이루게 된다는 점에서 중요하다. 그런 점에서 시조의 종장 구성을 살펴본다는 말은 종장 자체만을 주목하는 것이라기보다는 초·중장과의 관계를 따져 종장이 가진 역할과 의미를 주목하는 것이라 할 수 있다. 곧 종장의 특징적 면모를 파악하고 그 의미를 주목하기 위해서는 시조 작품에서 이루어지는 각 장의 변이상도 주목되어야 할 텐데, 이 글에서는 특히 종장의 비중 있는 변모상을 이끌어내는 특징적 국면에 더더욱 할애하게 될 것이다(Ⅱ장). 이를 통해 시조 작품의 분위기 쇄신이 이루어지고 있는 남태 소재 시조 작품이 이후 시조사와 연계하여 어떠한 의미를 갖는지 주목하게 될 것이다(Ⅲ장).

## Ⅱ. 「남훈태평가」 소재 시조의 종장 구성상의 특징

### 1. 돈호법의 활용 통한 대화체 분위기의 완성

남태 소재 시조의 한 특징으로 대화체의 의의를 부각시킨 바 있는데,[6] 남태 시조에서 대화체가 동원되는 국면을 살필 때 특기할 사항으로 종장 이전 부분에서 활용되는 돈호법의 측면이다.

이는 남태 소재 시조가 새로이 창작되는 경우에서보다는 기왕의 작품을 재수록하면서 변이되는 개작의 양상에서 더욱 두드러진다는 점에서 종장 구성상의 중요한 특징으로 부각된다. 시조에서 돈호법은 익숙한 장치로 흔히 '아희야' 등의 종장 투어를 쉽게 떠올리게 되는데, 남태에서는 이러한 돈호법의 활용이 대화체 분위기의 마무리에 큰 역할을 하고 있어 흥미롭기 때문이다.

예를 들어 ▼남태 28에서는, ▽병가 857이 설정한 '화자의 부탁(초·중장)-아희의 답변(종장)'이라는 틀을 그대로 가져오고 있지만 돈호법의 활용을 통해 작품의 분위기는 더욱 고양되고 있다. 남태에서는 초장에서부터 ▽병가 857의 '楚山에 나무 뷔는 아희'라는 표현을 '초산 목동드라'라 돈호함으로써 작품 전체에 대화체의 분위기가 보다 자연스럽게

6) 최규수(1989), 앞의 논문, 41～44면.

조성되게 된다.

▽병가 857: 楚山에 나무 뷔는 아희 나무 뷜지 힝혀 대 뷜셰라/
그 딕 즈라거든 뷔여 휘우리라 낙시딕를/
우리도 그런 줄 아오믹 나무만 뷔느이다//

▼남태 28: 초산 목동드라 남무뷔다 딕 닷칠느/
그 딕를 고이 길너 ᄒᆞ오리라 낙슈딕를/
우리도 그런 쥴 알기로 나무만 뷔오//[7)]

또한 '기러기'를 소재로 한 작품에서도 화자의 외로운 심사를 강조하는 서경적 매개물로 등장하던 기왕의 표현을 변형하여 화자의 심사를 보다 서정적으로 이끌어내는 효과적인 상대역으로 기러기가 등장하는데, 이러한 역할 변이에 돈호법의 사용이 한몫하고 있음을 알 수 있다. ▼남태 146[8)]은 ▽청육 841[9)]에서와는 달리 "사벽달 셔리치고 지싀는

7) 심재완의 작업(『교본 역대시조전서』, 세종문화사, 1972)에서는 시조 3행 중 한 행이 달라지는 작품을 동일 작품으로 처리하는 원칙을 밝히고 있다. 주로 종장이 달라진 경우만을 따로 '이문(異文)'으로 표기하여 작품의 독립성을 인정해주는 방식이다. 이 때 표제작으로 삼은 기준 가집이 바로 「병와가곡집」이다.
그런데 시조 가집의 공식적 편찬 이래 남태까지 1세기 이상의 시간이 소요되었고, 가집의 편찬 이전에는 구비로 전승되고 향수되던 실상을 생각하면 시조 향수의 연륜은 상당히 오래되었다 할 수 있다. 심재완의 작업에서 이본 규정의 한 기준이 된 것도, 이러한 구비 전승의 실상에 대한 배려라 할 수 있다.
이본 규정에 대한 유연한 사고를 가질 필요가 있다는 점에서, 이 글에서는 심재완의 저서에 별개의 작품으로 독립시킨 경우에도 비교할 만하다면 같이 비교하는 방식을 취하기로 한다. 이 경우 작품 앞에 *표시를 하였다.
「남훈틱평가」 소재 시조 외의 작품 인용은 심재완의 저서에 의한다.

8) ▼남태 146: 화촉동방 사창박게 벽오동 셩권 빗소릐 잠 놀나 씌니/ 만닉는 고적ᄒᆞ고 사벽츙셩 쥬쥬ᄒᆞ네 관셩 쳥됴는 셔러라 울고 사벽달 셔리치고 지싀는 밤에 두나릐 둥덩 치고 울구 가는 기러기야/ 야야에 네 우름소릐에 잠못니러//

9) ▽청육 841: 花燭東方 紗窓밧게 梧桐나무 성권 비소릐 잠놀나 씌다르니/ 萬籟俱

밤에 두 나ᄅᆡ 둥덩 치고 울구 가는 <u>기러기야</u>"라 하여 기러기를 직접 부르면서 종장의 표현을 유도하고 있는데, 이러한 돈호형의 등장은 종장에 나오는 '네 소리(울음소리)'라는 표현에 호응하기 위한 것이기도 하다. 그래서 종장에서 표현된 '네 울음소리에 잠 못 이룬다'는 화자의 괴로운 심사가 기러기를 부르는 독백조의 탄사를 통해 더욱 효과적으로 환기된다는 사실이 주목된다.

이러한 지적이 발전된 양상으로 드러나는 예가 다음의 작품인데, ▽청가 479의 초장에 보이는 '새베ᄃᆞᆯ 외기럭기'의 표현과 ▽병가 768에 보이는 'ᄉᆡ벽셔리 지ᄂᆞᆫ ᄃᆞᆯ에 외기러기 우러엘제'의 표현이 합쳐져 ▼남태 39의 초장을 이루고 있다.

*▽청가 479: 새베ᄃᆞᆯ <u>외기럭기</u> 洞庭瀟湘 어ᄃᆡ 두고/
旅館 寒燈에 ᄌᆞᆷ든 날 ᄭᆡ오ᄂᆞᆫ다/
千里에 님 離別ᄒᆞ고 ᄌᆞᆷ못들어 ᄒᆞ노라//

*▽병가 768: ᄉᆡ벽셔리 지ᄂᆞᆫ ᄃᆞᆯ에 <u>외기러기</u> 우러엘제/
반가온 님의 消息 힝혀 올가 ᄇᆞ랏더니/
다만지 蒼茫ᄒᆞᆫ 구름밧긔 뷘소ᄅᆡ만 들니더라//

▼남태 39: 사벽달 셔리치고 지ᄉᆡᆫ는 밤에 짝를 닐코 울고가는 <u>기러기야</u>/
너 가는길에 경든임 니별ᄒᆞ고 참아그리워 못살네라고 젼ᄒᆞ야
쥬렴/
<u>쩌단니다 마흠나는ᄃᆡ로 젼ᄒᆞ야즙세</u>//

새벽 밤하늘을 울며 지나가는 외기러기의 모습에서 님과 떨어져 외로이 밤을 지새는 화자의 심경이 오버랩되고 있는 이 작품의 모티프는

寂ᄒᆞᆫᄃᆡ 四壁蟲聲경경ᄒᆞ고 도든달이 지실적에 關山靑秋 스러ᄒᆞ야 두 나ᄅᆡ 쌍쌍 치며 슬피 울고 가ᄂᆞᆫ 저 외기러기가/ 밤中만 네 소ᄅᆡ 드를제면 不覺墮淚ᄒᆞ노라//

시조에서 흔하게 보아 오던 것으로, 기러기는 화자의 외로운 심사를 환기하는 존재로 등장할 뿐 그 외로움을 해결하는 구체적인 행동은 보이지 않는 게 보통이었다. 그런데 남태에서는 '기러기를 부르고(초장)-기러기에게 부탁을 하고(중장)-기러기의 승낙을 얻는(종장)'과정을 돈호법과 대화체의 형식으로 풀어냄으로써 화자의 외로움을 충실히 위무하고 있다.

특히 다음에 제시한 작품은 종장에서의 변이상이 가져온 의미 변개 때문에 기왕의 논의에서도 주목한 바 있지만, 돈호법의 활용이 대화체의 분위기 형성에 미치는 효과라는 측면에서도 충분히 주목할 만하다.

▽청진 339: 白沙場 紅蓼邊에 구버기ᄂᆞᆫ 白鷺들아/
口腹을 못메워 뎌다지 굽니ᄂᆞᆫ다/
一身이 閑暇ᄒᆞᆯ션졍 ᄉᆞᆯ져 무슴 ᄒᆞ리오//

▼남태 85: ᄇᆡᆨ사장 홍뇨변에 굽니러먹는 져 ᄇᆡᆨ노야/
ᄒᆞᆫ닙에 두셋 물고 무에 낫빠 굽니느냐/
우리도 구복이 웬슈라 굽니러먹네//

▽청진 339가 초장에서부터 돈호법을 사용하고 있음에도 작품 전체적으로 백로를 상대로 하여 토로되는 자기 독백적인 발화라는 인상을 주고 있는 데 비해, ▼남태 85에서는 청진에서의 설정을 그대로 가져오기는 하되 종장을 대화체로 설정하여 백로들의 답변을 끌어냄으로써 '백로들아/백로야'로 돈호한 초장의 설정을 좀더 확실한 대화체 분위기로 이끌고 있기 때문이다.

그리고 이렇게 돈호의 대상이 단지 화자의 독백을 끌어내는 존재에 그치지 않고 보다 능동적이고 적극적인 위상을 갖는 데까지 이르고 있음은, 다음의 시조에서처럼 '아희'의 성격 변화에서도 확인된다.

*▽병가 721: 鶴타고 져 부는 아희 너드려 말무러보쟈/
瑤池宴 坐客이 누고누고 안졋더니/
닉 뒤에 南極仙翁 오시니 계가 무러 보소셔//

▼남태 45: 학타고 져불고 호로병 차고 불노초 메고 쌍상투 짯고 쇠등거리 입고 가는 아희 게 잠 셧거라 네 워듸로 가느냐 말무러보ᄌ/
요지연 션관들이 누구누구 모야 계시드냐/
그 곳에 니젹션 소동파 두목지 장건이 다 모야 계시드라//

▽병가 721과 ▼남태 45는 초장에서 '아희'를 묘사한 표현의 양이 많고 적은 차이가 있을 뿐 '아희'에게 묻는 질문은 같다 할 수 있는데, 종장에서의 답변 내용은 전혀 다르다. '요지연 선관'의 명단을 궁금해하는 화자에게 ▽병가 721에서는 '남극선옹'의 존재를 들어 그에게 물으라 하는데, 이러한 답변 회피의 태도는 시조에서 익숙히 보아온 것이다. 그런데 ▼남태 45에서는 '니젹션 소동파 두목지 장건이 다 모야 계시드라'라는 아희의 답변을 곧바로 들을 수 있게 되고, 더구나 장황하게 서술된 아희의 묘사가 이러한 답변을 통해 '그 곳'을 다녀온 선동(仙童)의 존재임을 확인할 수 있게 됨으로써 보통 말 건네기의 대상에 그치기 마련인 '아희'[10]의 성격에서 달라지고 있음을 알 수 있다.

'아희'와 같이 질문을 받는 존재의 위상 변이는 흔히 중을 등장시켜 이별의 근원을 묻는 시조에서도 이루어지는데, 예를 들어 ▽청진 481[11]

10) 김대행, 『시조유형론』, 이대출판부, 1986; 조성진, 「시조의 담론 구성 방식 연구」, 서울대 석사학위논문, 2001.

11) ▽청진 481: 솔아레에 구븐길로 셋가는듸 말잿즁아/ 人間離別 獨宿空房 삼긴 부쳐 어닉졀에 안즈더니 문노라 말잿즁아/ 小僧은 아옵지 못ᄒ오니 샹좌누의 아ᄂ이다//

에서는 '말잿즁'-'소승'-'샹좌'의 관계로 설정된 상황이 ▼남태 54[12]에서는 '말말직듕놈'-'소승=샹좌즁'-'스승즁'의 관계로 설정되어 있다.

## 2. 구어체 종구 표현에 나타난 종장의 완결성

남태가 다름 아닌 시조창을 위한 가집으로 편찬되었다는 사실을 상기할 때, 그 형식적 표지로서 종장의 종구 생략이라는 특징을 주목할 수 있다. 곧 기왕의 작품을 재수록하거나 새로운 작품을 수록하는 경우 종장의 종구에 해당되는 부분은 시조창의 창법에 맞춰 생략되게 마련이기 때문이다.

그런데, 남태의 일부 시조에서는 다음에서와 같이 구어체 표현을 동원하여 종장을 마무리하는 양상이 드러나고 있어 주목된다. 이른바 '댁드레'형의 작품으로 주목을 받아 왔고 청진에서부터 수록되어 있는 다음의 작품을 살피기로 한다.

▽청진 535: 댁들에 나모들 사오 져장ᄉᆞ야 네 나모 갑시 언매 웨ᄂᆞᆫ다 사쟈/
ᄡᅡ리남게ᄂᆞᆫ ᄒᆞᆫ말 치고 검주남게ᄂᆞᆫ 닷되를 쳐서 合ᄒᆞ야 헤면
마닷되 밧습ᄂᆡ 삿대혀보으소 잘붓슴ᄂᆞ니/
ᄒᆞᆫ젹곳 사ᄶᅡ혀보며ᄂᆞᆫ ᄆᆡ양 사ᄶᅡ히쟈 ᄒᆞ리라//

▼남태 141: 댁들에 나무들 삽소 네 나무 ᄒᆞᆫ동에 갑씨 언ᄆᆡ니/
쌀이나무 ᄒᆞᆫ동에 쌀 ᄒᆞᆫ말 밧고 검부젹이 ᄒᆞᆫ동에 쌀 닷되 밧고
합허면ᄂᆞᆫ 말닷되올셰 사 ᄶᅡ야 봅쏘 불 잘 붓씀노니/

12) ▼남태 54: 솔아레 구분길에 듕 셋가는 즁즁에 말말직듕놈아 게 잠 셧써라 네 워듸로 가느냐 말무러보자/ 인간니별 만사즁에 독슉공방 싱기신 부쳐 어늬졀 법당 탁ᄌᆞ우희 감즁년ᄒᆞ고 눈 나리ᄶᅡᆯ고 고양바다 자시더냥 보앗너냐 못보앗너냐/ 소승은 상좌즁이니 스승즁더러//

진실노 그러량이면 골단이나 헙쎄//

앞서 시조에서 흔히 사용되는 돈호법이 묻고 답하는 형식과 어울려 활용되면서 작품 전체적으로 보다 자연스러운 대화체의 분위기가 완성될 수 있었음을 지적하였다. 이러한 돈호형과 대화 형식의 특징이, ▼남태 141에서는 ▽청진 535의 중장까지의 이야기만을 토대로 종장에서 의미 종결이 되는 구조와 결합하여 드러나고 있다.

특히 ▼남태 141에 드러난 초장의 표현 변이를 보면, 나무값을 묻되 '한 동' 단위를 명시함으로써 ▽청진 535에서 보이는 막연한 물음을 좀 더 구체화시키고 있다. 또한 ▽청진 535에서는 값을 물음과 동시에 사겠다는 의지를 표명하여 중·종장에 이은 장사치의 답변으로 끝을 맺지만, ▼남태 141에서는 물음에 대한 장사치의 답을 경청한 후 자신의 의지대로 구매를 확정짓고 있어 '흥정-구매'의 현장성이 더욱 풍부해지고 있다.

이 과정에서 대화 형식이 완성되고 계산에 대한 흥미를 보이고 있어, 새로운 의미 부여가 가능해짐은 물론이다. 최근의 논의에서는 이러한 유형의 작품을 '삳대다' '붙다'와 같은 중의적 표현을 내세운 '음상사(音相似)를 이용한 성적(性的) 말놀음'의 수법이라 해석하였는데,[13] 남태에서의 종장 구성 방식에서는 오히려 계산 과정을 거친 시원스런 응낙으로 귀결됨으로써 기왕의 논의에서 주목한 것과 같은 어희(語戱) 차원의 외설적 의미 부여를 과감하게 탈각시킨다고 할 수 있다.[14]

13) 김흥규, 「'장사치-여인 문답형(問答型) 사설시조'의 재검토」, 『욕망과 형식의 시학』, 태학사, 1999, 242~248면.

14) 동시대 다른 가집에 비해 남태가 성(性)과 관련된 작품에 대해 소극적인 수용 태도를 보인다는 지적이 있다. 성(性)은 대중의 취미에 쉽게 부합할 수 있는 주요 기제가 될 수 있으며 현실 세계의 문제를 회피하는 데 유용한 것임에도 불구하고 남태에서

나아가 청진에서 나타나는 '-하리라' 형의 문어체적 종결어가 탈락되고 대신 남태에서는 '-헙셰(합세)' 형의 구어체적 종결어가 쓰임으로써, 시조 작품에 일상사를 적극적으로 반영시키려는 의지의 반영 혹은 현장성의 강화라는 의의를 읽어내게 된다.

그런 점에서 단순히 '-하여라/-하노라' 식의 종구를 생략하는 데서 그치지 않고 종장의 표현 자체를 보다 완결된 구어체 답변으로 마무리하는 것을 남태 소재 시조의 또 다른 특징으로 꼽을 수 있게 되는데, 다음의 예들에서 보다시피 종장 초두의 돈호형과 후반부의 서술형이 보다 자연스럽게 일치되게 하기 위해 종장의 표현 자체를 보다 일상적인 구어체로 바꾸어 서술하는 양상이 드러나기 때문이다.

▽병가 821: ᄇᆞ롬부러 쓸어진 남기 비오다 삭시나며/
님그려 든 病이 藥먹다 허릴소냐/
<u>아마도 널노든 病이니 네 곳칠가 ᄒᆞ노라</u>//

▽원국 136: ᄇᆞ롬부러 스러진 남기 비오다고 삭시나며/
임글여 든 病이 藥먹다 하릴소냐/
<u>져 님아 널노 든 病이니 네 곳칠가 ᄒᆞ노라</u>//

▼남태 31: 바람 부러 누은 남기 비온다고 니러나며/
임 그려 누은병에 약쓴다고 니러나랴/
<u>져 임아 널노 난 병이니 날 살려쥬렴</u>//

'널노 든 病(널노 난 병)'의 표현에 드러나는 '너-나'의 호칭을 주목할 때 ▽병가 821의 종장에서 쓰인 '-하노라' 식의 서술어는 표현의 괴리

---

는 적극적으로 수용하지 않았다. 박이정(2000), 앞의 논문, 28~89면; 최규수(1989), 앞의 논문 참고.

감을 느끼게 하며, ▽원국 136에서 '아마도'라는 종장 투어 대신 '져님아'라 돈호법을 쓰게 된 것은 이런 맥락에서이리라 짐작된다. 그런 점에서 남태의 종장 표현은 일상적인 어법 그대로를 살려냄으로써 이별에 대한 화자의 심적 고충이 절실하게 읽혀진다.

특히 ▼남태 31의 종장 표현은 다음에서처럼 남태 소재 작품에서 거듭 쓰이고 있어 일종의 공식구적 표현으로까지 발전하는 양상을 감지할 수 있게 된다.

▼ 남태 148: 신농시 상빅토ᄒᆞ사 일만병를 다 고치되/
임그려 상사병에 빅약 무효로다/
<u>져 임아 널노 난 병이니 날 살녀쥬렴</u>//[15]

▼ 남태 155: 식불감침불안ᄒᆞ니 이 어인 모진 병고/
상사일념에 임그린 타시로다/
<u>져 임아 널노난 병이니 날 살녀쥬렴</u>//[16]

또한 남태에서 종장의 표현 변화는 초·중장의 표현과 연계하여 자연스러움을 도모하기 위해서도 일어난다.

▼남태 174: 우리두리 후싱ᄒᆞ야 네 나 되고 닉 너 되야/
닉 너 그려셔 긋던 ᄋᆡ를 너도 날를 그려보렴/
<u>평싱에 닉 셜워ᄒᆞ던 쥴을 네 알니라</u>//

15) ▽병가 567에서는 종장이 "저님아 널노든 病이니 네 고칠가 ᄒᆞ노라"라 되어 있으며, ▽시가 342 ▽동국 268 ▽근악 268 등에서도 마찬가지이다.

16) ▽시가 368에서는 종장이 "這 님아 널노 든 病이니 네 곳칠가 ᄒᆞ노라"라 되어 있으며, ▽악서 286 ▽청영 393 ▽청육 913 ▽가보 356 ▽영류 158 ▽원국 718 ▽원규 717 ▽원가 348 ▽원일 672 ▽대동 183의 경우에도 마찬가지이다.
다만 ▽시조 78에서는 "…날 살려라"로 되어 있어 흥미롭다.

위에 제시한 ▼남태 174의 경우에는 '우리 둘이' '너' '나'와 같이 관계의 직접성을 나타내는 표현들이 동원되어 님과의 애절한 관계가 잘 살아나고 있는데, 이는 ▽병가 582를 위시해 원류계 가집들에서 "平生에 닉 셜워흐던 줄을 돌녀볼가 흐노라"라는 문어체적 표현으로 작품을 종결시킨 것과는 확실히 다르다.

특히 중장에서 '그려보렴'에서와 같이 애잔한 감상을 도모하는 표현이 인상적인데, 이러한 감상을 자연스럽게 이어 "평싱에 닉 셜워흐던 쥴을 네 알니라"라 표현함으로써 구어체적 표현을 동원한 일상성 회복이 가능해지고 있다. 기왕의 논의에서 종장 종구 생략이 주는 효과에 대해서는 특히나 '…하노라'식의 말투가 지닌 권위가 거세되면서 시조 특유의 유장미 거세,[17] 유희성을 강조하는 가벼운 분위기 조성[18]을 지적하기도 하였는데, 예시한 남태의 시조 작품을 통해서는 말하기의 자연스러움을 강조하는 국면으로 이해하는 것도 가능할 것이다.

## 3. 한자어 사용의 적극성과 방언 표기의 등장

앞서 남태 소재 시조에서 종래의 작품을 가져오되 돈호법의 활용을 통해 대화체의 분위기를 강화하고 종구를 생략하는 여타의 시조창 관

---

17) 대개의 논의에서 이러한 지적을 하고 있으며, 특히 종장 종구 생략 현상이 두드러지는 개화기 시조 논의에서 이러한 측면을 강조하고 있다. 신문 매체에 실린 개화기 시조인 경우, 종결어미의 생략 현상은 유장한 어미를 생략함으로써 힘찬 결의와 강렬한 주제 전달의 효과를 가져온다고 지적된다.
김영철, 『한국개화기 시가의 장르 연구』, 학문사, 1987, 43면; 조남현, 「개화기 시조의 형식과 의식」, 『현대시의 전통과 창조』, 열화당; 임종찬, 『개화기시조론』, 국학자료원, 1993 등의 논의 참고.

18) 이동연, 「19세기 시조의 변모양상-조황 안민영 이세보의 개인시조집을 중심으로-」, 이화여대 박사학위논문, 1995, 127~128면.

행에서 나아가 구어체 종구를 통해 종장 형식을 완결하려는 특징이 드러남을 지적하였다.

이는 남태 시조의 특징적 면모로 부각될 수 있는데, 다음과 같은 시조에서 역시 한자 표현은 그대로 음독(音讀)하여 표기하되 종장 종구에 이르면 '-하노라' 형의 문어체 대신에 '-하소' 형의 구어체를 선택하고 있음을 보게 된다.

▽병가 1031: 君不見黃河之水ㅣ 天上來ᄒᆞᆫ다 奔流到海不復回라/
又不見高堂明鏡 悲白髮ᄒᆞᆫ다 朝如青絲暮成雪이라/
人生이 得意須盡歡이니 莫使金樽으로 空對月을 ᄒᆞ여라//

▼남태 34: 군불견황ᄒᆞ지슈 천상ᄂᆡ헌다 분류도ᄒᆡ물부회라/
우불견당명셩 비ᄇᆡᆨ발헌다 됴여청사모셩셜를/
인싱이 득의슈진환이라 막사금쥰 공ᄃᆡ월ᄒᆞ소//

그런데 다음에 제시한 ▼남태 81에서는 종장의 양상이 앞서의 것과는 다르게 '-하더라' 형의 종구를 그대로 생략하되, 대신 그 초장 부분에서부터 한시의 표현으로 되살리고 있어 주목된다.

▽병가 994: 君이 故鄕으로부터 오니 故鄕事를 應當 알니로다/
오ᄂᆞᆫ날 綺窓압픠 寒梅 픠엿ᄯᅥ니 아니 픠엿ᄯᅥ냐/
픠기ᄂᆞᆫ 픠엿더라마ᄂᆞᆫ 님ᄌᆞ 그려 ᄒᆞ더라//

▼남태 81: 군자고향ᄂᆡᄒᆞ니 알니로다 고향사를/
오든 날 긔창젼에 한ᄆᆡ화 퓌엿드냐 안 퓌엿드냐/
ᄆᆡ화가 퓌기ᄂᆞᆫ 퓌엿드라마는 임ᄌᆞ그려//

▼남태 81에서는 ▽병가 994를 가져오되 그 초장 부분을 한시의 표

현으로 되살리고 있는데, 이러한 태도는 중장에서도 반영되어 '綺窓압픠'(병가)라는 표현이 '긔창전'(남태)으로 바뀌고 있다. ▽병가 994에서는 중장을 거쳐 종장으로 갈수록 한시투의 문어체적 분위기가 거세되고, 이렇게 자연스러운 표현의 추종이 또다른 ▽청육 758의 수록 단계에까지 이르게 되면 "그ᄃᆡ 故鄕으로부터 오니 故鄕일은 응당 알니로다…"의 표현에서 보다시피 보다 매끄럽게 다듬어지게까지 된다.

그럼에도 남태에서는 굳이 한시의 표현 그대로를 되살리려는 노력을 보이고 있다는 점은 앞선 항에서 살핀 구어체의 일상적 분위기 모색과도 상치되는 것처럼 보인다. 곧 한자어의 적극적 사용을 통해 오히려 언어 사용의 독특한 취향을 발견하게 되는데, 한자어가 쓰일 수 있는 곳에서 자연스레 한자어를 사용하는 양상은 다음과 같은 예에서도 보다시피 종장에까지 확대되고 있기 때문이다.

▽병가 731: 山中에 ᄎᆡᆨ력업셔 節가는줄 ᄂᆡ 몰ᄂᆡ라/
곳 픠면 봄이요 입지면 ᄀᆞ으리로다/
아희들 헌옷 ᄎᆞ즈니 겨울인가 ᄒᆞ노라//

▼남태 107: 산즁에 무녁일ᄒᆞ야 졀가는 쥴 모르러니/
곳 퓌면 춘졀이오 입 퓌면 하졀이요 단풍 들면 츄졀이라/
지금에 쳥송녹쥭이 ᄇᆡᆨ셜에 져져쓰니 동졀인가//

▽병가 731에서 등장하는 '山中에 ᄎᆡᆨ력업셔'라는 표현이 ▼남태 107에서 '산즁에 무녁일ᄒᆞ야'라는 표현으로 바뀌는 것은 한시의 표현을 그대로 인정하려는 태도로 보인다.

그런데 이러한 태도가 중·종장에 이르면 보다 확대되어 '절(節)'이라는 표현을 중심으로 통일하려는 의지로 드러나면서 ▽병가 731의 '봄

-가을-겨울'이라는 표현이 ▼남태 107에서는 '춘절-하절-추절-동절'로 바뀌게 된다. 또한 ▽병가 731에서 '꽃피면 봄이요-잎지면 가을이네' 하는 식으로 여름의 생략을 통해 시적 운치를 돋우어 표현했다면, ▼남태 107에서는 '꽃피면 봄-잎피면 여름-단풍들면 가을'하는 식으로 나열되어 그 운치는 조금 삭감된다.

종장에 이르면 이러한 사소한 변이가 급격한 변화상을 보이는데, ▽병가 731에서 겨울에 대한 묘사를 아이들이 헌옷을 찾는 구체적인 생활상에서 가져옴으로써 산중의 생활에 대한 주제를 전언하려 한 반면, ▼남태 107에서는 초장에서 제시한바 산중의 계절 변화에 대한 서술을 조금도 바꾸지 않고 있어 겨울의 눈 내린 풍경에 대한 서술이 이어지게 된 것이다.

이는 사계절의 가감이 전혀 없어 오히려 시적 묘미를 삭감하여 지시적 서술이 되어 버릴 우려가 있는데,[19] '춘하추동(春夏秋冬)'의 사계(四季)에 대한 서술이 문체의 통일과 함께 순차적으로 서술되게 된다는 점에서 종장 구성상의 특징적 국면으로 지적할 수 있다.

그런데, 이러한 한자어의 적극적 사용은 시조로서의 창작성보다는 한시 자체(혹은 한시적 표현 자체)를 구조적 훼손 없이 그대로 수용해 들이고자 한 또다른 지향성의 측면[20]에서 이해할 수 있다. 이는 이미 남태에 나타난 한시의 시조화 방식에서도 지적된 바이기도 하다.[21]

---

19) 박이정(2000)은 이러한 방식을 진지함을 가장한 가벼움의 전략으로 평가하기도 하였다. 앞의 논문, 31면.

20) 김석회, 「한시현토형 시조와 시조의 7언절구형 한시화」, 『장르 교섭과 고전시가』, 월인, 2000, 111~118면.

21) 한시의 시조화 방식은 3장 6구의 시조 형식을 견고히 유지하면서 동시에 한시의 형식도 손상시키지 않는다는 효과가 있다. 그러나 이러한 효과에도 불구하고 문학적 번역의 차원에서 남태 소재 시조 작품에 드러나는 한시의 시조화 방식은 시적 기교의 미숙성이 드러난다.

기왕의 논의에서 남태가 방각본으로 간행되었다는 사실에서 19세기 시조가 대중화되는 양상을 짚어내고 이를 기반으로 이 시기 시조가 대중의 취향에 부응하는 방향으로의 변모상을 이야기한 바 있다. 그러므로 남태 시조에 한자어의 적극적 사용이 드러난다는 점은, 특히 그것이 한자어의 체화된 사용이나 한시의 세련된 표현 차원이 아니라 생경한 대로의 한자어 사용이라는 점은, 한자어의 직접 노출을 통해 작품 형상화에서의 만족을 도모하는 담당층의 지적 수준과 취향을 반영하는 것이리라 짐작된다.

이는 남태 소재에 새로이 등장하는 방언의 표기상과도 연결되는 문제이다. 남태 소재 시조에서는 자신들의 생활어라 할 방언을 작품에 적극적으로 사용함으로써 시조의 또다른 변모상을 드러내고 있기 때문이다.

남태에서는 이전 시기보다 훨씬 활달한 방언 사용상을 드러내고 있는데, 예를 들어 청진이래 많은 가집에 수록되어 있는 다음의 시조는 그 표기 양상에 있어 남태의 것을 주목할 만하다.

▽청진 532: 댁들에 동난지이 사오 져 장스야 네 황후 긔 무서시라 웨는다 사쟈/
… 동난지 사오/
쟝스야 하 거복이 웨지 말고 게젓이라 ᄒᆞ렴은//

▼남태 87: 댁들에 동난젓 삽소 ᄋᆡ느니 장사야 네 무어시니/
그 장ᄉᆡ ᄃᆡ답허되… 동난젓 삽쏘/
장사야 페룻게 외들 말고 그저 방궤젓 삽소//

---

곧 초·중장을 한시절구의 현토 형식으로 만들고 종장을 "아마도 이 글 지은 자는 --인가"하는 형식으로 만든 데는 남태의 담당층이 기존 작품의 창작 수준을 크게 넘어서는 단계에까지는 이르지 못하고 기존의 시형식을 활용하는 정도의 창작 태도를 보임을 의미하는 것이기 때문이다.

최규수, 앞의 논문, 16면.

앞서 남태에서 작품 분위기를 쇄신하기 위한 방편으로 돈호법을 사용하고 구어체를 활용하는 양상이 두드러진다고 지적하였는데, 이에서 촉발된 시조 작품상의 변화는 남태의 언어 표기 양상과도 연결될 만하다.

위의 작품들을 보면 부분적으로 삽입되는 부연적 표현에도 주목해야 되겠지만, 이 작품에서 더욱 중요하게 살필 것은 바로 '사오'식의 어법이 '삽소'식의 어법으로 바뀌었다는 점이다. 그리고 이러한 어법의 사용권을 추정할 때, 이러한 말하기는 함남(특히 영흥)과 함북 일부 지역에서 사용되며 충남 · 경남 · 황해 등에서도 가능하다고 한다.[22]

이러한 방언의 가미는 남태 곳곳에서 어렵지 않게 살필 수 있는데,

▼남태 54: …게 잠 셧꺼라 네 워듸로 가느냐 말무러보자

▼남태 47: …청산 자부송아 너는 워이 누어는냐

▼남태 45: …아희 게 잠 셧거라 네 워듸로 가느냐

▼남태 85: …우리도 구복이 웬슈라 급니러먹네

위의 예들에서 보다시피 "어디서>워디서"와 같은 유형의 변이는 충남(특히 당진 · 서산 · 연기 · 천안 등)에서 사용되며,[23] 또한 ▼남태 86에서 보이는 "아희야 네 어듸 사노 넉 말솜이요 강변사오 강변에셔 무엇ᄒᆞ노 고깃잡아 싱익ᄒᆞ오"의 예에서처럼 "-하노?(책이노?)"형의 어법

22) 김형규, 『한국 방언 연구』, 서울대 출판부, 1989; 최학근, 『증보 한국 방언 사전』, 명문당, 1990 참고. 이하 부분에서 어법의 근거에 대한 출처를 특별히 밝히지 않은 사항에 대해서는 이 두 저서를 참고하였다.
또한, 최전승, 『19세기 후기 전라 방언의 음운 현상과 그 역사성』, 한신문화사, 1986의 저술 역시 대조를 위해 검토하였다.

23) 황인권, 『한국 방언 연구-충남편-』, 국학자료원, 1999, 496~497면.

은 경남・경북 대부분에서 '의문/현재/ 대하(對下)'의 경우에 쓰임을 확인할 수 있다.

특히 ▼ 남태 15에서는 ▽병가 1029 등의 "닉안 뒤혀 남 못뵈고 天地間의 이런 답답홈이 또 인는가"라는 표현을 "닉안 뒤여 남못뵈고 요런 답답헌 일도 또 잇노"라 표기하고 있어, 지방색의 가미를 충분히 짐작할 수 있게 한다.

또한, 다음의 예에서 보이는 "-함네"식의 말투는 함남(특히 문천・고원・영흥・정평・신흥)과 함북(명천) 등에서 '평서・응낙/현재/대등(對等)'의 어법으로 쓰인다고 한다.

▼남태 131: …구름이라도 다 슈여 너머갑네/… 아니 슈여감네

▼남태 41: …아모리 우여라 날녀도 감도라듬네

▼남태 39: …써단니다 마흠나는듸로 젼ᄒᆞ야쥽셰

▼남태 192: …그남아 글짓고 츔츄고 노릭부르길낭 닉 다 담당험셰

특히 ▼남태 131의 경우 다른 가집에도 실려있는 작품인데, ▽병가를 위시한 「가곡원류」계 가집에서는 "…쉬여 넘어 가리라"라 표현되어 있어 더더욱 흥미롭다.

남태에서 양적인 비중을 차지하는 ▼남태 27과 ▼남태 194의 "우리도 그런 쥴 알기로 아니 노씀네"식의 표현은 "-하게씀(책이게씀)"의 말투와 흡사한데, 이는 평남과 평북 일부와 특히 함남의 여러 지역(정평 이북 대부분)에서 '평서・응낙/미래/대등'의 어법으로 쓰인다.[24]

---

24) 이밖에 ▼남태 180: 옛날에 니티빅도 …이 슐 흔잔 못다 먹엇씀네, ▼남태 185: 웨와씀나 웨와씀나 나홀노 자는 방에 웨와씀나, ▼남태 186: 소쳡은 아녀자라 못닉 잇

▽병가 1029를 위시하여 이른바 원류계 가집들에서는 “玉의ᄂᆞᆫ 틔나 잇ᄂᆡ 말 고 ᄒᆞ면 다 님이신가”로 표기되어 있는 바를 “옥에는 틔나 잇지요 말 곳 ᄒᆞ면 다 남편 됩나”로 표현하고 있는 ▼남태 15의 경우는, 작품에 동원된 “-함나”형의 말투가 황해도 일부와 강원도 다수 지역에서도 사용되지만, 특히 함북 전지역에서 사용되는 것을 보아 이 지역의 방언(의문/현재/대등)을 반영한 것으로 생각된다.[25]

---

쓺네 등도 해당될 것이다.

25) 이밖에 다음과 같은 작품들을 주목할 만하다. 이들 작품에서도 방언의 기미를 확인할 수 있는데, 구체적인 지역을 찾아내지 못하였다.

▼남태 186: 울며불며 잡은 소ᄆᆡ ᄯᅥᆯᄯᅥᆯ이고 가들마오(>가지마오)/

▼남태 81: 오든(>오ᄂᆞᆫ 또는 오던) 날 긔창젼에 한ᄆᆡ화 퓌엿드냐 안 퓌엿드냐(>퓌엿더냐) ᄆᆡ화가 퓌기ᄂᆞᆫ 퓌엿드라마는(>퓌엿더라마는)/

▼남태 76: 자규야 우들 마라(>우지마라)

# Ⅲ. 「남훈틱평가」에 나타난 종장 특징의 의미

## 1. 시조창의 형식적 견인과 시조 취향의 모색

앞서 남태 소재 시조에서 기왕의 시조들과 어떤 점에서 달라지고 있는지를 특히 종장을 중심으로 살폈다. 남태에 드러난 시조 분위기의 쇄신은 구체적인 장치와 시도를 통해 확고하게 뒷받침되고 있었는데, 보다 일상적인 화법 구사와 방언의 사용, 구어체 종구의 선택 등은 종장을 구성하는 적극적 태도가 빚어낸 직접적 산물이라 할 수 있다.

그렇다면, 이러한 종장 구성상의 특징은 어떠한 의미를 지니는 것일까? 우선적으로 문학적 측면에서 시조 종장의 역할이 다른 부분에 비해 비중 있다는 점과, 음악적 측면에서 시조창의 형식적 특징이 종장에서부터 표면화된다는 점을 주목하여 같이 연결해 볼 수 있을 것 같다.

가곡창과 시조창의 구분은 국악 연구사에서는 일찍부터 있어온 일로, 이 둘은 뿌리가 같을 지라도 다른 창법임이 분명하다. 가집 역시 연창(演唱)의 실용을 목적으로 편찬되었기에 이의 구별은 분명해야 할 것이다.[26] 이러한 음악 형식에 대한 배려는 가집의 표기 방식에서부터 드러나는데, 남태의 경우 46수 정도까지는 3장을 구분하는 구절점을 찍고

---

26) 신경숙, 『19세기 가집의 전개』, 계명문화사, 1994, 11면.

있다. 19세기의 조황 역시 「삼죽사류」에서 자신의 시조 작품들을 가곡창의 5장 형식에 맞추어 기사하고 이를 다시 오행 사상에 대응시켜 논변하였는데,[27] 이는 문학적 형식인 시조가 음악적 형식에 연결될 때 부여받는 논리적 근거의 제시 사례로서 중요하다.

그런 점에서 남태의 음악적 형식을 자세히 살펴보면, 흔히 알다시피 시조창에서는 3장 6구의 사설을 3장의 시조 음악에 얹어 부르되 '하노라'와 같은 종장 마지막 1음보의 사설은 노래하지 않는다는 점에서, 같은 사설을 사용하면서도 마지막 음보까지 노래하는 가곡창과는 달라지게 된다.[28]

또한 시조창은 한 선율에 여러 가지 사설을 얹어 부를 수 있는데, 가곡창에서와는 다르게 반주(伴奏)의 비중이 극히 약하여 시조창을 듣는 사람은 부르는 사람이 어떤 선율을 부르는가 보다는 같은 곡조라 하더라도 가사에 따른 '다이나믹'을 어떻게 표현하고 자구(字句)의 뜻을 가장 잘 드러낼 수 있게 하느냐에 관심을 가지는 것이 보통이라 한다.[29] 그 점에서 시조창의 음악적 형식 선택은 곧 선율 중심에서 자구(字句)의 표현과 같은 가사(歌詞)의 음성적 표현상에 대한 관심으로 옮아가게 된 것임을 의미한다.

앞서 살핀 한문 표현의 재생에 드러나는 한시의 시조화 방식과 연결되겠지만, 3장 모두가 한시 현토로만 이루어진 시조, 곧 7언 율시를 현

---

27) 이동연, 「19세기 시조의 변모양상-조황 안민영 이세보의 개인시조집을 중심으로-」, 이화여대 박사논문, 1995, 43~50면 참조.

28) 시조 음악에 대한 설명은 장사훈, 『시조음악론』, 한국국악학회, 1973; 장사훈, 『한국 전통음악의 이해』, 서울대 출판부, 1981; 장사훈, 『국악총론』, 세광음악출판사, 1986; 이주환, 『시조창의 연구』 ;구본혁, 『한국 가악 통론』, 개문사, 1978 등과 『국악대사전』을 참고.

29) 시조창에서 반주가 있는 경우는 장구 하나 있는 것이 보통이고, 반주가 없으면 무릎장단만으로도 부른다고 한다.

토화한 시조에만 전용으로 불린 곡이 바로 '우조지름시조'라고 하며, 이 곡이 기악(妓樂)에서는 전혀 불리지 않고 주로 서울 우대(누각골)에서 남창 전용으로 성창(盛唱)됨으로써 여창과는 다른 독특한 미감을 지닌 레퍼토리로 개발 정착되어간 것임을 알 수 있게 한다[30]는 점에서 시조창의 형식이 문학 형식에 미치는 견인력을 미미하게나마 추정할 수 있을 것 같다.

그리고 이러한 음악적 형식의 견인력이 문학 형식에 미치는 영향은 시조창의 방식을 선택한 시조 작품들에서도 종종 확인되는 바이다. 예를 들어 남태와 동시기 가집으로 시조창의 형식을 표방한 다작(多作)의 작가인 이세보의 경우, 다음의 시조에서 보다시피 남태와 같은 종장 구성 방식을 보여주고 있기 때문이다.

▽풍아 대 223: 즁아 말 무러보ᄌᆞ 네 졀 됴흔 말를 듯고/
힝심일경 ᄎᆞ져오니 경ᄀᆡ 됴곰 일너쥬렴/
그 즁이 ᄃᆡ답ᄒᆞ되 소승만 ᄯᅡ르쇼셔//[31]

작품의 실마리를 '중아'라고 부르는 돈호에서부터 시작하여, 초·중장과 종장의 관계를 대화체의 형식으로 이끌고 있다. 특히 중과 화자 사이의 대화는 '말 물어보자-일러주렴-따르소서'와 같이 일상적인 구어체를 구사하고 있는데, '그 중이 대답하되'와 같이 설명적 어구가 삽입되는 것도 남태에서 익히 보아온 바다.[32]

---

30) 김석회(2000), 120~122면.

31) 이세보(1832-1895)의 시조 작품 인용은 진동혁, 『주석 이세보 시조집』, 정음사, 1985에 의한다.

32) 최규수(1989). 앞의 논문 참고.
최근의 논의에서는 이러한 특징을 다성성의 관점에서 해석하여 논리적 설득력을 얻고 있다. 고정희, 「소설 수용 시조의 장르 변동 양상과 사회적 성격」, 『장르 교섭

이세보의 작품에서는 남태에서와 같은 종장 구성 방식이 강력하게 드러나 있지는 않아도 37수 정도에서 시조 종장의 표현이 완성된 문장 형태, 특히 일상적 화법인 것을 볼 때[33] 종장의 종구 생략이라는 소극적 태도에서 벗어나려는 경향을 감지할 수 있다. 이러한 경향이 바로 새로운 시조 취향인 셈이며, 남태에서는 보다 적극적이고 능동적으로 이러한 취향을 드러내고 있는 것이라 요약된다.

물론 동류 국문 시조집의 경우를 보더라도 이러한 지적이 유효하다. 이들 시조집은 남태와 공유하는 시조 작품의 비율이 높은 데다, 신출 자료 중에서 종장의 형태가 한 문장으로 완결되는 경우가 있기 때문이다.[34] 그러므로 남태에서 보인 시조의 변모상은 시조창의 음악적 형식과 이 시기 유행하기 시작한 시조 취향을 공유하는 공통항으로 짚어볼 만하다는 생각이 가능해진다. 이를테면 19세기 이후 시조의 변모상으로 지적하는 '다변(多辯)'과 '과속(過速)'의 말하기 방식은 급작스레 등장한 것이 아니라 남태와 같은 시조 취향의 변모 양상을 과도기로 삼아 단계적으로 변이해갈 수 있던 것임을 이야기할 수 있겠다.[35]

---

과 고전 시가』, 월인, 2000.

33) 예를 들어 "▽풍아 57: 아희야 들졈심 닉여 올졔 슐 잇지마라 ▽풍아 84: 그즁의 풍뉴쥬인은 뉘라든고 ▽풍아 127: 눈물노 이른 말리 닉한말 듯고 가오"와 같은 식이다.

34) 최규수(1989), 앞의 논문, 9면의 11번 주 참고. 「시가요곡」(620/2092 2수) 「조 및 사」(1890/3003 2수) 「시철가」(730/745/949/2972 4수) 정도가 해당된다.

이 중 「시가요곡」의 경우에는 신경숙(1993)의 최근 작업에 의해 가곡창 가집으로 밝혀진 바 있다.

말기 시조의 다양한 경향에 대해서는 박애경, 「조선후기 시조의 통속화 과정과 양상 연구」, 연세대 박사학위논문, 1998 참조.

35) 개화기 시조에 이르면, 종장에서 "급하다, 잠자는 동포들아, 이러나소" (<풍운기(風雲起)> 「대한매일신보」 1909.4.3)와 같이 끝 음보를 보완하기를 거부하는, 시조창의 가사로서 완결된 형태도 등장한다.

이에 대해 임종찬은, 시조창의 가사로서 전통적인 형식에 따라 끝 음보를 생략하

## 2. 말하기 방식의 변화와 이후 시조와의 맥락

시조창의 형식 선택이 소극적 차원에서 이루어지지 않고 보다 적극적으로 이루어짐으로써 결과적으로는 새로운 시조 취향의 모색이라는 의미에까지 닿게 되었음은 앞서 지적한 바다.

동일한 시조시를 두고 가곡창과 시조창이라는 음악적 형식의 차이가 종장의 종구 생략에 있다는 사실은 남태의 경우를 미루어 보자면, 좀더 적극적으로 수용층의 시적 취향과 욕구를 반영할 여지를 크게 하였다고 의미화될 수 있다. 그리고 이러한 측면에서 남태에 보인 시조상의 변모는 시조에 있어서 말하기 방식의 변화라는 의의를 획득하게 되는데, 이 장에서는 이를 이후 시조와의 맥락을 중시해 살피기로 한다.

우선, 등장인물들과 말을 터놓는 분위기에서 감지되듯이 관계의 대등성을 지향하게 됨으로써 전대 시조의 분위기와는 확실히 달라지고 있음을 지적할 수 있다.

예를 들어 구어체의 자연스러움이 대화의 상황을 잘 살려내고 있는 다음의 작품은 두 가집에서 모두 대화체의 형식을 취하고 있지만, 청진에서의 '물어보옵소'라는 표현과 남태에서의 '뭇소'라는 표현은 뉘앙스부터가 다르며, 원류계 가집에서의 표현과도 그 어법이 다르다.

▽청진 461: 淸明時節 雨紛紛홀제 나귀목에 돈을 걸고/
酒家ㅣ 何處미오 뭇노라 牧童들아/

다 보니 시조창을 끝낸 자리에서 가사가 끝나지 않고 의미상 보충되어야 하는 미진함이 있음에 불만하여 이번에는 이 미진함을 없애기 위해 시조창으로서의 완결된 형태를 추구하고자 한 것이며, 개화기 시조에 보이는 여러 형태적 실험들은 기존의 창 애호가들로 하여금 시대적 상황을 담은 시조를 창하도록 작품을 제공하는 한편 창가나 찬송가와는 다른 우리의 시조창과 시조 문학을 단절시키지 않는 역할을 담당했다고 보았다. 임종찬, 『개화기시조론』, 국학자료원, 1993, 78~88면.

져 건너 杏花ㅣ 눌이니 게 가 무러 보옵소//

▽원류계: 淸明時節 雨紛紛ᄒᆞ니 路上行人이 欲斷魂이로다/
뭇노라 牧童아 술파ᄂᆞᆫ 집이 어드메뇨/
져 건너 靑帘酒旗風이니 게 가셔 무러 보시쇼//

▼남태 13: 청명시졀 우분분헐제 노상힝인이 욕단흔이로다/
문노라 목동들아 슐파는집 어듸메뇨/
져 건너 청념쥬긔풍이니 계 가셔나 뭇소//

'무러보옵소/무러보시쇼/뭇소'에 대한 국어학적 설명[36]에 기대면, 남태에서는 다른 가집에서와는 다르게 목동들과 허물없이 말을 주고받을 수 있는 상황을 설정하였으며, 구어체의 자연스러움이 대등한 대화의 상황 설정으로까지 이어지게 됨을 알 수 있다.

이런 지적은 ▽병가 857에서의 "우리도 그런쥴 아오믜 나무만 뷔ᄂᆞ이다"라는 표현을, ▼남태 28에서 "우리도 그런쥴 알기로 나무만 뷔오"라 표현한 것과도 연결된다.

이렇게 어법을 바꾸는 것은 자신들의 언어 생활을 자연스레 반영할 여지를 보다 크게 하는데, 남태 이후의 시조 경향에서 그 일단의 예를 찾아볼 수 있다.

앞서 살핀 기러기를 소재로 한 ▼남태 146/▽청육 841의 경우를 보더

---

36) 18세기 명령토의 변화를 주목하면 대등 계층에서 17세기에 이미 '-오' '-소'가 쓰인 것을 보아 18세기에도 쓰였으리라 추정되는데, 19세기와 개화기에 이르면 광범위하게 나타난다고 한다. 또한 보통 높임의 명령토에서는 18세기부터 '-옵소'(읍소)가 쓰였으며, 18세기에 '-시소'가 등장하는 것을 보아 이 시기 청자 존경에서 주체와 청자가 일치한 계층에서는 함께 공존하면서 작용했다고 한다. 아주 높임의 명령토에서 '-쇼셔'는 18세기에도 아주높임의 대상에게 명령식으로 쓰였다고 한다.
염광호, 『종결어미의 통시적 연구』, 박이정, 1998, 256~260면; 한 길, 『국어종결어미연구』, 강원대출판부, 1991 참고.

라도 ▽조 및 사 64[37]에 이르면 '기럭아'라고 부르는 데서 그치지 않고 화자의 심경을 전달하는 메신저의 역할을 부탁(중장)하는 데까지 발전하는데, 이에 더 나아가 종장에서는 '우리도 … 전할지말지'라는 기러기의 답변을 붙임으로써 새로운 말하기가 가능해지고 있기 때문이다.

또한 ▽조 및 사 65[38]는 앞서 살핀 바 있는 ▼남태 41/*▽청진 325/*▽해주 371과 모티프를 공유하고 있는데, 각 장에서 '면화밭을 맬 이가 누구인지, 울밑의 오이를 따서 찬 국을 만들어 올 이가 누구인지, 보리를 눌러 더운 점심을 해 올 이가 누구인지'를 반복하여 묻고 있어, 그 말하기 방식이 상당히 특이하다.[39] ▽해주 371에 있는 표현을 그대로 가져오되, ▽해주 371에서의 초·중장이 급박한 시간 순서로 진행된 대신 종장에서 술의 풍류적 홍취를 빌어와 여유를 도모한 데 비해, ▽조 및 사 65에서는 해주에서와는 다르게 고단한 일들을 대신하여 해 줄 이가 누구인지에 대해 열심히 묻고 있으며, 심지어 종장에 이르기까지 탁주를 걸러 올 이가 누구인지를 여전히 묻고 있기 때문이다.[40] 질문의 반복만을 거듭할 뿐 아무 것도 하지 않은 상태로 시조는 끝나고 있지만,

---

37) ▽조 및 사 64: 花燭東房 紗窓박게 碧梧桐 성긴 비쇼릐 잠놀나씌니/ 萬籟는 具寂헌데 蟋蟀聲은 喧喧ᄒᆞ고 도든달이 지실적에 關山蜀鳥난 스로라 슬픠 울고 싀벽달게 싀는 날 밤의 두 나릐 치며 울고 가난 기럭아 나도 너와 갓치 相思로 든 病이 누어 이지 못헌다고 傳허여쥬렴/ 우리도 碧天하날 夜의 牒書를 발의 ᄆᆡ고 밧뻬 가난 길인고로 傳헐지말지//

38) ▽조 및 사 65: 오레논의 물 시러놋코 메나밧털 ᄆᆡ오라니가/ 울밋테 외 짜 찬국 ᄒᆡ오라니가 보리 곱게 능거 더운 點心 ᄒᆡ오라니가/ 져건너 孟風憲집 들괸 보리 濁酒마니 걸너 오라니가//

39) 이에 대한 해석은 물론, 다른 방향으로도 가능하다. 예컨대 '--라니가'를 '--라니까'로 해석하면, 이러한 행동을 거듭 촉구하는 질문의 반복 형식이 된다. 그리고 이 경우, 구체적인 행동의 실천 여부는 문면에 드러나지 않음으로써 일견 짜증을 수반하는 화자의 조급함이 묻어날 수 있다.

40) 박이정(2000)에 의하면 1920년대 가집이라 한다.

부분적으로 드러나는 '찬 국, 더운 밥, 덜괸 보리 탁주'와 같은 표현을 통해 화자의 생활상을 자신들의 언어로 반영하려는 능동적 태도를 읽어낼 수 있게 된다.

거칠게나마 살펴본 이들 현상은 결국 앞선 장에서 살핀 지방색의 가미, 곧 방언의 사용상과도 연결된다. 그 배경에 대한 추론은 여러 각도에서 가능할 텐데, 다만 이 글에서 주목하고 싶은 바는 서울 중심의 언어 사용을 고집하지 않고 지방색을 그대로 인정하는 태도가 이전 시조가 가지고 있던 시적 분위기의 쇄신과도 연결된다는 점에서 보다 적극적인 의미 부여가 필요하다는 점이다.

결국 이러한 방언의 사용 혹은 방언 표기 그대로 작품을 기록하는 것은 시조 작품의 분위기를 쇄신하는 데 결정적인 역할을 하고 있음을 알 수 있다.[41] 남태 시조가 기반이 되어 보다 적극적인 말기 시조상의 발전이 이루어지게 됨은 기왕의 논의에서 충분히 주목한 바인데, 말하기 방식의 변화라는 측면에서 보면 그 연결 고리는 더욱 선명해지게 될 것이기 때문이다.

예컨대 남태에 새롭게 등장하는 일련의 시조[42]를 주목하면 우선 드

41) 이러한 지적과 연결하여 최근에 나온 논의들을 정리할 수 있다. 김용철, 「<진청> '무씨명'의 분류체계와 시조사적 의의」, 『고전문학연구』 16집, 1999; 신경숙, 「18~19세기 가집, 그 중앙의 산물」, 한국시가학회 2001년 전국학술대회 발표요지, 2001년 9월 등의 논의 참고.

42) ▼남태 191: 가마기를 뉘라 물드려 검다ᄒᆞ며 빅노를 뉘라 마젼ᄒᆞ야 희다드냐 황싀다라를 뉘라 니위 기다 ᄒᆞ며 오리다리를 뉘라 분질너 짤으다 ᄒᆞ랴 아마도 검고 희고 길고 잘으고 흑빅장단이야 일너 무슴.

▼남태 197: 가마기가 가마기를 됴차 셕양사로에 나라든다 써든다 임의집 송정뒤로 오르면 골각 나리면 길곡 갈곡길곡 ᄒᆞᄂᆞᆫ 즁에 어ᄂᆡ 가마기 슈가마기냐 그즁에 멈졈 나라 안젓짜가 야즁에 나라가는 그가마기 긘가.

▼남태 195: 싱마잡아 길잘드려 두메로 쐥산양 보ᄂᆡ고 셋말 구불굽통 솔질 솰솰ᄒᆞ야 뒤송정 잔믜잔믜 금잔듸 난데 말 쏙 쌍쌍 박아 바늘여민고 암ᄂᆡ여흘 고기 뒷ᄂᆡ여흘 고기 자나 굴그나 굴그나 자나 쥬어쥬겸 낙과ᄂᆡ야 움버들 가지 쥬루룩 훌터 아감

러나는 표지가 '다변'으로 이에 따라 '장형화'가 시도되는데, 시적 분위기의 쇄신에는 이 두 가지 요소 외에 '분질너'[43], '멈점-야즁'[44], '아감지'[45] 등과 같은 방언의 사용도 한몫하고 있기 때문이다. 특히 ▼남태195의 경우에는 '생매잡아'와 같이 이후 등장하는 잡가류의 작품들과 같이 비교할 때 연결 고리로서의 의미를 충분히 확인할 수 있다.

---

지 쒜여 시닉잔잔 흘으는 물에 청셕바 바둑돌을 얼는 넝큼 슈슈히 집어 자장단 마츄아 지질너 노코 동자야 이 뒤에 욋 쌜 가진 청소 타고 그 소가 우의가 부푸러 치질이 셩헛가 ᄒᆞ야 남의소를 읏어타고 급히 나려와 뭇거들나 너도 됴곰도 지체말고 뒤녀흘노. 등의 작품을 참고.

43) '분질러'는 정병욱(『시조문학사전』, 신구문화사, 1982, 7면)에 의하면 '부러뜨려서'의 방언이라 한다

44) '먼점'은 '먼저'의 평북(강계 · 정주) 방언이며, 정병욱(앞의 책, 6면)에 의하면 '야중'은 '나중'의 방언이라 한다.

45) '아감지'는 '아가미'의 방언으로, 평남 남포에서 사용된다고 한다.

# Ⅳ. 결론

남태의 위상 설정이 19세기 시조사의 전개 과정에서 대단히 중요한 만큼, 이후 시조와의 연결 고리를 찾아내는 것은 충분히 중요하다. 그리고 그러한 연결고리는 시세계의 취향에서뿐만 아니라, 그러한 취향의 변모를 있게 한 직접적인 동인으로써 작품의 구체적인 징표를 통해 찾아내는 것도 이 시기 시조사의 이해에 중요하다고 생각한다.[46]

이에 이 글에서는 남태 소재 시조에서 종장 구성상의 특징이 두드러진다는 점을 주목하여 그 특징을 살펴보았는데, 이러한 특징들은 우선적으로 시조창에서 가곡창과는 다르게 종장 종구를 생략하는 특징이 있다는 점과 맞물린다고 생각하였다. 곧 종구 생략의 소극적 태도에서 벗어나 좀더 적극적으로 자신들의 시조 취향을 모색해가는 과정이 남태 소재 시조에서는 종장 구성상의 특징으로 집약되어 나타나는 셈이다.

그리고 그러한 특징들은 결국 일상적 어법으로의 분위기 쇄신으로 집약될 수 있을 것이며, 이렇게 말하기 방식 자체를 좀더 적극적으로 변화시킴으로써 이후 이어지는 시조 양상과 긴밀히 이어지게 된다는 점에서 남태 소재 시조들은 중요한 의미를 지니게 된다고 할 수 있다.

---

46) 예컨대 고미숙, 박애경, 박이정 등의 작업을 통해 거듭 밝혀지고 있는 통속화 혹은 대중화 등의 구체적인 면모와 배경들은 남태 논의 자체에서 대단히 중요하다.

논의의 기본적인 출발점은 남태 소재 시조의 특징 분석에 있지만, 부분적으로 드러나는 여러 특징의 나열에서 하나의 커다란 원리라 할 만한 것을 추출해냄으로써 남태를 위시한 시조사의 흐름을 좀더 거시적으로 읽어낼 수 있는 하나의 실마리로 작용할 수 있기를 희망한다.

‖ 제3부 ‖

# 자료편

남훈ᄐᆡ평가 권지단

낙시됴 롱 편 송 소용

우됴 후정화 계면 만수ᄃᆡ엽

원사쳥 잡가 가사

낙시됴

1

간밤에 부든 바람 만정도화 ᄃᆞ지거다•[1]

아희는 뷔를 들고 스로랴 ᄒᆞ는고야•

낙화들 고지 아니랴 스러 무ᄉᆞᆷ(67)[2]

2

뎍무인엄중문ᄒᆞᆫ데 만정화락월명시라•

독의사창ᄒᆞ야 장탄식만 ᄒᆞ든ᄎᆞ에•

원촌에 일계명ᄒᆞ니 ᄋᆡ 긋는 듯(2566)

3

아희는 약키라 가고 쥭정은 휑덩그러이 부엿ᄂᆞᆫ데•

훗터진 바독 장긔를 어늬 아희가 스러 담아쥬리•

슐 취코 송정에 누어스니 졀 가는 쥴(1839)

4

왕창의 니어 낙고 ᄆᆡᆼ동의 쥭순 걱거•

감돈 머리 ᄇᆡᆨ발토록 노ᄅᆡᄌᆞ의 옷슬 입고•

---

1) 이렇게 •표시를 하는 것은 「남훈ᄐᆡ평가」자체가 구두점을 찍고 있기 때문인데, 시작 부분의 첫 작품에서 시작된 구두점이 47번 작품부터는 사라지게 된다. 이를 구분하기 위해 구두점이 찍힌 작품에는 행갈이를 하여 표시한다.

2) 『역대시조전서』에 수록된 작품번호이다. 이하 마찬가지이다.

일싱에 양지셩효를 증ᄌ 갓치(2139)

5
일각이 숨츄라 ᄒ니 열흘이면 몃숨츄요•
닉 마음 질겁거니 남의 시름 싱각는지•
각득에 다 셕은 간장이 봄눈 스듯(2421)

6
이러니 져러니 히도 날더럴낭 마를 마소•
나 죽은 무덤우희 논를 풀지 밧갈는지•
쥬부도 유령분상토니 아니 놀고(91)

7
인싱이 둘짜 셋짜 이몸이 네다섯짜•
비러온 인싱이 숨에 몸 가지구셔•
일싱에 살풀 닐만 ᄒ고 언제 놀녀(2401)

8
산촌에 밤이 드니 먼데 기가 지져귄다•
시비를 녈고 보니 하날이 차고 달이로다•
져 기야 공산 잠긴 달보고 지져 무삼(1458)

9
져 건너 일편셕이 강티공의 됴디로다•
문왕은 어듸 가고 빈디 홀노 믜엿는고•
셕양에 물찬 제비는 오락가락(2548)

10
오츄마 우는 곳데 칠쳑 쟝검 빗나거다•

자방은 결승 쳔리ᄒᆞ고 한신은 젼필승 공필취랴•
항우는 일범증부릉용ᄒᆞ니 ᄋᆡ 긋는 듯(2090)

11
초강 어부드라 고기 낙과 살지 마라•
굴삼녀 츙혼이 어복니에 들엇는이•
아모리 경확에 살문들 ᄋᆡᆨ를소냐(2718)

12
사벽 셔리 찬 바람에 울구 가는 기럭이야•
소상으로 향ᄒᆞ는냐 동졍호로 향ᄒᆞ느냐•
밤즁만 네 우름소ᄅᆡ 잠 못 니러(768)

13
쳥명시졀 우분분헐제 노상힝인이 욕단흔이로다•
문노라 목동들아 슐 파는 집 어듸메뇨•
져 건너 쳥념쥬긔풍이니 계 가셔나 뭇소(2853)

14
남훈뎐 달밝은 밤에 팔원팔ᄀᆡ 거ᄂᆞ리시고•
오현금 일셩에 ᄒᆡ오민지은혜로다•
강구에 문동요ᄒᆞ니 졀 가는 쥴(546)

15
옥에는 틔나 잇지요 말 곳 ᄒᆞ면 다 남편 됨나•
ᄂᆡ 안 뒤여 남 못 뵈고 요런 답답헌 일도 ᄯᅩ 잇노•
열 놈이 빅말을 ᄒᆞ야도 드르리 짐작(2113)

16
반나마 늙어쓰니 다시 졈든 못 ᄒᆞ리라•
일후ᄂᆞᆫ 늑지 말고 ᄆᆡ양 이만 ᄒᆞ얏고ᄌᆞ•
ᄇᆡᆨ발이 뎨 짐작ᄒᆞ야 더듸 늙게(1146)

17
녹양 삼월졀에 넌근 ᄏᆡ는 져 목동아•
잔 넌근 ᄏᆡᆯ지라도 굴근 넌근 다칠셰라•
곳 속에 ᄇᆡᆨ한이 잠 드러쓰니 션잠 ᄭᆡᆯ나(474)

18
달 밝고 셜이 치는 밤에 울고 가는 기러기야•
소상 동졍 어듸 두고 녀관 한등에 잠든 나를 ᄭᆡ우느냐•
밤즁만 네 우름 소릐 잠못니러(768)

19
서싀산젼 ᄇᆡᆨ노비ᄒᆞ고 도화뉴슈 궐어비라•
청약닙 녹사의로 사풍셰우 불슈귀라•
지금에 장지화 업기로 그를 셔러(1545)

20
삼월 삼일 니ᄇᆡᆨ도홍 구얼 구일 황국단풍•
금쥰에 슐이 잇고 동졍호에 달이로다•
아희야 잔 가득 부어라 완월장취(1486)

21
초경에 비취 울고 이경야에 두견이 운다•
ᄉᆞᆷ경 사오경에 슬픠 우는 져 홍안아•
야야에 네 우름소릐에 잠 못 니러(2919)

22
사랑인들 임마다 허며 니별인들 다 셔루랴•
평싱 쳐음이오 다시 못볼 임이로다•
일후에 다시 만나면 연분인가(1409)

23
셜월이 만경헌데 바람아 부들 마라•
예리셩 아닌 쥴를 버년니 알것마는•
아쉽고 그리운 마음에 힝여 긘가(1587)

24
만경창파지슈에 둥둥 썬는 기러기야•
구월구일 망향ᄃᆡ에 홍나동북지러냐•
너의도 니별를 마ᄌᆞᄒᆞ고 져리 둥둥(963)

25
청손아 무러보ᄌᆞ 금ᄉᆞ를 네 알니라•
영웅 쥰결드리 몃몃치나 지나드냐•
이 뒤에 문나니 잇거든 나도 함씌(2859)

26
빅구야 한가ᄒᆞ다 네야 무숨 닐 잇스리•
강호로 써단닐 졔 어듸어듸 경 됴트냐•
우리도 공명를 하직ᄒᆞ고 너를 됴차(1192)

27
기러기쎄 쎄 만니 안진 곳에 포슈야 총를 함부로 노치마라•
ᄉᆡ북강남 오구 가는 길에 임의 소식를 뉘 젼ᄒᆞ리•
우리도 그런 쥴 알기로 아니 노씀네(400)

28
초산 목동드라 남무 뷔다 ᄃᆡ 닷칠ᄂᆞ•
그 ᄃᆡ를 고이 길너 ᄒᆞ오리라 낙슈ᄃᆡ를•
우리도 그런 쥴 알기로 나무만 뷔오(2940)

29
글 ᄒᆞ면 등용문ᄒᆞ며 활 쏜다고 만인젹ᄒᆞ랴•
왕발도 됴사ᄒᆞ고 염파라도 늙어느니•
우리랑 글도 활도 말고 밧갈기를(371)

30
아희야 연슈 쳐라 그린 임께 편지 ᄒᆞᄌᆞ•
거문 먹 흰 죠희는 졍든 임를 보련만는•
져 붓ᄃᆡ 날과 갓치 그릴 쥴만(1849)

31
바람 부러 누은 남기 비 온다고 니러나며•
임 그려 누은 병에 약 쓴다고 니러나랴•
져 임아 널노 난 병이니 날 살려쥬렴(1115)

32
녹초 방졔상에 도긔 황독 져 목동아•
셰상 시비사를 네 아느냐 모르느냐•
그 아희 단젹만 불면셔 소이부답(651)

33
나 탄 말은 청총마오 임 탄 말은 오츄마라•
ᄂᆡ 압헤 청삽살ᄀᆡ오 임의 팔에 보라ᄆᆡ라•
저 ᄀᆡ야 공산에 깁히 든 ᄭᅯᆼ를 자루 두져 투겨라 ᄆᆡ 씌워보게(460)

34
군불견황ᄒᆞ지슈 천상ᄂᆡ헌다 분류도ᄒᆡ물부희라 •
우불견당명셩 비ᄇᆡᆨ발헌다 됴여청사모셩셜를 •
인싱이 득의슈진환이라 막사금쥰 공ᄃᆡ월ᄒᆞ소(316)

35
우연이 지면ᄒᆞᆫ 졍이 심입골슈 병이 드러 •
일미심월미계에 분슈상별이 웬 말이냐 •
아희야 귓고리 날녀라 쑴결갓게(2198)

36
만경창파지슈에 둥둥 ᄶᅥ는 불약거뮈 게오리들아 •
비솔금셩 진경이 둥둥 강셩 너싯 두루미드라 ᄶᅥᆫ는 물기퓌를 알고 둥 ᄶᅥᆫ너냐 모로구 둥실 ᄶᅥ잇느냐 우리도 나뮈 임 거러두고 기퓌를 몰ᄂᆞ(964)

37
청셕녕 지나다가 옥ᄒᆞ관이 어듸메뇨 호풍도 참두 찰사 구진 비는 무슴 일고 •
뉘라셔 ᄂᆡ 형상 그려다가 임 계신 데(2875)

38
청산이 벽계슈야 슈이 가물 자랑마라 •
일도창ᄒᆡ ᄒᆞ면 다시 오기 어려웨라 •
명월이 만공산ᄒᆞ니 슈여 갈가(2858)

39
사벽달 셔리 치고 지ᄉᆡ는 밤에 짝를 닐코 울고 가는 기러기야 •
너 가는 길에 졍든 임 니별ᄒᆞ고 참아 그리워 못살네 라고 젼ᄒᆞ야 쥬렴 •
ᄶᅥ단니다 마흠나는 ᄃᆡ로 젼ᄒᆞ야쥽세(1512)

40
청초 우거진 곳에 장기 벗겨 소를 ᄆᆡ고•
길 아레 졍ᄌᆞ나무 밋헤 도롱이 베고 잠를 드니•
청풍이 셰우를 모라다가 잠든 날를(2900)

41
오려 논에 물 시러노코 소ᄃᆡ에 올ᄂᆞ보니•
나 심은 오됴 팟헤 ᄉᆡ 안져스니 아희야 네 말녀쥬렴•
아모리 우여라 날녀도 감도라듬네(2074)

42
가노라 가노라 님아 언양단천에 풍월강산으로 가노라•
님아 가다가 심양강에 피파셩를 어이ᄒᆞ리•
밤중만 지국총 닷 감는 소ᄅᆡ에 잠 못 니러(1)

43
목 불근 산상치와 쥴에 안즌 ᄇᆡᆨ숑고리•
ᄂᆡ 압논 여살 밋헤 고기 어루ᄂᆞᆫ 져 ᄇᆡᆨ노야•
초당에 너의 곳 업쓰면 소일 젹어(1039)

44
젼원에 봄이 드니 나 헐 일이 젼혀 만타•
약팟츤 누가 ᄆᆡ며 화초 모둉 뉘 옴기리•
아희야 ᄃᆡ나 먼져 뷔여 오너라 사립 겻게(2580)

45
학 타고 져 불고 호로병 차고 불노초 메고 쌍상투 짯고 ᄉᆡᆨ등거리 입고 가는 아희 게 잠 셧거라 네 워ᄃᆡ로 가ᄂᆞ냐 말 무러보ᄌᆞ 요지연 션관들이 누구누구 모야 계시드냐 그 곳에 ᄂᆡ젹션 소동파 두목지 장건이 다 모야 계시드

라 (3152)

46
소상ᄒᆞᄉᆞ 등한회오 슈벽사명 냥안틱라•
이십오현를 탄냐월ᄒᆞ니 불승청원 각비릐라•
아마도 이 글 지은 ᄌᆞ는 당젼귀라(1662)

47
청산 자부송아 너는 워이 누어는냐 풍상를 못 니긔여 걱꺼져셔 누엇노라
가다가 냥공를 만나거든 옛드라소(2874)

48
져 건너 거머웃쑥헌 바회 졍를 드려 짤여닉야 털 삭여 쌜 소차 네발 모와
경셩드무시 거러가는드시 삭이이라 쌜고분 거문 암소 두엇짜 임 니별ᄒᆞ면
타고나 갈짜(2540)

49
만근 쇠를 느려닉야 길게길게 노흘 ᄭᅩ와 구만 장천 가는 ᄒᆡ를 ᄆᆡ우리라
슈이슈이 북당에 학발쌍친이 더듸 늙게(768)

50
무릉도원 홍도화도 삼월이면 모츈이오 동졍호 발근 달도 그뭄이면 무광
이라 엇지타 셜부화용를 압겨 무슴(1053)

51
ᄯᅴ오리라 ᄯᅴ오리라 셰빅사 뉵모얼네 당사쥴 감아 ᄯᅴ오리라 반공 운무즁
에 싸혓ᄭᅩ나 구머리장군에 홍능화긴코 그 즁에 짓거리 잇고 말 잘 듯고 토
김 톡 잘 밧는 년은 닉 연인가(943)

52

쑴에 항우를 맛ᄂᆞ 쳔하사를 의논ᄒᆞ니 즁뭉의 눈물이오 큰 칼 집고 일운 말이 지금에 부도오강를 못ᄂᆡ 셔러(339)

53

오호ᄃᆡ장 날닌 장ᄉᆞ 젼무후무 졔갈냥과 그 장사 그 모사면 통일쳔하 허련마는 아마도 삼분쳐나는 쳔의신가(2091)

54

솔 아레 구분 길에 듕 셋 가는 즁즁에 말말지 듕놈아 게 잠 섯써라 네 워듸로 가느냐 말 무러보자 인간 니별 만사즁에 독숙공방 싱기신 부쳐 어늬 졀 법당 탁ᄌᆞ우희 감즁년ᄒᆞ고 눈 나리깔고 고양바다 자시더냥 보앗너냐 못 보앗너냐 소승은 상좌즁이니 스승즁더러(1678)

55

사랑 삽셰 사랑를 삽셰 ᄒᆞᆫ들 사랑팔 니가 누 이쓰며 니별 삽소 니별를 삽소 헌들 니별 사 리가 누 잇스리 지금에 팔고 사 리 업쓰니 장사랑에 장니별인다(1403)

56

곳지야 곱다마는 가지 놉하 못 썩씻다 걱지는 못ᄒᆞ나마 일홈이나 짓고 가자 아마도 그 곳 일홈은 단장환가(212)

57

용갓치 셜셜 긔는 말게 반부담ᄒᆞ야 ᄂᆡ 사랑 ᄐᆡ고 산너머 굴움밧게 씡산양 히라갈 졔 치치며 돌쳐보니 ᄯᅦ굴움속에 반달이로고나 언제나 져 굴움 다 보ᄂᆡ고 왼달 볼싸(2162)

58

창힐이 즉즈시에 차싱 웬슈 니별 두즈 진시황 분셔시에 어늬 틈에 싸엿다가 지금에 지인간ᄒᆞ야 남의 익를(2742)

59

한 자 쓰고 누물 짓고 두 즈 쓰고 한슘 지며 글시는 아니 되고 슈목 산슈만 되는고나 져 임아 울면셔 쓴 글시니 눌너 보소(3188)

60

아희야 말안장 지여라 타구셔 천렵 가자 술병걸 졔 항여나 잔 니즐셰라 빅슈를 훗날니며 여흘여흘 거너가니 아희야 이 뒤에 문나니 잇거든 뒨 녀흘노(1846)

61

니별이 불이 도야 티우는니 간장이라 눈물이 비가 도면 붓는 불를 쓰련마는 흔슘이 바람이 도야 졈졈 붓네(2343)

62

쑴이 정녕 허식로다 임이 왓다 가단 말가 졔 정녕 왓게드면 흔적이나 뵈련마는 지금에 졔 아니 오고 남의 익를(344)

63

틱빅이 언졔 사람 당국 시졀 한림학스 풍월지션싱이오 완월ᄒᆞ든 호식로다 아마도 시간천자 쥬중션은 니젹션인가(3055)

64

간밤에 쑴 됴트니 임의게서 편지 왓네 그 편지 바다 빅번이나 보고 가슴우희 언ᄶᅩ 잠를 드니 구틔야 무겁지 아니히도 가슴 답답

65

히 지면 장탄식이오 촉빅셩이 단장회라 잇자 ᄒᆞ여도 구진 비는 무삼 닐노 원촌에 일계명ᄒᆞ니 ᄋᆡ긋는 듯(3219)

66

쑴아 여럽슨 쑴아 오는 임를 보니고 쑴아 오는 임 보니들 말고 잠든 나를 ᄭᆡ우려무나 니계는 쑴됴차 애쓕ᄒᆞ니 그를 셔러

67

창오산붕 상슈졀이라야 이니 시름 업쓸거슬 구의봉 구름니러 가지록 시루웨라 밤듕만 월츌어동녕ᄒᆞ니 임 뵌 드시(2730)

68

청산도 졀누졀누 녹슈라도 졀누졀누 산졀누 슈졀누ᄒᆞ니 산슈간에 나도 졀누 셰상에 졀누 자란 몸이 늙기도 졀누(2857)

69

각시님 엣쁘든 얼골 져 건너 니까에 홀노 웃뚝 션는 슈양버드나무 고목 다도야 셕어 스러진 광더등거리 다 되단 말가 졀머ᄯᅩ자 졀머ᄯᅩ자 셰다섯만 졀머ᄯᅩ자 열 ᄒᆞ고 다셧만 졀무량이면 니 원더로

70

젹셜이 다 진토록 봄소식를 모르드니 귀홍득의 쳔공활이요 와류싱심 슈동요라 아희야 비즌 슐 걸너라 식봄 맛게(2568)

71

아미산월 반륜츄와 적벽강산 무한경를 니젹션 소동파가 놀구 남겨두온 뜻은 일후에 영웅 쥰걸드리 이여 놀게(1814)

72

틱공의 낙딕 빌고 엄자릉의 쥴를 다라 범녀의 빅를 타고 장한의 강동 차자가니 빅구야 날 본쳬마라 속인 알나(3050)

73

동산 작일우에 노사만나 바독 두고 초당 금야월에 젹션 만나 쥬일쓔 시빅편니라 닉일은 두릉호 한단창과 뒷못고지(885)

74

공산이 젹막훈데 슬희 우는 져 두견야 촉국 흥망이 어졔 오날 아니어든 지금에 피누게 울어셔 잠든 나를 (263)

75

빅구는 편편 딕동강상비훋고 장송은 낙낙 쳥류벽상취라 딕야동두 졈졈산에 셕양은 빗쳐잇고 장셩일면 용용슈에 일엽 어션 흘니 져어 딕취코 직기슈파훋야 금슈능나도로 임거류훋셰(1170)

76

자규야 우들 마라 네 울어도 속졀업다 울거든 네나 울지 잠든 나를 씨오느냐 밤즁만 네 우름소릭에 잠못니러(2469)

77

비오는 날 들에 가랴 사립 걸고 소먹여라 마이 믹양이랴 장기 연장 다시러라 오다가 기는 날 잇거든 깃밧 될싸(1361)

78

츈풍에 화만산이오 츄야에 월만딕라 사시가흥은 사람과 한가지라 허물며 어약연비 운영쳔광이야 일너 무숨(2999)

79
인싱이 죽어갈 제 갑쓸 쥬고 살냥이면 안연이도 됴사헐 제 공지 어이 못 살녓노 갑쥬고 못살 인싱이 아니 놀고

80
물 업슨 강산에 올ᄂᆞ ᄂᆞ무도 썩거 다리도 노코 돌두 발노 툭차 데글데글 궁글녀라 슈령도 메고 만첩 청산 ᄂᆡ리구 나린 물결 휘여 자바 타고 에릉렝 쐴쐴 더지둥덩실 임 차자가니 셕양에 물촌 졔비는 오락가락(1088)

81
군자고향ᄂᆡᄒᆞ니 알니로다 고향사를 오든 날 긔창젼에 한믹화 퓌엿드냐 안 퓌엿드냐 믹화가 퓌기는 퓌엿드라마는 임ᄌᆞ 그려(24)

82
장싱슐 거진말이 불ᄉᆞ약를 ᄂᆔ라보고 진황총 한무릉도 모연츄초 쑨이로다 인싱이 일장츈몽이니 아니 놀고(2513)

83
버들은 실이 되고 꾀꼬리는 북이 되야 구십삼츈에 짜ᄂᆡ느니 ᄂᆡ의 시름 ᄂᆔ라셔 녹음방초를 승화시라더냐(2218)

84
창밧게 가자솟막이 장사야 니별 나는 궁도 네 잘 막일소냐 그 장식 ᄃᆡ답 허되 초한젹 항우라도 녁발산ᄒᆞ고 긔긔셰로되 심으로 능이 못 막엿고 삼국젹 졔갈냥도 상통천문에 ᄒᆞ달지리로되 지쥬로 능이 못 막여써든 허물며 날 거튼 소장부야 일너 무삼(2717)

85
빅사장 홍뇨변에 굽니러먹는 져 빅노야 ᄒᆞᆫ 닙에 두셋 물고 무에 낫빠 굽

니느냐 우리도 구복이 웬슈라 굽니러 먹네(1192)

86
아희야 네 어듸 사노 닉 말숨이요 강변 사오 강변셔 무엇 ᄒ노 고깃 잡아 싱익ᄒ오 네 싱익 좀두 됴쿠나 나도 함끠(1844)

87
딕들에 동난졋 삽소 익느니 장사야 네 무어시니 그 장식 딕답허되 딕독은 이독 소독은 팔독 양목이 상천 외골 닉육 청장 흑장 압두 졀벽 뒤도 졀벽 전힝ᄒ고 후거도 ᄒ고 썰썰 긔는 동난졋 삽쏘 장사야 페룻게 외들 말고 그져 방궤졋 삽소(844)

88
일소빅미싱이 틱진의 녀질이라 명황도 니러무로 만리힝촉하얏느니 지금에 마외방혼을 못닉 셔러(2434)

89
청됴야 오도고야 반갑도다 님의 소식 약수 삼천리를 네 어이 건너온다 우리 임 만단정회를 네 알니라(2885)

90
간밤에 우는 녀흘 슬피 우러 지나거다 이졔야 싱각ᄒ니 임이 우러 보닉도다 져 물이 거슬니 흐르량이면 나도 울게(69)

91
벽히 갈누후에 모릐 모혀 셤이 되여 무졍 방초는 힉마다 푸르르되 엇지타 우리 왕손은 귀불귀냐(1244)

92

ᄂᆡ 정녕 슐에 셧겨 임의 속에 흘너 드러 구회 단장를 촌촌이 차자가셔 날 닛고 남 ᄉᆞ랑ᄒᆞᆫ 마음를 다슬혀볼가(595)

93

사마쳔의 명만고문장 왕일소의 소쳔인필법 유령의 기쥬와 두목지호ᄉᆡᆨ를 일심겸비ᄒᆞ야 ᄇᆡᆨ년를 동사허련이와 쌍젼키 어려울쏜 ᄃᆡ슌증자효와 뇽방비간츙이야(1412)

94

독상악양누ᄒᆞ야 동정호 칠ᄇᆡᆨ니라 낙하는 여고목졔비ᄒᆞ고 츄슈는 공장쳔 일식를 ᄒᆞᆫ업쓴 오초동남경이 안젼 어리워쓰니 낙무궁인가

95

왕발의 등왕각셔 쳔하명작이라 허것나는 삼쳑미명 네 글짜가 쳐량헐쏜 단명귀라 일일 수경튼 니젹션도 치셕강에 완월ᄒᆞ고 두목지는 취과양쥬귤만 게라소 아마도 글ᄒᆞ고 호화키는 니두문장(2137)

96

바람이 불냐ᄂᆞᆫ지 나무씃치 흐를긴다 밀물은 동흐로 가고 혀ᄂᆞᆫ 물은 셔흐로 돈다 사공이 넌 그물 거더 사리 담ᄭᅩ 닷 들고 돗ᄉᆞᆯ 놉히(1130)

97

등잔불 그무러갈 졔 창젼 집고 드ᄂᆞᆫ 임과 오경둉 ᄂᆡ리울 졔 다시 안고 눕ᄂᆞᆫ 임를 아모리 ᄇᆡᆨ골이 진퇴토록 니즐소냐(940)

98

십년를 경녕ᄒᆞ야 초당일간 지여ᄂᆡ니 빈간은 청풍이오 ᄯᅩ 반간은 명월이라 아마도 청풍명월이 ᄂᆡ벗인가(2701)

99
초방셕 닉들 마리 낙엽인들 못 안즈랴 솔불를 혀들 마라 어졔 진 달 도다 온다 박쥬 산칠 망졍 업다 말고(2721)

100
공명이 갈건야복으로 남병산상봉에 올나 칠셩단 모고 동남풍비년후에 단하로 닉려가니 힉즁에 일엽 소션 타고 안져셔 기다리는 장사는 됴자룡인가 (246)

101
소상강 긴딕 뷔여 낙시 믹야 드러메고 불고공명ᄒᆞ고 벽파로 나려가니 빅구야 날 본 체 마라 셩상 알나 (1656)

102
쳔하비슈겸를 한데 모회 비를 믹야 남만북젹를 다 쓸어벌인 후에 그 쇠로 호뮈를 믿들어 강상뎐을 믹우리라 (2815)

103
인의로 그물 믹져 초한 건곤 후려닉니 ᄒᆞ나흔 장양이요 쏘 하나흔 ᄒᆞᆫ산이라 아마도 부결냥도는 소하런가(2414)

104
졍게산 초당뎐에 봄은 어이 느졋느냐 니화 빅셜향에 뉴식황금눈이로다 만학운촉 빅셩즁에 츈사망연

105
소상강 셰우즁에 사립쓴 져 노옹아 일엽쥬 흘니 져어 어듸메로 향ᄒᆞ느냐 니빅이 긔경비상천ᄒᆞ니 풍월 실다(1659)

106
작악봉학청게상에 청풍으로 노인정 짓고 달 아레 수어각 잇고 구름 밧게 오송정이로다 동ᄌᆞ야 소년누 어듸메뇨 취벽문안이오(2487)

107
황산곡니당츈졀ᄒᆞ고 니빅화지슈졀장를 오류촌심도렷턱ᄒᆞ니 갈녹쥭우낭낭를 아마도 이 글 지은 자는 자하런가(3298)

108
산즁에 무녁일ᄒᆞ야 졀 가는 쥴 모르러니 곳 퓌면 츈졀이오 입 퓌면 하졀이요 단풍 들면 츄졀이라 지금에 청송녹쥭이 빅셜에 져져쓰니 동졀인가(1450)

109
닷는 말도 오왕ᄒᆞ면 셧고 누은 소됴 니라 탁 치면 가느니라 심산에 모진 범도 경계ᄒᆞ면 가느니라 각시네 웬놈 쌀이건듸 남의 ᄋᆡ를(795)

110
ᄂᆡ집이 깁흐냐 ᄒᆞ야 두견이 나졔 운다 만학천봉우희 사립 닷셧ᄯᅩ나 ᄀᆡ됴차 지즈리 업셔셔 고단ᄒᆞ야 됴니 그를 민망(601)

111
현덕이 단게로 갈졔 작노마야 날녀라 압헤는 장강이오 ᄶᅡ루나니 치믹로다 아마도 상산 됴자룡이 날 못 차져

112
ᄂᆡ가 쥭어 이져야 오르냐 네가 자라 평싱 그리워야 올타ᄒᆞ랴 쥭어 잇기도 어렵쩌니와 사라 싱니별 더욱 셜ᄶᅡ 차라로 ᄂᆡ 먼뎌 쥭어 도라갈께 네 날 그리워라(554)

113
어이ᄒᆞ야 가려느냐 무숨 일노 가려느냐 무단이 실타느냐 남의 말을 드럿느냐 져 임아 ᄋᆡ달ᄭᅩ ᄋᆡ달너라 가는 쓧를(2356)

114
촉에셔 우는 ᄉᆡ는 한나라를 그려 울고 봄비에 웃는 곳은 시졀 맛난 타시로다 두어라 각유소회니 웃고 울고(2959)

115
하창ᄒᆞ니 가셩열이오 슈번ᄒᆞ니 무슈지라 가셩열 무수지는 임 그리는 타시로다 셔릉에 일욕을 ᄒᆞ니 단장식를(3197)

116
보거든 솔뮈거나 못 보거든 닛치거나 네가 나지 말거나 너가 너를 모루거나 차라로 너 먼져 ᄉᆡ려져셔 그리게 헐만(256)

117
창외삼경 세우시에 양인 심사를 양인지라 신정 미흡ᄒᆞ야 나리 장찻 밝가세리 다시금 나삼를 뷔여잡고 훗긔약을(2737)

118
달아 두렷훈 달아 임의 동창 비췬 달아 임 홀노 누엇드냐 어너 낭군 품엇드냐 져 달아 본더로 일너라 ᄉᆞ싱결싼(774)

119
임 니별ᄒᆞ든 날 밤에 나는 어히 못쥭엇노 한강슈 깁흔 물에 풍덩실 ᄲᅡ지련만 지금에 사라 잇기는 임 보랴고(748)

120
달 뜨자 비 떠나가니 인제 가면 언제나 올야 만경창파지슈에 나는디시 단녀옵셰 밤중만 지국총 닷감는 소릐에 잠 못 니러(764)

121
각셜 현덕이 관공 장비 거나리시고 제갈냥 보랴고 와룡강 건너 와룡산 너머 남양씨를 다다라셔 시문을 두다리니 동직 나와 엿쏩는 말이 션싱님이 뒤초당에 잠드러 게오 동자야 네 션싱 씨시거든 뉴관장 삼인이 왓쓰라고 엿쥬어라(45)

122
국화야 너는 어이 삼월 동풍 다 보닉고 낙목한쳔헌데 너만 홀노 푸엿느냐 이마도 능상고졀은 너쁜인가(312)

123
민화 사랑타가 닌양으로 나려가니 무평초 부평초와 푸엿쏘나 담도회라 식장아 연연 잉잉 츄월이 월즁미 화션이 불너라 완월장취(1010)

124
시상 오류촌에 도쳐사의 몸이 도야 쥴업는 거문고를 소리업시 짓누리니 빅한이 제 지음ᄒᆞ야 우쥴우쥴(1768)

125
청쳥에 뜬 기러기야 네 워듸로 향ᄒᆞ느냐 니리로 져리로 갈제 닉 한말 드러다 한양셩닉 임 계신데 잠간 들너 니른 말이 월황혼 계워갈제 임 그려 참아 못살네라고 부듸 흔말 젼ᄒᆞ야쥬렴 우리도 상ᄒᆞ에 일이 만ᄒᆞ 밧비 가는 길이미로 젼힐똥 말똥(2893)

126

슌이 남슌슈ᄒᆞ사 창오야에 붕ᄒᆞ시니 오현금 남풍시를 뉘게 젼코 붕ᄒᆞ시노 지금에 졍호농비를 못ᄂᆡ 셔러(1711)

127

젹토마 살지게 먹여 두만강슈에 굽씩겨 셰교 농쳔금 드는 카를 다시 가라 두러메고 언졔나 셩쥬를 뫼옵고 ᄐᆡ평셩ᄃᆡ(2572)

128

월졍명 졍명ᄒᆞ니 ᄇᆡ를 타고 금능에 ᄂᆡ려 물아레 하날이오 하날 가온데 명월이라 션동아 잠긴 달 건져라 완월장취(2227)

129

오날밤도 혼ᄌᆞ 곱승그려 공방 ᄉᆡ오잠 자고 지난밤도 혼자 곱숑그려 ᄉᆡ우잠 자니 웨엿놈의 팔자는 쥬야장싱에 혼자 곱숑그려 공방 ᄉᆡ우잠만 자오 언졔나 졍든 임 다리고 훼훼츤츤 가물치잠잘싸(1974)

130

오날도 져무러지거니 져물면 ᄉᆡ리로다 ᄉᆡ면 임이 가리로다 임가면 못 보려니 못 보면 그리려니 그리면 응당 병 들녀니 병 곳 들면 못 살니라 병 드러 죽을 쥴 알 냥이면 놀고 갈 싸(2054)

131

어이ᄒᆞ야 못 오드냐 무슴 일노 못 오드냐 잠총급어부에 촉도지난이 가리웟듯냐 무슴 일노 못 오드냐 아마도 ᄇᆡ난지즁에 ᄃᆡ인난이 어러웨라(1963)

132

바람도 슈여 넘고 구름이라도 다 슈여 너머갑네 산진이 수진ᄆᆡ ᄒᆡ동창 보라ᄆᆡ라도 다 슈여 넘ᄂᆞᆫ 고봉장셩 녕고ᄀᆡ 우리ᄂᆞᆫ 임이 왓싸면 ᄒᆞᆫ 번도 아니

슈여 감네(1113)

133
창오산 셩뎨혼이 구릉됴치 소상에 나려 야반에 흘너드러 쥭간우 되온 쓰즌 이비의 천년누흔을 못닉 씨겨(670)

134
누은들 잠이 오며 기다린들 임이 오랴 이지 누엇신들 어닉 잠이 ᄒᆞ마 오리 찰아로 안즌 곳에셔 긴 밤 실까(670)

135
일싱에 한허기를 희항 시졀 못난 쥬를 초의를 무릅쓰고 식목실ᄒᆞ올 망경인심이 슌후ᄒᆞ던 쥬를 못닉 부러(2431)

136
ᄒᆞᆫ 손에 막딕 들고 쏘 ᄒᆞᆫ 손에 가사 쥐고 늙는 길 가시로 막고 오는 빅발 막딕로 치러더니 빅발이 제 몬져 알고 즈럼길노(3177)

137
가마기 싸호는 곳에 빅노야 가지 마라 셩닌 가마기 흰 빗 보고 식올셰라 청상에 희도록 씨슨 몸을 더러일까(23)

138
말업슨 청산이오 틱업슨 류슈로다 갑업슨 청풍이오 임자엄슨 명월이라 이 즁에 일업슨 몸이 분별업시(989)

139
듀공도 셩인이샨다 셰상ᄉᆞ람 드러ᄉᆞ라 문왕지자요 무왕지졔요 금왕의 슉뷰로되 평싱에 일호교긔를 닌 일 엄셔(2622)

140
감장ᄉᆡ 쟉다 ᄒᆞ고 ᄃᆡ붕아 웃지 마라 구만리 장공에 너도 날고 나도 난다 두어리 일반비죠를 일너 무슴(85)

141
가마기 검다 ᄒᆞ고 ᄇᆡᆨ노야 웃지 마라 것치 거물씨언정 쇽살조ᄎᆞ 거물소냐 것 희고 쇽 거무 니는 너 ᄲᅮᆫ인가(15)

142
ᄃᆡᆨ들에 나무들 삽소 네 나무 ᄒᆞᆫ 동에 갑씨 언ᄆᆡ니 ᄡᅡᆯ이나무 ᄒᆞᆫ 동에 ᄡᅡᆯ ᄒᆞᆫ 말 밧고 검부젹이 ᄒᆞᆫ 동에 ᄡᅡᆯ 닷 되 밧고 합허면ᄂᆞᆫ 말 닷 되올세 사 ᄡᅡ야 봅쏘 불 잘 붓씀노니 진실노 그러량이면 골단이나 협쎄(843)

143
군산를 ᄉᆡᆨ평틴들 동정호가 널너쓰며 계슈를 버혓썬들 달이 더욱 ᄇᆞᆰ을련만 ᄯᅳᆺ두고 이로지 못ᄒᆞ니 그를 셔러(319)

144
벼슬를 져마다 ᄒᆞ면 농부되리 뉘 잇쓰며 의원이 병 곳치면 북망산이 져러 ᄒᆞ랴 아희야 준 가득 부어라 ᄂᆡ ᄯᅳᆺᄃᆡ로(1228)

145
이화우 훗ᄲᅮ릴 졔 울며 잡고 니별ᄒᆞᆫ 임 츄풍낙엽에 져도 날을 ᄉᆡᆼ각ᄂᆞᆫ지 쳔리에 외로운 ᄭᅮᆷ만 오락가락(2377)

146
챵피에 낙시 넛코 편뷰에 실녀스니 낙묘쳥강에 ᄇᆡᆺ소리 더욱 됴타 류지에 금닌를 ᄡᅧ여들고 힝화촌으로(2715)

147

화촉동방 사창박게 벽오동 셩긘 빗소릐 잠 놀나 씨니 만ᄂᆡᄂᆞᆫ 고젹ᄒᆞ고 사벽츙셩 즉즉ᄒᆞᆫ네 관셩 쳥됴ᄂᆞᆫ 셔러라 울고 사벽달 셔리 치고 지ᄉᆡ는 밤에 두나릐 둥덩 치고 울구 가는 기러기야 야야에 네 우름소릐에 잠 못 니러(3283)

148

티산이 놉다 ᄒᆞ되 ᄒᆞ날 아릐 뫼이로다 올르고 ᄯᅩ 올르면 못 오르러 업썬마는 사람이 졔 아니 오르고 뫼만 놉다(3061)

149

신농시 상ᄇᆡᆨ토ᄒᆞ사 일만 병를 다고치되 임 그려 상사병에 ᄇᆡᆨ약 무효로다 져 임아 널노 난 병이니 날 살녀쥬렴(1783)

150

풍파에 놀난 상공 ᄇᆡ를 파라 말을 사니 구별양장이 물도군 어려웨라 이후는 ᄇᆡ도 말도 말고 밧갈기만(3123)

151

귀거릐 귀거릐ᄒᆞ되 말 ᄲᅮᆫ이오 가리업네 젼원이 장무ᄒᆞ니 아니 가고 어이ᄒᆞ리 초당에 쳥풍명월이 기달인가(347)

152

ᄒᆞᆫ 잔을 부어라 가득이 부어 편포젼 왜반에 담아 뉴리잔에 가득부어 아모도 몰ᄂᆡ 뒤초당 문갑우희 언졋더니 어늬 결을레 유령이 ᄂᆡ려와 반이나 다 쌀아먹고 간나 보다 반 존이로고나 벽공에 둥두렷ᄒᆞᆫ 달이 반이나 여즐어지고 반이 나마쓰니 티ᄇᆡᆨ이 깅싱ᄒᆞ야 나려와셔 집헛뜬 쥬령막ᄃᆡ로 에화즉끈 쑤다려셔 반이나 여즐어지고 반이나 남앗나 보다 반달이로고나 인제는 헐 일이 업고 헐 일이 업스니 남은 달 남은 슐 가지고 졍든 임 더리고 부지군

쪽다다 싸바리고 완월장취(3191)

153

밤은 깁허 삼경에 니루엇고 구진비는 오동에 홋날닐 제 이리 궁글 져리 궁글 두루 싱각다가 잠 못 니루에라 동방에 실숑셩과 쳥쳔에 뜬 기러기소릐 사룸의 무궁훈 심회를 짝지여 울고 가는 져 기럭아 갓쓱에 다 석어 스러진 구뷔간장이 이 밤 식우기 어려웨라(1159)

154

기러기 산이로 잡아 졍 드리고 길드려셔 임의 집 가는 길를 녁녁히 갈읏쳐짜가 밤즁만 임 싱각 나거들낭 소식 젼케(402)

155

동방에 별이 낫짜ᄒᆞ니 삼쳑 동쟈야 네 나가 보아라 삼티늑셩에 북두칠셩 됴무상이도이이요 임의게셔 긔별이 왓ᄂᆞ 보니 진실노 임의게셔 긔별이 왓쓰면 네 나가보들 말고 닉 나가보마(880)

156

식불감 침불안ᄒᆞ니 이 어인 모진 병고 상사일념에 임그린 타시로다 져 임아 널노 난 병이니 날 살녀쥬렴(1779)

157

딕장뷔 삼겨나셔 입신양명 못 헐찌면 찰ᄒᆞ리 다 썰치고 일업시 늙으리라 이밧게 녹녹훈 영위에 걸일 쥬를(2506)

158

청츈소년들아 빅발소인 웃지 마라 공번된 하날아레 넨들 미양 졀멋시랴 우리도 소년힝낙이 어지른듯(2904)

159
술먹고 노는 일을 나도 왼 쥴 알것마는 신릉군 무덤우희 밧가는 쥴 못보신가 빅년이 역초초ᄒᆞ니 아니 놀고(1719)

160
닉 집이 빅호산즁이라 날 차즈리 뉘 이시리 입오실자 쳥풍이오 딕아음자 명월이라 졍반에 학 빅회ᄒᆞ니 닉 벗인가(603)

161
슐을 딕취ᄒᆞ고 두렷시 안져쓰니 억만 시름이 가노라고 ᄒᆞ직ᄒᆞᆫ다 이희야 잔 자루 부어라 시름젼숑(1740)

162
옥갓튼 ᄒᆞᆫ궁녀도 호지에 진토되고 히어화 양귀비도 역노에 바려스니 각시네 일시화용을 앗겨 무숨(2095)

163
삭갓세 되롱이 닙고 셰우즁에 호뮈 들고 산젼을 김 믹다가 녹음즁에 누어시니 목동 우양을 모라다가 좀든 날를(1493)

164
달이 두렷ᄒᆞ야 벽공에 걸녀시니 만고풍상에 떠러졈즉 허다마는 지금에 취긱를 위ᄒᆞ야 장됴금쥰(780)

165
뉘라셔 나 자는 창밧게 벽오동 심으던고 월명졍반에 영파사도 됴커니와 밤즁만 굵근 비소릐에 좀 못 드러(688)

166
강변에 총 멘 ᄉᆞ람 기러기란 죄 노ᄒᆞ라 낙시그물 가진 ᄉᆞ람 니어여든 다 잡아라 니어와 기러기 잇셔도 쇼식 몰나(97)

167
슈요장단 뉘 아드냐 죽은 후면 거즛거시 천황시 일만 팔천셰도 죽은 후면 거즛거시 아마도 먹고 노는 거시 긔 올흔가(1705)

168
천지는 만물지녁녀요 광음은 빅딕지과긱이라 인싱을 혜아리니 묘창ᄒᆡ지 일솟이라 두어라 약몽부싱이 아니 놀고(2791)

169
녁발산긔셰긔는 초픠왕의 버금이오 츄상결열일츙은 오자셔의 우히로다 아마도 늠늠ᄒᆞᆫ 쟝부는 슈졍후를

170
뉘라셔 장시라던도 니별베도 장사 잇노 명황도 눈물지고 초픠왕도 울엇거든 허물며 여나문 장부야 일너 무숨(667)

171
사람이 쥭어가셔 나을지 못나을지 드러가보니 업고 나오다보니 업닉 유령이 이러험으로 장취불셩

172
빅년을 가사인인슈라도 우락즁분미빅년을 황시빅년을 난가필이니 불여장취빅년젼이라 진실노 빅년를 살지아도 쥬야장취(1175)

173
님슐지츄칠월 ᄀᆡ망일에 ᄇᆡ를 타고 금능에 ᄂᆡ려 손쥬 고기낙가 고기 쥬고 슐를 사니 그 곳에 소동파 업기로 놀미 젹어(2456)

174
우뢰갓튼 님을 만나 번ᄀᆡ가치 벗쓴 맛나 비가치 오락가락 구름가치 허여지니 흉중에 바람갓튼 ᄒᆞᆫ숨이 안ᄀᆡ 퓌듯(2179)

175
우리 두리 후ᄉᆡᆼᄒᆞ야 네 나 되고 ᄂᆡ 너 되야 ᄂᆡ 너 그려셔 긋던 ᄋᆡ를 너도 날를 그려보렴 평ᄉᆡᆼ에 ᄂᆡ 셜워ᄒᆞ던 쥴을 네 알니라(2180)

176
고인무부낙셩동이요 금인환ᄃᆡ낙화풍을 년년셰셰 화상사요 년년셰셰 인부동을 화상상 인부동ᄒᆞ니 그를 셜어(188)

177
츈쥬상봉심ᄌᆡ젼에 군위장부아소년을 츈쥬상봉십ᄌᆡ후에 아위장부군ᄇᆡᆨ슈로다 아장부 군ᄇᆡᆨ슈ᄒᆞ니 그를 셜어 (2655)

178
박낭사즁쓰고 남은 철퇴 쳔하장ᄉᆞ 항우 쥬어 힘것 드러메여 ᄶᅵ치리라 니별 두ᄌᆞ 그졔야 우리님 더리고 ᄇᆡᆨ년동낙(1139)

179
연롱ᄒᆞᆫ슈월롱사ᄒᆞ니 야박진회근쥬가를 상녀는 부지막욱ᄒᆞᆫᄒᆞ고 격강유창후졍화를 아희야 오화마 쳔금주로 환민쥬ᄒᆞ야 여군동취(2023)

180
초당 뒤에 안져 우는 솟쪅다ᄉᆡ야 암솟쪅다ᄉᆡᆫ다 슈솟쪅다 운 ᄉᆡᆫ다 공산이 어ᄃᆡ 업셔 ᄀᆡᆨ창에 와 우는 솟쪅다ᄉᆡᆫ다 공산이 허고 만ᄒᆞ야도 울 ᄯᅥ 달나 (2921)

181
자네가 슐을 잘 먹는다 ᄒᆞ니 슈슈쇠쥬 셰 ᄃᆡ와 쇠셔 셰 졉시를 먹을ᄭᅡ본가 슈슈쇠쥬 셰 ᄃᆡ와 쇠셔 셰졉시를 먹으량이면 ᄂᆡ 물니라 갑슬랑은 옛날에 니ᄐᆡᄇᆡᆨ도 일일슈경삼ᄇᆡᆨ비라 ᄒᆡᆼ도 이 슐 ᄒᆞᆫ잔 못다 먹엇씀네 (2473)

182
ᄐᆡᄇᆡᆨ이 슐 실나 가더니 어졔 진 달 도다 져셔 도루 도다 다 지드록 아니 온다 오ᄂᆞᆫ ᄇᆡ 그 ᄇᆡ만 녀겨ᄯᅥ니 고기 낙는 어션이라 동ᄌᆞ야 달밋만 살피여라 하미 올 ᄯᆡ(3054)

183
십식를 경영 옥슈인ᄒᆞ니 금강지상이요 월봉젼이로다 도화읍노 홍부수요 류셔표풍ᄇᆡᆨ만션을 셕경귀승산영외요 연사면로우셩변이로다 약녕마힐노 유어차런들 불필당년에 화망쳔이러냐(1807)

184
항우 작ᄒᆞᆫ 쳔하장사랴마는 우미인 ᄂᆡ별에 ᄒᆞᆫ숨 셕ᄶᅥ 눈물지고 명황이 작ᄒᆞᆫ 졔셰영쥬랴마는 양귀비 ᄂᆡ별에 마외역에 울엇거든 하물며 녀남문 장부야 일너 무숨(3207)

185
순셥은 슈나뷔 안즌 ᄃᆞᆺᄒᆞ고 닙바ᄃᆡ는 이화로다 날보고 당싯 웃ᄂᆞᆫ 양은 삼식도와 미ᄀᆡ봉이 ᄒᆞ로밤비에 반만 핀 형상이로다 츈풍에 호졉이 도야 간ᄃᆡ ᄶᅩᆨᄶᅩᆨ(676)

186
웨 와씀나 웨 와씀나 나 홀노 자는 방에 웨 와씀나 오기는 왓거이와 자최 업시 잘 단녀가오 갓득에 말만코 탈마는 집안에 모다깃녕 날까 (2234)

187
울며 불며 잡은 소믹 떨떨이고 가들 마오 그디는 장부라 도라가면 잇건마는 소첩은 아녀자라 못니 잇씀네(2208)

188
장삼 쓰더 지마 젹숨 짓고 염쥬 글너 당나귀 밀치ᄒᆞ시 셕왕셰계 극낙셰계 관셰음보살 나무아미타불 십년 공부도 너 갈듸로 니거라 밤즁만 암거사 품에 드니 염불경이 업세라(2512)

189
창 닉고져 창 닉고져 이닉 가슴에 창 닉고져 고무장ᄌᆞ 셰살장ᄌᆞ 모란장ᄌᆞ 만살장ᄌᆞ 열장가 들장자 겹장자 여다지에 암돌쪄귀 슈돌쪄귀 □목걸쇠 겻드려셔 크낙헌 장돌이로 쌍싸싸쌍싸 박아 이닉 가슴에 창 닉고져 잇다감 ᄒᆞ 답답ᄒᆞ면 여다져나 보게(2713)

190
풀은 산중 빅발옹이 고요독되향남봉을 바람부러 송싱□□□인기푸여 학셩홍이라 쥬격졔금은 쳔흔이요 젹다셩됴는 일년풍이라 뉘라셔 산젹막다던고 나만 홀노 낙무궁인가(3104)

191
쥬렴에 달 비취엿다 멀니셔 난다 옥져쇼릐 들니난고나 벗님네 오자 ᄒᆡ금 져피리 싱황 양금 쥭장고 거문고 가지고 달 쓰거든 오마드니 동자야 달밋만 살피여라 ᄒᆞ마 올 써(2631)

192
가마기를 뉘라 물드려 검다 ᄒᆞ며 ᄇᆡᆨ노를 뉘라 마젼ᄒᆞ야 희다드냐 황ᄉᆡ다리를 뉘라 니위 기다 ᄒᆞ며 오리다리를 뉘라 분질너 짤으다 ᄒᆞ랴 아마도 검고 희고 길고 잘으고 흑ᄇᆡᆨ장단이야 일너 무슴(22)

193
ᄐᆡᄇᆡᆨ이 자넬낭은 장츌환미쥬ᄒᆞ고 엄자릉 자네는 동강 칠리탄에 은닌옥척낙과 안쥬 담당ᄒᆞ소 연명 자네는 오현금을 둥지더라 둥실 타고 장자방 자네는 계명산 츄야월에 옥통소만 슬니 불소 그남아 글짓고 춤츄고 노ᄅᆡ부르길낭 ᄂᆡ 다 담당험셰(3056)

194
니션이 반ᄒᆞ야 졔 집을 반ᄒᆞ고 나귀 등에 슌금안장을 지여 금젼을 걸고 쳔ᄐᆡ산 층암은 절벽 방울ᄉᆡ 삭기친 곳에 잉무 공작 넘나ᄂᆞᆫ데 초부 불너 문ᄂᆞᆫ 말이 쳔ᄐᆡ산 마고션녀 슈영ᄯᆞᆯ 슉향의 집이 게 어듸메뇨 져 건너 사립 안에 청삽살이가 누엇ᄉᆞ니 게 쥴 아러봅소(2349)

195
져 건너 풀은 산즁ᄒᆞ에 두룽다리 쓰고 져 총ᄯᆡ 두러메고 살낭살낭 나려오ᄂᆞᆫ 져 포슈야 네 져 총ᄯᆡ로 날버러지 글짐싱 길버러지 날짐싱 황ᄉᆡ 촉ᄉᆡ 두루미 너ᄉᆡ 긴진경이 범 사슴 노루 톡기를 져 총ᄯᆡ로 노아 잡을지라도 사벽달 셔리 치고 지ᄉᆡ는 밤에 동녁 동ᄃᆡ희로 짝을 일코 홀노 에이울 에이울 울고 울고 가는 거러길낭 노치를 마라 우리도 그런 쥴 알기로 아니 놋씀네(2553)

196
싱마 잡아 길 잘 드려 두메로 ᄢᅯᆼ산양 보ᄂᆡ고 셋말 구불굽통 솔질 솰솰ᄒᆞ야 뒤송정 잔ᄆᆡ잔ᄆᆡ 금잔듸 난데 말뚝 쌍쌍 박아 바 늘여ᄆᆡ고 암ᄂᆡ 여흘 고기 뒷ᄂᆡ 여흘 고기 자나 굴그나 굴그나 자나 쥬어쥬겸 낙과ᄂᆡ야 움버들가지 쥬루룩 훌터 아감지 꿰여 시니 잔잔 흘으는 물에 청셕바 바둑돌을 얼는 넝큼 슈슈히 집어 자장단 마츄아 지질너 노코 동자야 이 뒤에 왯쌜 가진 청소 타고 그 소가 우의가 부푸러 치질이 셩헛가 ᄒᆞ야 남의 소를 읏어타고 급히 나려와 뭇거들나 너도 됴곰도 지쳬말고 뒤녀흘노(1530)

197

져 건너 신진사집 시령우희 인친 거시 씔은 청청둥청졍미 쳥차조쌀이 아니씔은 청청둥청졍미청차조쌀이냐 우듸 밍꽁이 다셧 아레듸 밍꽁이 다셧 문안 밍꽁이 다셧 문밧 밍꽁이 다셧 사오 이십 스무 밍꽁이 모화관 슑버들 궁게셔 밋헤 밍꽁이는 무겁다고 밍꽁 웃밍꽁이는 무에 무구우냐 잣쌉스럽다고 밍꽁 어늬 밍꽁이 슈밍꽁이냐 아마도 슉네문밧 쎡닉다라 청픠 팔픠 칠픠 비다리 이문동 도져골 쪽다리 것너 쳣지 둘지 셋지 넷지 타셧 여셧 일곱 여들 아홉 열지 미나리논에셔 코를 즐즐 흘니고 머리 푸러 산발ᄒᆞ고 눈을 희번덕이며 다리 ᄭᅬ아 닉밀면셔 용 올니는 밍꽁이 슈밍꽁이냐(2546)

198

가마기가 가마기를 됴차 셕양사로에 나라든다 써든다 임의집 숑졍뒤로 오르면 골각 나리면 길곡 갈곡길곡 ᄒᆞ는 중에 어늬 가마기 슈가마기냐 그중에 멈졈 나라 안젓싸가 야중에 나라가는 그가마기 긘가(10)

199

진경은 쌍쌍 옥담즁이요 호월은 단단 영창외라 쳐량 야류원에 실송셩 슬피 울고 인젹젹 야심ᄒᆞᆫ데 촉불만 도두 혀고 옥수잔잔 금노향진 삼경 월낙토록 어듸가 밤식도록 뉘게 잡혀 쉬사랑만 괴우느라 못오시노 임이야 나를 그듸지 그리랴마는 나는 임쁜이믜 그를 셔려(2668)

200

므립더 ᄇᆞ드덕 안으니 셰허리지 자낙자낙 홍상을 거두치니 옥셜부지풍비ᄒᆞ고 거작균죄ᄒᆞ니 반기ᄒᆞᆫ 홍모란이 혜발어지츈풍이로다 진진코 우퇴퇴ᄒᆞ

니 무림산중에 슈용셩인가(937)

201
디장부 천지간에 ᄒᆞ올 닐이 바이 업네 글 ᄒᆞ자니 인싱식자 우환시오 칼 쓰자니 닉지병자 시흉긔로다 찰ᄒᆞ리 셔검을 다 썰치고 쳥누쥬사에 오락가 락(831)

202
딕들에 단져단슐 사오 외는 니 장사 네 무어시니 그 장싀 디답ᄒᆞ되 아릭 ᄯᅳᆼ경 웃ᄯᅳᆼ경 걸ᄯᅳᆼ경 놀ᄯᅳᆼ경 결쇠등경 기루이 퉁노구 졀노 ᄯᅮ러져 물 ᄲᅧᆼᄲᅧᆼ 졸졸 나리는 귀ᄯᅱᆨᄲᅮ리 봉막이 장사야 막킬졔 막킬지라도 훗말 업시(845)

203
만리장셩엔 담안에 아방궁 지어 사랑삼고 옥야천리 고릭논에 슈천 궁녀 시위ᄒᆞ고 옥싀를 드러질졔 유졍장항도령이 우러러나 보리 평싱에 이목지소 호와 심지지소락온 잇ᄲᅮᆫ인가(972)

204
어촌에 낙됴ᄒᆞ니 강천이 ᄒᆞᆫ빗치라 소졍에 그물 싯고 십니사장 나려가니 강노젹에 ᄒᆞ목도 날고 도화류슈에 졀어는 살졋는데 류교변에 비를 믹고 고기 쥬고 슐를 사셔 슬커장 취헌 후에 란디셩 부르면셔 달를 씌여 도라오니 아마도 강호지락은 잇ᄲᅮᆫ인가(1984)

205
디장부 되야나셔 공밍안증 못헐 양이면 찰ᄒᆞ리 다 썰치고 틱공의 병법 외외 말만ᄒᆞᆫ 디장닌을 허리아릭 빗기 차고 금단에 놉히 안져 만마천병를 지휘간에 좌작진퇴(한글자 缺)미 긔 아니 쾌헐소냐 아마도 심장젹구ᄒᆞ는 션비는 닉 몰닉라(830)

206
간밤에 ᄃᆡ취ᄒᆞ고 취ᄒᆞᆫ 잠에 ᄭᅮᆷ을 ᄭᅮ니 칠척검 쳔리마로 뇨ᄒᆡ를 니라건너 쳔교를 항복밧고 북궐에 도리와쇠 고졀셩공ᄒᆞ야 뵈네 장부의 강ᄀᆡᄒᆞᆫ 마음이 흉즁에 울울ᄒᆞ야 ᄭᅮᆷ가온데 시험ᄒᆞᆫ가(65)

207
만고녁ᄃᆡ 인신지즁에 명쳘보신 누고누고 범녀의 오호쥬와 장량의 사병벽곡 소광의 산쳔금과 계응의 츄풍강동 도연명의 귀거ᄅᆡ사를 아마도 탐관오리지비야 일너 무ᄉᆞᆷ(966)

208
니ᄐᆡᄇᆡᆨ의 쥬량은 긔 엇더ᄒᆞ야 일일슈경삼ᄇᆡᆨ비ᄒᆞ고 두목지 풍치ᄂᆞᆫ 긔 엇더ᄒᆞ야 취과양쥬귤만거런고 아마도 이 둘의 풍류를 못ᄂᆡ 부러(2373)

209
한무졔의 부쳑셔격과 졔갈냥의 칠죵칠금 진나라 사도독의 팔공산 위엄으로 남만북젹를 다 쓰러바린 후에 진실노 그러헐짝시면 쥬시녜악과 한ᄃᆡ의 관를 다시 본듯(3167)

210
월일편등 삼경ᄒᆞᆫ데 나간 임을 혜여보니 쳥누쥬사에 ᄉᆡ임 거러두고 불승탄졍ᄒᆞ야 화간ᄆᆡᆨ상츈장만이요 쥬마투계유미빈이로다 지금에 삼시츌망무쇼식ᄒᆞ니 진일난두에 공탄장이로다(2226)

211
엇던 남근 ᄃᆡ명젼 ᄃᆡ들보 되고 ᄯᅩ 엇던 남근 열소경의 도막ᄃᆡ 된고 난번 쇼경 다셧 든번 소경 다셧 장무공사원 합ᄒᆞ야 열ᄯᅮ 쇼경 도막ᄃᆡ 되고 찰ᄒᆞ리 거문고 ᄉᆞᆯᄃᆡ 되어 임의 손에(2007)

212
병풍에 압니 작은동 부러진 괴 그리고 그 괴 와픠 죠고만 사향쥐를 그러두니 익고 죠 괴 삿부로냥ᄒᆞ여 그림에 쥐를 잡으려 존니는고야 우리도 남의 임 거려두고 존니러볼까(1254)

213
져 건너 광창 놉흔 집의 머리 죠흔 각시네야 초싱에 반달갓치 빗취지나 말녀무나 엇지티 장부의 간장를 구뷔구뷔(2541)

214
북두칠셩 ᄒᆞ나 둘 셋 넷 다셧 여셧 일곱 분게 민망ᄒᆞᆫ 소지발괄 ᄒᆞᆫ 장 드리넌이다 그리던 님을 만나 만단정회 치 못ᄒᆞ야 날이 슈이 발가오니 글노 민망 셔름이외다 밤중만 삼틱차사 노하 싯별업시(1316)

215
슐 먹어 병 업슬 약과 식ᄒᆞ야 장싱슈를 갑쥬고 살작시면 아모려나 관계ᄒᆞ랴 갑쥬고 못살 약이니 소로소로(1725)

216
풍동죽엽은 십만장부지휜화요 우쇄연희는 삼천궁녀지목욕이라 오경누하에 격옝홍이요 구월산중에 츈초록이로다 아마도 이 글 지은자는 양국직사(3110)

217
시문에 긔 지즈니 임만 녀겨 칭 녈고 보니 임은 아니 오고 구월단풍에 낙엽셩이로다 져 긔야 츄풍낙엽셩 무단이 지져 잠든 나를 씨우느냐(1765)

218
죽장망혀 단표지로 천리강산 드러가니 그 곳지 골이 깁허 두견 접동이 나

졔 운다 구름은 뭉게뭉게 퓌여 낙낙장송에 봉 둘너 잇고 바람은 솰솰 부러 시녀 암상에 곳가지만 떨떨이는고나 그 곳지 별유천지 별건곤이니 아니 놀고(2654)

219
아마도 호방헐쏜 션니건곤 청녀거사 옥황 향안젼에 황정경 일자 오독흔 죄로 인간에 젹흐하야 장명쥬시흐고 쳔금쥰마 환쇼쳡흐야 농월치셕다가 긔경비상쳔흐니 아마도 강남풍이 임자 업셔(1813)

220
모란은 화즁왕이요 향일화는 츙신이라 박쏫츤 노인이요 셕쥭화 소년이라 연화는 군자요 힝화는 쇼인 국화는 은일사요 미화 흔사로다 규화 무당 히당화는 충기로다 그즁에 이화 셰긱 홍도벽도 삼식 도화는 풍류랑인가(1083)

221
문독츈츄좌시젼흐고 무사청농언월도라 독힝쳔리흐야 오관을 지나실 졔 짜로는 져 장사야 흔북소릐 드럿느냐 못 드럿느냐 아마도 늠늠흔 장부는 흔슈졍후(2232)

222
월황흔 게월갈 쪠 정쳐업시 나간 임이 빅마금편으로 어듸가 단니다가 뉘 손에 잡히여 도라올 쥴 모르는고 지금에 독슉공방흐야 장상사 누여우헐졔 젼젼불미(2232)

223
옥으로 말를 삭여 영쳔슈에 흘니 싯겨 녹초장졔상에 바 느려 민와두고 그 말이 그 풀을 다 먹도로고 니별 업시(2114)

224
봉황ᄃᆡ상봉황유ᄒᆞ니 봉거ᄃᆡ공강자류를 오궁화초ᄂᆞᆫ ᄆᆡ유경이요 진ᄃᆡ의 관셩고구를 삼산반낙 청천외요 이슈중분ᄇᆡᆨ노쥬를 총위부운이 능폐일ᄒᆞ니 장안불견코 사보슈를(1279)

## 잡가편 쇼춘향가

춘향의 거동 보아라 오른손으로 일광을 가리고 왼숀 놉히 들어 져 건너 쥭림 ᄇᆡᆫ다 ᄃᆡ시밍군ᄒᆞ고 숄시미정자라 동편에 연당이요 셔편에 우물이라 노방시ᄆᆡ 오후라 온 문젼학동 션싱류 긴버들 휘느러진 늙근 장숑 광풍에 흥을 계워 우즐우즐 츔을 츄니 져 건너 살입문안에 삽살이 안져 먼산만 발아보며 쏠이치는 져집이오니 황혼에 정년이 도라오소 ᄯᅥᆯ치고 가는 형상 사람 ᄲᅧᆨ다귈 다 녹인다 너는 웨ᄒᆞᆫ 계집ᄋᆡ권ᄃᆡ 날을 둥둥 속이느냐 너는 웨ᄒᆞᆫ 계집ᄋᆡ권ᄃᆡ 장부의 간장를 다 녹이나 녹음방초 승화시의 ᄒᆡ는 어히 더듸가고 오동야월 밝근 밤은 이히 수이 간고 일월무정 덧업도다 옥빈홍안이 공노로다 우는 눈믈 바다ᄂᆡ면 ᄇᆡ도 타고 가련마는 지척동방 천리완ᄃᆡ 어히 그리 못오던가

## ᄆᆡ화가

ᄆᆡ화야 엣 등걸에 봄졀이 도라은다 춘셜이 하분분ᄒᆞ니 필지 말지도 ᄒᆞ다마는 입퓌엿든 가지마다 퓌염직도 ᄒᆞ다마는 북경사신 녁관드라 오식당사를 붓침를 ᄒᆞ세 ᄆᆡ세 ᄆᆡ셰 그믈흘 ᄆᆡ세 오식당사로 그믈흘 ᄆᆡ세 치세치셰 그믈흘 치세 부벽누하에 그믈를 치세 걸니소사 걸니소사 뎡든 사링만 걸니소시 물이리 그림자 젓다 다리우희 즁놈이 간다 즁아 즁아 거긔 잠안 셕거라 너가는 인편에 말무러를 보자 그 즁놈이 ᄇᆡᆨ운을 가르치며 돈담무심만 허는구나 셩천이라 통의쥬를 이리루 졉첨 져부럼 졉첨 가여다 노코 ᄒᆞᆫ손에는 박달방축 ᄯᅩᄒᆞᆫ손에 물박 들고 흐르는 천숙 듸립더 덤셕 이리루 솰솰 져리

루 쇌쇌 츌넝 축쳐 안남산에 밧남산에 가얌를 가얌를 심어 싱거라 못다 먹ᄂᆞᆫ 져 다람의 안이야

ᄇᆡᆨ구사

나지마라 너 잡률 ᄂᆡ 아니로다 셩상이 비리시니 너를 됴차 예 왓노라 오류츈광 경 됴ᄒᆞᆫ데 ᄇᆡᆨ마금편 화류가자 운침벽계 화홍도 류록ᄒᆞᆫ데 만학천봉 비쳔싀라 호즁쳔지에 별건곤이 여긔로다 고봉만장 청계을 초니 녹쥭 청숑이 노려길르 닷로아 바위 암상에 다람이 긔고 시ᄂᆡ 계변에 금자라 긘다 좁팝낭계 피쥭싀 소릐며 함박ᄭᅩᆺ테 벌이 나셔 몸은 둥글고 발ᄒᆞᆫ 겨그니 졔 몸를 못이긔여 동풍 건듯 불 젹마다 이리로 졉두젹 져리루 졉두젹 너훌너훌 츔를 추니 근들 아니 경일느냐 황금것튼 쐬쏘리는 양류간에 왕ᄂᆡᄒᆞ고 ᄇᆡᆨ셜것튼 ᄒᆡᆫ나뷔는 ᄭᅩᆺ슬 보고 반긔여셔 나라든다 ᄶᅥ든다 두 나릐 펄치고 가막케 별것치 동구라케 달것치 아쥬 월월 나라드니 근들 아니 경일느냐

가사편 츈면곡

츈면을 느지 ᄭᅵ여 쥭창을 박의ᄒᆞ고/[3]
뎡화는 작작ᄒᆞᆫ데 가는 나뷔 머무는듯/
안류는 의의ᄒᆞ야 셩근 ᄂᆡ를 씌여세라/
창뎐에 덜 괸 슐을 일이삼ᄇᆡ 먹은 후에 호랑ᄒᆞ야 미친 홍을 부집업시 자아ᄂᆡ여/
ᄇᆡᆨ마금편으로 아류원 차자가니/
화향은 습의ᄒᆞ고 월식은 만졍ᄒᆞᆫ데/
광ᄀᆡᆨ인듯 취ᄀᆡᆨ인듯 홍를 겨워 미무는듯/
비희 고변ᄒᆞ여 유령이 셧노라니/

3) 앞서 수록한 잡가편에서와 다르게, 가사편에서는 두어 자 정도의 공백이 있어 의도적인 휴지의 표시임을 읽어낼 수 있게 하는 부분들이 있다. 이를 구분하기 위하여 해당 부분마다 /로 표지를 하고 행갈이를 하여 표시한다.

취와쥬판 놉픈집이 녹의홍상 일미인이/
사창를 반기ᄒᆞ고 옥안을 잠간 드러 웃는 듯 찡긔는 듯 교틱ᄒᆞ고 마자드러/
츄파을 암쥬ᄒᆞ고 녹의금 빗기 안고/
청가일곡으로 츈의를 자아닉니 연분도 긔지업다/
이 사랑이 연분 비길 데 젼혀 업다/
너는 쥭어 곳치 되고 나는 쥭어 나뷔 되어/
삼츈이 긔진토록 ᄯᅥ나 사지 마자터니/
인간에 말이 만코 죠물됴차 싀음ᄒᆞ야 신령 미흡ᄒᆞ야 잉달를 손 니별이라/
청강에 노던 우너앙 우리네고 ᄯᅥ나는 듯/
광풍에 놀는 봉졉 가다가 돌치는 듯/
셕양은 다 져가고 뎡마는 자로 울졔 나삼을 뷔여 잡고 암연이 여휜 후에/
슬픈 노릭 긴 ᄒᆞᆫ슘를 벗슬 삼아 도라오니/
의졔 이 임이야 싱각하니 원슈로다/
간장이 다 셕그니 목슘인들 보젼ᄒᆞ랴/
일신에 병이 되니 만사에 무심ᄒᆞ여/
셔창을 구지 닷고 셤셔이 누엇스니/
횡용월티는 안즁에 삼연연ᄒᆞ고/
분벽사창은 침변이 여귀로다/
하엽에 노젹ᄒᆞ니 별누를 ᄲᅮ리는 듯/
류막의 연롱ᄒᆞ니 유한를 먹음은 듯/
공산야월의 두견이 슬니 울 졔/
슬푸다 져 식소릭 닉말갓치 불여귀라/
삼경에 못든 잠를 사경말의 비러드니/
상사ᄒᆞ든 우리 님을 ᄭᅮᆷ 가온데 잠간 보고/
쳔슈만한 못다 일너 장호졉 흐터지니/
아리ᄯᅡ온 옥빈홍안 겻헤 얼풋 안졋는듯/
어화 황홀ᄒᆞ다 ᄭᅮᆷ을 상시 삼고지고/
무침허희ᄒᆞ야 밧비 니러 바라보니/
운산은 쳡쳡ᄒᆞ야 쳔리안을 가리왓고/

호월은 창창ᄒᆞ야 냥향심의 비초엿다/
어져 너일이야 나도 모를 일이로다/
이리 져리 그리면셔 어히 그리 못보는고/
약슈 삼천리 머단 말을 이런 ᄃᆡ를 니르도다/
가약은 묘연ᄒᆞ고 셰월은 여류ᄒᆞ여/
엇그뎨 이월 쏫지 녹안변 불거터니/
그덧시 훌훌ᄒᆞ여 낙엽이 츄셩일다/
시벽달 지실 젹에 외기러기 울어널 뎨/
반가온 님의 쇼식 힝여 올가 바라보니/
창망ᄒᆞᆫ 구름 밧게 빗소릭 ᄲᅮᆫ이로다/
지리ᄒᆞ디 이 니별을 언졔 만나 다시 블까/
산두에 편월되여 님의 낫헤 빗최고져/
셕상에 오동 되어 님의 무흡 베여보랴/
옥상됴량에 제비 되여 날고지고/
옥창 잉도화에 나뷔 되어 날고지고/
회산이 편지 되고 금강이 다 마르나 평싱 슬픈 회포 어디를 가을ᄒᆞ리/
셔즁유옥안은 나도 잠간 드러쩌니/
마음를 고쳐 먹고 강기를 다시 너여/
장부의 공명을 일노 좃차 알니로다//

상사별곡

인간 니별 만사즁에 독숙공방이 더욱 쉷다/
상사불견 이너 진뎡을 제 뉘라셔 알니 미친 시름/
이렁져렁이라 홋트러진 근심 다 후루쳐 더져두고/
자나씨나 자나씨나 님을 못 보니 가삼이 답답/
어린 양자 고은 소릭 눈에 암암 귀에 징징/
보고지고 님의 얼굴 듯고지고 님의 소릭/
비나이다 하날님게 님싱각 기라 ᄒᆞ고 비나이다/

뎐ᄉᆡᆼ 차ᄉᆡᆼ 무슴 |됴|로 우리 두리 ᄉᆡᆼ겨나셔/
죽지 마자 ᄒᆞ고 ᄇᆡᆨ년긔약/
만쳡 쳥산을 드러간들 어ᄂᆡ 우리 낭군이 날 차즈리/
산은 쳡쳡ᄒᆞ여 고ᄀᆡ 되고 물은 층층 흘너 쇼이 된다/
오동츄야 밝근 달에 님 ᄉᆡᆼ각이 ᄉᆡ로 난다/
ᄒᆞᆫ번 니별ᄒᆞ고 도라가면 다시 오기 어려웨라/
쳔금쥬옥 귀밧기 오셰사 일부 관계ᄒᆞ랴/
근원흘□ 물이 되야 깁고깁고 다시 깁고/
사랑 ᄆᆡ혀 뫼히 되어 놉고 놉고 다시 놉고/
문허질 쥴 모르더니 ᄭᅳᆫ어질쥴 어이 알니/
됴물이 ᄉᆡ우는지 귀신이 희지는지/
일됴낭군 니별 후에 소식죠차 영녁ᄒᆞ니/
오날이나 드러올가 ᄂᆡ일이나 긔별 올가/
일월 무졍 졀노 가니 옥안운빈 공노로다/
오동야우 셩긘 비에 밤은 어히 더듸 가고/
녹양방쵸 져문 날에 ᄒᆡ는 어히 슈이 가노/
이ᄂᆡ 상사 아르시면 님도 날을 그리리라 젹젹심야 혼자 안져 다만 ᄒᆞᆫ슘 ᄂᆡ 벗시라/
일촌 간장 구뷔 셔어 피여나니 가삼 답답/
우는 눈무루 바다ᄂᆡ면 ᄇᆡ도 타고 아니 가랴/
픠는 불이 ᄂᆡ러나면 님의 옷셰 장긔리라/
사랑 계워 우던 우름 ᄉᆡᆼ각ᄒᆞ니 목이 메고/
교ᄐᆡ 계워 웃던 우슴 헤아리니 더욱 셟다/
지쳑 동셔 쳔리되여 바라보니 눈이 ᄉᆡ고/
만쳡 상사 그려ᄂᆡᆫ들 한 붓스로 다 그리랴/
날ᄅᆡ 돗친 학이 되어 나라가다 아니 가랴/
산은 어히 고ᄀᆡ 잇고 물은 어히 사이 진고/
쳔지 인간 니별 즁에 날 갓트니 ᄯᅩ 인는가/
ᄒᆡ는 도다 져문 날에 ᄭᅩᆺ츤 픠여 졀노 지니/

이슐갓튼 이 인ᄉᆡᆼ이 무슴 일노 삼겨ᄂᆞᆫ고/
바람부러 구즌 비의 구름 ᄭᅵ여 져믄 날에/
나며 들며 빈방으로 오락가락 혼자 셔셔/
기다리고 바라보니 이ᄂᆡ ᄉᆡᆼ각 허ᄉᆡ로다/
공방미인 독상사는 녜로붓터 이러ᄒᆞᆫ가/
나 혼자 이러ᄒᆞᆫ가 남도 아니 이러ᄒᆞᆫ가/
날 사랑ᄒᆞ든 씃히 남 사랑 허이는가/
무졍ᄒᆞ여 그러ᄒᆞᆫ가 유졍ᄒᆞ여 이러ᄒᆞᆫ가/
산계야목 길흘 드러 노흘 쥴을 모르는가/
노류장화 썩거쥐고 츈식으로 닷니는가/
가는 ᄭᅮᆷ이 자최 되면 오ᄂᆞᆫ 길이 무되리라 한번 쥭어 도라가면 다시 보기 어려오니/
아마도 네 뎡이 잇거든 다시 보게 삼기쇼셔//

쳐사가

평ᄉᆡᆼᄋᆡ 쓸데업셔 셰상공명을 하직ᄒᆞ고/
냥간슈녕ᄒᆞ야 운림쳐사 되오리라/
구승갈포를 몸에 걸고 삼졀쥭창 손에 쥐고 낙됴강호 경조흔듸 망혀완보로 나려가니/
젹젹송관 다다는듸 요요힝원 ᄀᆡ 짓는다/
경ᄀᆡ무궁 됴흘시고/
산림초목 푸르엇다/
창암병풍 둘너는듸 ᄇᆡᆨ운심처 되어세라/
강호에 어부갓치 ᄒᆞ야 쥭간사립 졋게 쓰고/
십니 사졍 나려가니 ᄇᆡᆨ구비거 ᄲᅳᆫ이로다/
일위편범 놉히 달고 만경창파로 흘니 져어/
○[4]슈쳑은어 낙가ᄂᆡ니 송강 노어 비길네라/
일낙창강 져문 날에 박쥬표져로 도라드니/

남북고촌 두셰집은 낙하묘연 잠계셰라/
긔산영수 예 아니냐 유천지 여긔로다/
연명 오류 심오신데 쳔사류지 느러졋다/
아마도 창강산 임자는 나 뿐인가 ᄒᆞ노라//

어부사

셜빈어옹이 쥬포간ᄒᆞ니 자언거슈 승거산을 ᄇᆡ 띄여라 ᄇᆡ 띄여라 죠됴자락 만됴리라 지국총 지국총 어사와ᄒᆞ니 의셔어부 일견괴라 청고엽상에 냥풍긔ᄒᆞ고 홍뇨화변에 ᄇᆡᆨ노환을 닷드러라 닷드러라 동졍호리 가귀풍을 지국총 지국총 어사와ᄒᆞ니 범금젼산 흘후산를 진일범쥬 연리거ᄒᆞ니 유시요도월즁반를 이어리 이어리 아심규쳐 자망긔라 지국총 지국총 어사와ᄒᆞ니 고혜송류 무경계리 만사무심 일됴산ᄒᆞ니 삼공불환 차강산을 돗거어라 돗거어라 산우계풍 권됴시라 지국총 지국총 어사와ᄒᆞ니 일싱동젹 직창낭을 동풍셔일 총강심ᄒᆞ니 일편총긔 만류음을 어으라 어으라 녹평신세 ᄇᆡᆨ구심을 지국총 지국총 어사와ᄒᆞ니 와구봉져 독심시라 취리슈간 무인환ᄒᆞ니 류하젼탄야부지라 ᄇᆡ 미여라 ᄇᆡ 미여라 도화류슈 궐어비라 지국총 지국총 어자와ᄒᆞ니 만강풍월 송어션를 야졍슈한 어불식ᄒᆞ니 만션공지 월명귀라 닷지여라 닷지여라 피됴귀리 계단봉을 지국총 지국총 어사와ᄒᆞ니 풍류미필 직겨시라 일신지간 상됴쥬ᄒᆞ니 셰간경니 진유유라 ᄇᆡ 붓쳐라 ᄇᆡ 붓쳐라 계쥬유유 거년흔를 지국총 지국총 어사와ᄒᆞ니 관닉일곡 산슈록이라// 癸亥□洞新刊

4) 본문에 있는 그대로의 표식이다.

# 참고문헌


1. 자료

「남훈티평가」(권지둔), 서울대 규장각 소장.

「남훈티평가」(권지상), 연세대 중앙도서관 소장.

안민영, 「금옥총부」, 서울대 규장각 소장.

「악장가사 · 악학궤범 · 교방가요 합본」, 아세아문화사, 영인본, 1975.

「교합 악부」, 태학사, 영인본, 1982.

조황, 「삼죽사류」, 서울대 규장각 소장.

김근수, 『국어국문학』 고서잡록, 1962.

심재완 편, 『역대시조전서』, 세종문화사, 1972.

______, 『시조의 문헌적 연구』, 세종문화사, 1972.

이창배 편, 『한국가창대계』, 홍인문화사, 1976.

정병욱 편, 『시조문학사전』, 신구문화사, 1972.

정재호 편, 『한국잡가전집』 1권~4권, 계명문화사, 1984.

한국시조학회 편, 『시조학자료총서』(14책 4권)

2. 연구논저(1988년 이전)

고미숙, 「조선후기 평민가객의 문학적 지향과 작품세계의 변모양상」, 고려대 석사학위논문, 1985.

구본혁, 『한국가악통론』, 개문사, 1975.

권두환, 「18세기의 가객과 시조문학」, 『진단학보』 55, 진단학회, 1983.

______, 「조선후기 시조가단 연구」, 서울대 박사학위논문, 1984.

김대행, 『한국시의 전통 연구』, 개문사. 1975.
______, 『한국시가 구조 연구』, 삼영사, 1982.
______, 『시조유형론』, 이대출판부, 1986.
김동욱, 「방각본에 대하여」, 『동방학지』 11, 연세대 동방학연구소, 1970.
김병국, 「판소리의 문학적 진술방식」, 『국어교육』 34, 한국국어교육연구회, 1979.
______, 「구비서사시로서 본 판소리 사설의 구성방식」, 『한국학보』 27, 일지사, 1982.
______, 「시조 발생의 문학사적 의의」, 『고려가요연구』, 새문사, 1982.
김수업, 「조선후기에 엮이어진 노래책들의 성격에 대하여」, 『배달말』 3, 1978.
김영철, 「한국 개화기 시가 장르의 형성과정 연구」, 서울대 박사학위논문, 1986.
______, 『한국 개화기 시가의 장르연구』, 학문사, 1987.
김호성 · 이강근, 『한국의 전통음악』, 삼성언어연구원, 1986.
김학성, 「사설시조의 장르 형성 재론」, 『대동문화연구』 20집, 1986.
김 현, 『문학사회학』, 민음사, 1985.
김흥규, 「판소리의 이원성과 사회사적 배경」, 『창작과비평』 31호, 1974.
______, 「조선후기의 유랑예능인들」, 『고대문화』 20집, 1981.
______, 「평시조 종장의 율격 · 통사적 정형과 그 기능」, 김대행 편, 『운율』, 문학과 지성사, 1984.
______, 『한국문학의 이해』, 민음사, 1986.
大谷森繁, 『조선후기 소설 독자 연구』, 고려대 민족문화연구소, 1985.
대동문화연구소 편, 『한국인의 생활의식과 민중예술』, 성균관대 대동문화연구소, 1974.
서원섭 · 김가현, 『시조강해』, 경북대출판부, 1987.
서종문, 「사설시조와 판소리 사설의 공통 특질」, 『관악어문연구』 1집, 1976.
______, 「신재효 판소리 사설 연구」, 『판소리사설연구』, 형설출판사, 1984.
설성경, 「방각고소설의 본문 비평」, 『고소설의 구조와 의미』, 새문사, 1986.
송방송, 『한국음악통사』, 일조각, 1984.

신동욱 편, 『신문학과 시대의식』, 새문사, 1981.

신동욱, 『문예비평론』, 고려원, 1987.

심우성, 『남사당패 연구』, 동화예술공사, 1980.

이규호, 『한국고전시학론』, 새문사, 1985.

______, 「개화기 한시의 양식적 변모에 대한 연구」, 서울대 박사학위논문, 1986.

이노형, 「잡가의 유형과 그 담당층에 대한 연구」, 서울대 석사학위논문, 1987.

이동환, 「조선후기 한시에 있어서 민요 취향의 대두」, 『한국한문학연구』 3·4합집, 1979.

이우성, 「18세기 서울의 도시적 양상」, 『향토서울』 17, 1973.

이욱헌, 「경판 방각 소설의 상업적 성격과 이본 출현에 대한 연구」, 『관악어문연구』 12, 1987.

이주환, 『시조창의 연구』, 국립국악원, 1962.

이태극, 『시조의 사적연구』, 선명문화사, 1974.

임형택, 「여항문학과 서민문학」, 『한국학연구입문』, 지식산업사, 1981.

______, 「18세기 예술사의 시각」, 『이조 후기 한문학의 재조명』, 창작과 비평사, 1983.

______, 「이조말 지식인의 분화와 문학의 희작화 경향」, 『전환기의 동아시아 문학』, 창작과 비평사, 1984.

장사훈, 『시조음악론』, 한국국악학회, 1973.

______, 『한국 전통음악의 이해』, 서울대 출판부, 1981.

______, 『국악총론』, 세광음악출판사, 1986.

정병욱, 「이조후기 시가의 변이과정고」, 『창작과비평』 31호, 1974.

______, 『고전시가론』, 신구문화사, 1977.

정옥자, 「조선후기의 문풍과 위항문학」, 『한국사론』 4, 서울대 국사학과, 1978.

조동일, 「18·9세기 국문학의 장르체계」, 『고전문학연구』 1집, 1971.

______, 『문학연구방법』, 지식산업사, 1980.

______, 『한국문학통사』 3, 지식산업사, 1984.

______, 『한국문학통사』 4, 지식산업사, 1986.

조동일 · 김흥규 편, 『판소리의 이해』, 창작과 비평사, 1978.

진덕규 편, 『19세기 한국 전통사회의 변모와 서민의식』, 고려대 민족문화연구소, 1982.

진동혁, 『주석 이세보 시조집』, 정음사, 1985.

_____, 『이세보 시조 연구』, 집문당, 1983.

최동원, 『고시조론』, 삼영사, 1980.

_____, 「조선전기(15-17세기) 시조문학의 특성과 시대적 전개」, 『부산대 인문논총』 21, 1982.

_____, 「고시조 문학사의 시대구분고」, 『부산대 인문논총』 26, 1984.

한국고전문학회 편, 『근대문학의 형성과정』, 문학과 지성사, 1983.

한국사연구회 편, 『한국사연구입문』, 지식산업사, 1987.

한국시조학회 편, 『고시조작가론』, 정음사, 1987.

한우근 · 이성무 편, 『사료로 본 한국문화사』, 일지사, 1985.

황위주, 「조선후기 소악부 연구」, 한국학대학원 석사학위논문, 1981.

허창운, 「문학적 의사소통과 문예학의 과제」, 『세계의 문학』 47호, 1988.

A. Houser, 『예술사의 철학』, 황지우 역, 돌베개, 1983.

James Thorpe, *Relations of Literary Study*, Modern Language Association of America, 1967.

Ruth Finnegan, *Oral Poetry*, Cambridge University Press, 1977.

3. 연구논저(1989년 이후)

강명관, 『조선시대 문학예술의 생성공간』, 소명출판, 2001.

고려대학교 고전문학 · 한문학연구회 편, 『19세기 시가문학의 탐구』, 집문당, 1995.

고미숙, 『19세기 시조의 예술사적 의미』, 태학사, 1998.

_____, 『18세기에서 20세기 초 한국 시가사의 구도』, 도서출판 소명, 1998.

고정희, 「가곡원류 시조의 서정시적 특징」, 서울대 석사학위논문, 1996.

______, 「소설 수용 시조의 장르 변동 양상과 사회적 성격」, 『장르 교섭과 고전 시가』, 월인, 2000.

김병국, 『한국 고전문학의 비평적 이해』, 서울대 출판부, 1995.

김석회, 『존재 위백규의 문학연구』 이회, 1996.

______, 『조선후기 시가연구』, 월인, 2003.

김용찬, 『조선후기 시가문학의 지형도』, 보고사, 2002.

김용철, 「<진청> 무씨명의 분류체계와 시조사적 의의」, 『고전문학연구』 16집, 1999.

김창남, 『대중문화의 이해』, 한울아카데미, 1998.

김학성, 『한국 고시가의 거시적 탐구』, 집문당, 1997.

______, 『한국 고전시가의 정체성』, 성균관대학교 동아시아 학술원, 2002.

______, 「시조의 텍스트 파생양상과 그 의미」, 『고전문학연구』 23집, 2003.

______, 「평시조와 사설시조의 텍스트 연관성」, 『고전시가 엮어읽기』, 태학사, 2003.

김형규, 『한국 방언 연구』, 서울대 출판부, 1989.

김흥규, 「'장사치-여인 문답형(問答型) 사설시조'의 재검토」, 『욕망과 형식의 시학』, 태학사, 1999.

박노준, 『조선후기 시가의 현실인식』, 고려대 민족문화연구소, 1998.

박성봉, 『대중예술의 미학』, 동연, 1995.

박애경, 「조선후기 시조의 통속화 과정과 양상 연구」, 연세대 박사학위논문, 1998.

박이정, 「대중성의 측면에서 본 「남훈태평가」 시조의 내적 문법 연구」, 서울대 석사학위논문, 2000,

서울시립대학교 부설 서울학연구소, 『조선후기 서울의 사회와 생활』, 1998.

성무경, 「19세기 초반 가곡 향유의 한 단면」, 『시조학논총』 19집, 2003.

______, 「가곡 가집 <영언>의 문화적 도상」, 『고전문학연구』 23집, 2003.

신경숙, 『19세기 가집의 전개』, 계명문화사, 1993.

______, 「초기 사설시조의 성 인식과 시정적 삶의 수용」, 『한국문학논총』 16집, 1995.

______, 「19세기 가객과 가곡의 차이」, 『한국시가연구』 2집, 1997.

______, 「19세기 가곡사 어떻게 볼 것인가」, 『한국문학연구』 1집, 2000.

______, 「19세기 연행예술의 유통구조－가곡(시조문학)을 중심으로」, 『어문논집』43, 2001.

______, 「18, 19세기 가집, 그 중앙의 산물」, 『한국시가연구』 11집, 2002.

______, 「<가곡원류>의 소위 관습구들, 어떻게 이해할 것인가」, 『한민족어문학』 44집, 2002.

양희찬, 「시조집의 편찬계열 연구」, 고려대 박사학위논문, 1993.

염광호, 『종결어미의 통시적 연구』, 박이정, 1998.

이동연, 「19세기 시조의 변모양상-조황 안민영 이세보의 개인시조집을 중심으로-」, 이화여대 박사학위논문, 1995.

______, 『19세기 시조 예술론』, 도서출판 월인, 2000.

이지영, 『안민영의 시조 창작을 통해본 19세기 가객 시조의 성격』, 이화여대 석사학위논문, 1992.

임종찬, 『개화기 시조론』, 국학자료원, 1993.

정우봉, 「19세기 시론 연구」, 고려대 박사학위논문, 1992.

정흥모, 『조선후기 사대부 시가의 세계인식』, 도서출판 월인, 2000.

조남현, 『개화기 시조의 형식과 의식』, 현대시의 전통과 창조, 열화당, 2000.

조성진, 「시조의 담론 구성 방식 연구」, 서울대 석사학위논문, 2001.

최전승, 『19세기 후기 전라 방언의 음운 현상과 그 역사성』, 한신문화사, 1986.

최학근, 『증보 한국 방언 사전』, 명문당, 1990.

한국시가학회 편, 『시가사와 예술사의 관련양상-18~19세기를 중심으로-』, 보고사, 2002.

한　길, 『국어종결어미연구』, 강원대출판부, 1991.

황인권, 『한국 방언 연구-충남편-』, 국학자료원, 1999.

# 찾아보기

## ㄱ


가객(歌客) 13, 77～80, 93, 99
가곡보감(歌曲寶鑑) 24
가곡원류(歌曲源流) 13, 81, 97, 147
「가곡원류」계 가집 96, 148, 153
가곡창(歌曲唱) 16, 64, 80～82, 97, 104, 129, 130, 149, 150, 153, 158
가사(歌詞) 16, 19～24, 50, 65, 82, 95, 99, 101, 107, 121, 150
가창 80, 101, 102, 105, 118, 125
가치관 51
'각시네'류 42
갈등 54
강호시조 52, 53
개인작(個人作) 29
개작(改作) 20, 25, 28, 29, 32, 35, 37, 42, 44, 53, 74, 75, 92, 100, 102, 103, 109, 110, 117～119, 120, 125, 132
개화기 시조 111, 112
경제(京制) 97, 98
경판(京板) 18, 97
경험 44～46, 73, 74
고답성 109
고대본 「악부」 120～122, 126
고대소설 19, 34, 35, 46, 73, 94
고시조 이론서 93
공식구적 표현 140
공식적 표현 30, 57
공연 가창 연예물(公演歌唱演藝物) 124
공연 예술 88
공유 22, 27, 28, 30, 31, 34, 35, 41, 118, 124, 125
과도기 54, 152
과속(過速) 152
관계의 대등성 153
관서악부(關西樂府) 80
관습시(慣習詩) 43, 54, 77, 112, 124
광의(廣義)의 시조 49, 74, 108, 112, 125
교방가요 82
교섭 118, 122
교습용(敎習用) 가창대본(歌唱臺本) 101
교양 73
구복(口腹) 73
구비 가창물(口碑歌唱物) 88, 124

구어적 표현 31, 62
구어체(口語體) 30, 61, 137, 139, 141～143, 146, 151, 153, 154
구어체 종구 149
구어체적 종결어 139
구연 86
구연성(口演性) 72
구연자(口演者) 85
구조(舊調) 117
국문 시조집 18, 23～25, 106, 109, 118, 123, 126, 152
권용정(權用正) 91
권주가 117
극적 재현 69
근대 76, 77, 106, 107, 120
근대문학 84
금객 79
금옥총부(金玉叢部) 13, 98
기생 27, 59, 79, 80, 85, 103, 118
기음 노래 92, 93

ㄴ

나열 144
낙시됴 19
노래가사 바꿔 부르기 35
농가구장(農歌九章) 92

ㄷ

다변(多辯) 152, 157
단가(短歌) 26, 88
단심가(丹心歌) 47
단일 화자 40, 67
단형(短型) 35, 40, 58, 92
단형시조 58, 72, 91
담당층 54
대동풍아(大東風雅) 103
대원군 81
대중 65, 81, 89, 90, 107, 129, 130
대중문학 17, 124～126
대중성(大衆性) 93, 99, 112, 118
대중예술 87, 89
대중화(大衆化) 17, 79, 90, 93, 105, 111, 120, 122, 123, 125, 126, 145
대한매일신보 112
대화 154
대화체(對話體) 41, 43, 45, 67, 68, 71, 75, 132, 135, 138, 141, 151, 153
'댁드레'형 137
독백체 68
돈호법 132, 133, 135, 138, 140, 141, 146
동류(同類) 국문 시조집 23

ㅁ

말기 시조 15, 108, 125, 156

말하기 141, 146, 152, 153, 155, 156, 158
매화가 19, 21, 24, 99
맹꽁이타령 26
명창 98, 103
모티프 25～27, 46, 71, 73, 118, 119, 124, 134, 155
목민심서(牧民心書) 89
무쌍 신구 잡가 117
문답 형식 68
문어체 30, 61, 142, 143
문어체적 종결어 31, 66, 139
문체 144
문학사(文學史) 81, 108, 125
문학적 재미 115
문학적 취향 43, 44, 99
미의식 38, 72, 73
민속악(民俗樂) 81, 82
민속예술(民俗藝術) 87
민요 57, 60, 73, 74, 91, 92, 99, 100, 115, 117, 120～122, 124, 125
민요적 색채 63
민중예술(民衆藝術) 87

## ㅂ

반복 37, 74, 75, 115, 119, 122
방각본(坊刻本) 15, 16, 19, 84, 87, 90, 94, 95, 97, 99, 100, 104, 106, 107, 123, 129, 130, 145
방언(方言) 56, 102, 145, 146, 148, 149, 156, 157
백구사 19, 22, 24
번방곡(翻方曲) 92
변용 25, 28～30, 35～37, 40, 43, 47, 49, 64, 67, 71, 73, 124
병렬(竝列) 57, 58, 61, 113
병와가곡집 33
보급용 노래책 97, 105, 106, 109, 125
부분적 변이 22
부연 37, 40, 41, 71, 146
분위기의 쇄신 156
비속성 109
비속어 102
비시적(非詩的) 소재 74
비어(卑語) 55, 56

## ㅅ

사대부 문학 83
사대부적 미의식 72
사설시조 13, 15, 30, 42, 49, 60, 62, 67, 68, 74, 107, 108, 113, 115, 119, 121, 122
삼장 형식(三章 形式) 28
삼장(三章) 육구(六句) 33
삼죽사류(三竹詞流) 99, 150
상사별곡 19, 22, 24, 50, 94, 99

상업 17, 77, 78, 86, 90, 105, 106, 113, 124, 125
상업성 86, 94
상업적 문화 풍토 79, 84
상업적 수요 79
생략 58
생매잡아 71, 119, 157
생활어 145
서민 문학 83
서민적 미의식 72
서민층 91
서사체 70, 72, 75
서정성 39, 72
석동(石洞) 19
성시전도시(城市全圖詩) 86
세속성(世俗性) 53
세시풍요(歲時風謠) 79
소리꾼 118, 119
소악부 92
속요 121
속화(俗化) 46, 55～57
쇼츈향가 19, 21, 50, 99
수용 89
수용자 73
순국문 19, 23, 24, 96
시가요곡(詩歌謠曲) 20, 23, 24
시어(詩語) 35, 37, 56, 113
시어의 속화(俗化) 55
시점 39, 70, 71
시조 19, 20, 22, 24, 82, 112, 121
시조 명창(時調名唱) 98
시조 악보 93
시조 한역(時調漢譯) 91, 92
시조사 129, 131
시조시형(時調詩型) 112
시조연의(詩調演義) 93
시조창(時調唱) 16, 19, 24, 63, 64, 81, 94, 95, 97, 99, 111, 112, 129, 130, 137, 141, 149～153, 158
시조창 가집 130
시조형(時調型) 27
시쳘가 20, 23, 24, 113
신간(新刊) 95
신위(申緯) 19, 32, 33
신작(新作) 117
신제(新制) 117
신조(新調) 117
실학파 문학 83
심미성(審美性) 53

ㅇ

아마도 -는 -인가 32
아희야 132, 136
안민영 13, 48
압축 58
야문가만필번록(夜聞歌漫筆翻錄) 92
어법 140, 146, 147, 153, 154, 158

어부사 19, 22
어우야담(於于野談) 92
어조 20, 25, 26, 31, 56, 61~63, 66, 124, 130
언문풍월 115
언희(言戲) 112, 114, 125, 138
여성 49, 56
여항 문학 83, 84
연예(演藝) 82
연정(戀情) 47, 48
연행 35, 72, 88, 96, 112, 116
연행 공간 88
연희 79, 107
열거 59, 74, 75, 119, 122
영업성 86
예능인 77, 78, 84, 85, 90, 120
완독 105
완독용(玩讀用) 101
우조지름시조 151
원사청 19, 101
위백규(魏伯珪) 92
유행 103~105, 106, 125, 152
유행가(流行歌) 93
유흥 27, 112, 117, 125
육정(肉情) 47
윤선도 116
율격 66
음성적 표현 150
음악적 관습 64
의성(擬聲)·의태법(擬態法) 59
이념 27, 47, 48, 51, 53, 54, 66, 73~77, 99, 111, 112, 124
이념성 109
이문(異文) 29
이본(異本) 29, 100, 121
이세보 13, 48, 151, 152
이세춘 80
이정보 46
이중시점(二重視點) 70
익명(匿名) 102
인기(人氣) 82
일상 34, 44~47, 51~53, 55, 60, 62, 66, 73, 74, 102, 109, 111, 122, 124, 125, 139, 140, 143, 149, 151, 152, 158
일상성 141
일상적 어조 61
일탈 48
임정(任廷) 91

### ㅈ

자연 52, 53
작시 원리 34
잠재적 청자 68
잡가 16, 19, 20, 21, 23, 24, 27, 30, 50, 81, 82, 87, 95, 99, 101, 104, 105, 115, 117, 120, 121, 157
잡가집(雜歌集) 103, 104, 117

잡학(雜學) 75, 113, 114
장르 118
장르 교섭 27, 126
장르 혼효 118
장진주사(將進酒辭) 115
장형화(長型化) 26, 58, 62, 71, 157
재수록 100, 132, 137
적벽가 27
전문성 85
전형성(典型性) 57
정감 47
정석가(鄭石歌) 47
정제성(整齊性) 25
정형성 60
정형시 75
조(調) 및 사(詞) 20, 23, 24, 119, 155
조황(趙榥) 13, 99
종결어 61, 63, 66
종구(終句) 16, 23, 40, 64, 111, 112, 130, 137, 139, 141, 142, 152, 153, 158
종장 16, 19, 20, 29~31, 34, 35, 37, 38, 66, 131, 134, 135, 137~139, 142, 144, 149, 151~153, 155, 158
주정적 주제 49, 50, 54, 124
주정주의(主情主義) 48
죽장망혜 26
줄풍류 78
중세문학 84
중의법(重義法) 59
지방색 147, 156
지방제(地方制) 97
지향성 44
진본「청구영언」 34
진술 방식 67, 68, 71

ㅊ

창작 89
처사가 94
첨가 37, 40, 41, 43, 58, 71, 102
첨삭(添削) 21, 95
청구야담(青邱野談) 80
쳐사가 19, 22
축약(縮約) 22
춘면곡 24, 94
춘향전 99
취향 25, 35, 46, 60, 96, 101, 124, 143, 145, 152, 153, 158
츈면곡 19, 22, 24, 50, 99

ㅌ

탈이념성(脫理念性) 111
통속 124
통속 민요 87
통속성(通俗性) 56, 112

## ㅍ

파격성 37
파연곡(罷宴曲) 116
판소리 70, 72, 81～83, 85, 87, 88, 107, 115, 120
평민 가객 78
표기법 24
표현의 부연적 서술 37
품위(品位) 82
풍속어(風俗語) 55
필사본 가집 96, 97, 100, 102, 104, 125

## ㅎ

'-하노라' 형 142
'-하더라' 형 142
'-하소' 형 142
한국가창대계(韓國歌唱大系) 21
한시의 시조화 33, 144, 150
한양가(漢陽歌) 78
한역 시조(漢譯時調) 48
한자어 143～145
한잔 부어라 26
합리적 사고방식 39
합성(合成) 40, 42, 43, 67, 100
현상적(現象的) 화자 68
현실시(現實詩) 43, 54
현실적 가치 36
현장성 69
확대(擴大) 22
활자본 가집 24, 103, 104, 106
효용성 129
휘몰이잡가 16, 26, 27, 119, 126
희작화 114, 115
희화화 59, 74, 113

## 기타

3장 형식 19
3장 6구 150
4·4조 57
18세기 시조 15
19세기 시조 15
'aaba'식 수사(修辭) 60
−타령 121
−하리라 139

■ **최규수(崔圭穗)**

1963년 서울생
이화여자대학교 국문과 및 동 대학원 졸업(문학박사)
현재 명지대학교 방목기초교육대학 부교수(강의전담)

주요논저로
『송강 정철 시가의 수용사적 탐색』
『규방가사의 작품세계와 미학』(공저)
「권섭 시조에 나타난 웃음의 문학적 형상화와 그 의미」 등이 있다.
choiks@mju.ac.kr

한국시가문학연구총서 ⑥

**19세기 시조 대중화론**

2005년 11월 15일 초판 발행

지은이 최규수
펴낸이 김흥국
펴낸곳 도서출판 **보고사**

등록 1990년 12월(제6-0429)
주소 서울시 성북구 보문동 7가 11번지
편집부 922-5120~1, 영업부 922-2246, 팩스 922-6990
홈페이지 www.bogosabooks.co.kr
메일 kanapub3@chol.com


ISBN 89-8433-348-4(93810)
정가 15,000원

# 南薰太平歌 全

남훈ᄐᆡ평가 천지간
낙시조 롱 편 ᄉᆞᆷ 소용
우조 후정화 계면 ᄆᆡᆫ츄젹렵
원사쳥 잡가 가사
낙시조
간밤에부든바람 만졍도화 다지거다 아희는뷔를들고스
로랴ᄒᆞ는고야 낙화들고지아니랴 스러무삼
젹무인엽즁문ᄒᆞ니레만졍화락월명시라 독의사창ᄒᆞ야장
탄식만ᄒᆞ든ᄎᆞ에 원촌에일계명ᄒᆞ니의ᄭᅳᆫ는듯
아희는약ᄏᆡ라가고 죽졍은휑뎅그러이부엿는데 흣허진
바독장긔를어늬아희가스러담아주리 술취코송졀에누
어스니졀가는쥴
왕상의니어낙고밍종의죽순ᄭᅥᆨ거 감든머리ᄇᆡᆨ발토록노
래ᄌᆞ의옷슬입고일ᄉᆡᆼ에양지셩효를증ᄌᆞ갓치

일각이삼츄라ᄒᆞ니열흘이면몃삼츄요. 세마음질겁거다
쌍의시름생각는지. 각득에다셕은간장이봄눈스듯
이러니저러니회포날더릴낭마롤마소. 나죽은무덤우희
논롤풀지밧갈논지. 쥬부도유령분상토니아니놀고
인싱이늘짜젯싸아몸이네다셧싸. 비러온인싱이쭘에돌
가지구쳐. 일싱에살풀닐만ᄒᆞ고언제놀녀
산촌에밤이드니면데미가지저린다. 시비를녈고보니하
날이차고달이로다. 져미야공산잠긴달보고지져누산
져건녀일편셕이강티공의됴되로다. 문왕은어듸가고반
되홀노미엿는고. 쳥양에물찬제비는오락가락
오츄마우논곳데칠쳑장검빗나거다. 자방은결승쳔리ᄒᆞ
고한신은젼필승공필취라. 항우는일범즁부릉용ᄒᆞ니의
곳는듯
초강어부드라고기낙과삼지마라굴삼녀충혼이어복나

에들엇는이。아모리졍확에살문물ᄋᆡ를소냐
사벽셔리찬바람에울ᄌᆞ가는기럭이야。초장으로향ᄒᆞ는
냐。동졍호로향ᄒᆞ느냐。밤즁만네우름소리잠못니러
쳥명시졀우분〻ᄒᆞᆯ제노상항인이욕단혼이로다。문노라
목동들아술파는집어듸메뇨。져건너쳥렴쥬긔풍이나게
가셔나뭇소
남훈뎐ᄃᆞᆯ밝은밤에팔원팔ᄀᆡ거ᄂᆞ리시고。오현금탄일셩
에희호낀지은혜로다。강구에문동요ᄒᆞ니쳘가는쥴
육에는틔나잇지오말굿ᄒᆞ면다남편됨나。너안뒤여남독
뵈고오련갑〻현일도ᄯᅩ어듸잇노。열놈빗말를ᄒᆞ야도드르
리짐작
반나마늙어쓰니다시졈든못ᄒᆞ리라。일후ᄂᆞᆫ누지말고미
양이만ᄒᆞ약고주。빅발이뎨점작ᄒᆞ야더듸늙게
녹양삼월졀에년군리는져목동아。잔년군길지라도쥴근년

근다칠체라。곳속에비한이잠드러쓰니션잠。절나
달밝고결이치는밤에울고가는기러기야。소상동졍어듸두
고녀관한등에잠든나를세우느냐。밤중만네우름소리잠
못니러
서셕잔뎐빅노비ᄒᆞ고도화뉴슈졀어비라。쳥약닙녹자의
로자풍셰우불슈귀라。지금에장지화엽기ᄒᆞ고를셔려
잠월잠일니빅도홍국월구일황국관풍。금쥰에쥴이잇고
동졍호에달이로다。하희야잔까득부어라완월장취
초경에비취울고이경야에두견이운다。삼경사오경에슐
피우는져홍안아。야〻에네우룸소리에잠못니러
사랑인들임마다허며너별인들다셔루라。평싱쳐음이오
다시못볼임이로다。일후에다시만나면연분인가
결월이빈졍헌데바람아부들마라。예리셩아닌쥴를바
년너알것만는。아쉽고그리운마음예횡여권가

만경창파지슈에둥〃떤는기러기야。구월구일망향디
에흥나룡북지리냐。너의도니별를마ᄌᆞᄒᆞ고져리둥〃
쳥ᄉᆞᆫ아무려보ᄌᆞ고금ᄉᆞ를네알니라。영웅쥰걸드리몃〃
치나지나도냐。이뒤에믄나니잇거든나도함셔
빅구야한가ᄒᆞ다네야무ᄉᆞᆷ날잇ᄉᆞ리。강호로져단닐제어
디〃〃경ᄒᆞ드냐。우리도공명를하직ᄒᆞᆫ너를ᄯᆞ차
기러기ᄲᅦ〃ᄯᅡᆫ니안진곳에포슈야총를함브로노치마라。
져북강남오구가는길에임의소식를뉘젼ᄒᆞ리。우리도그
런줄알기ᄒᆞ이너노쏨네
초산목동드라남무비다ᄃᆡᄃᆞᆺ칠ᄂᆞ。그ᄃᆡ를고이길너ᄂᆡ오
리라낙슈ᄃᆡ를。우리도그런줄알미로나무만비오
쥴ᄒᆞᆫ변등용문ᄒᆞᆫ깨여활쏜다ᄂᆞᆫ말인젹ᄒᆞ라。왕발도도자ᄒᆞ
ᄂᆞ염파라모늙어ᄂᆞ니。ᄋᆞ리랑쥴도활도ᄲᅡᆯᄂᆞ밧괄길쥴
아희야연슈쳐라그린임ᄭᅦ편지ᄒᆞᆺ。거문먹ᄒᆞᆫ조희는정든

임를보련만는。져붓듸날과갓치그림ᄌᆞ츨만
바람부려우은남기비온다ᄅᆞ너허나며임그려난ᄂᆞᆫ병에약찬
다ᄅᆞ너허나락져임아별노난병이니날살녀주렴
녹ᄎᆞ광쳬상에토괴황독져목동아쳬상시비사를네아ᄂᆞ냐모
르ᄂᆞ냐구아희잔젹만불변셔조이ᄇᆞ고잡
나탄ᄆᆞᆯ은쳥총마오임탄ᄆᆞᆯ은오추마라녕압헤쳥삽살기호
임의ᄑᆞᆯ에보라ᄆᆡ라져ᄀᆞ야공산에잡히든ᄭᅯᆼ를자루자루져득
겨라ᄆᆡ젹여보게
군불견황ᄒᆞ지슈쳔상니헌다분류도히불부회라우불견ᄅᆞ
당병셩비빗발헌다ᄌᆞ여청사모셩셜를인셩이득의슈진환
이라막사금쥰공ᄃᆡ월ᄒᆞ소
우연이지변ᄒᆞᆫ쳥이심입골슈병이드러일ᄉᆡᆼ월ᄆᆡ계에분
슈상별이웬ᄆᆞᆯ이냐아희야괴ᄭᅩ리날녀라쫌결갓게
만경창파지슈에등ᄃᆡ져는불약거뮈게오리들아。비솔금쳥

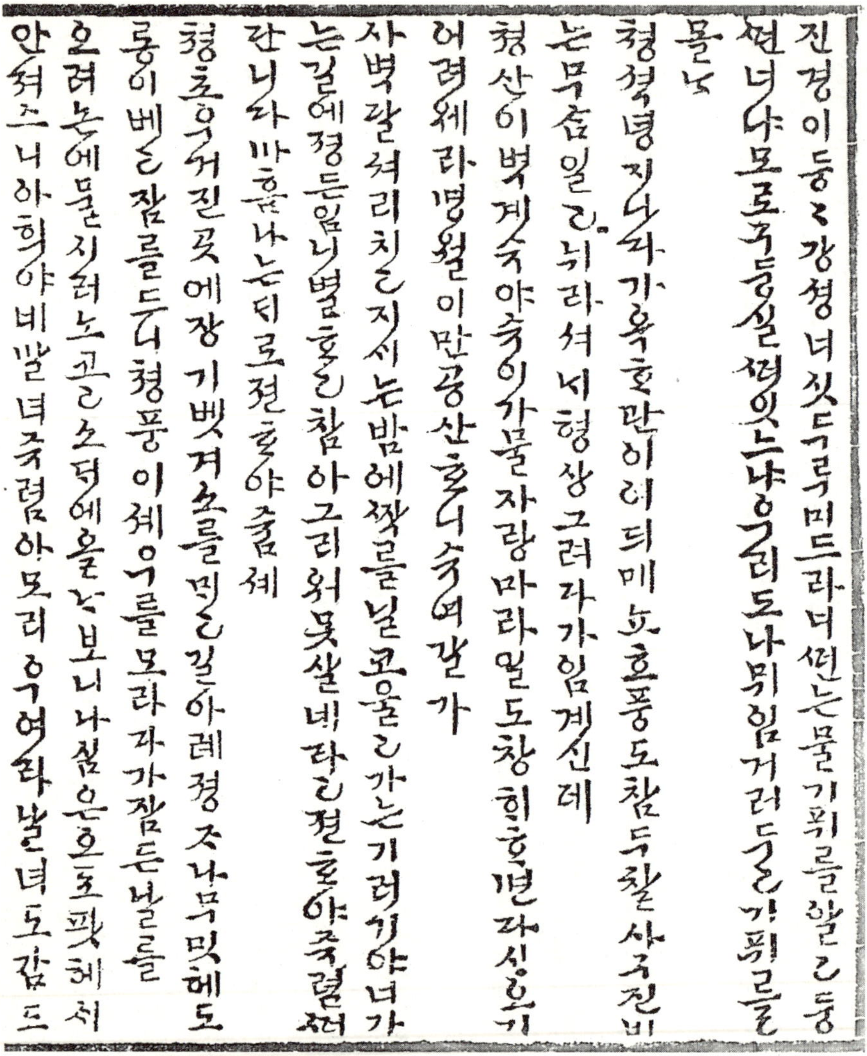
진경이둥〻강청녀짓드루미드라녀쎤ᄂᆞᆫ물기픠를알ᄂᆞᆫ동
쎤녀냐모로ᄂᆞᆫ동실쎳잇ᄂᆞ냐우리도나믜임거러ᄂᆞᆫ기픠를
몰나
쳥셕령지나거다옥ᄒᆞ관이어듸메오호풍도참도찰샤구진비
ᄂᆞᆫ무ᄉᆞᆷ일고。뉘라셔내형상그려다가임계신데
쳥산이벽계수야ᄉᆔ이가믈자랑마라일도창희ᄒᆞ면다시오기
어려웨라명월이만공산ᄒᆞ니쉬여갈가
사벽달셔리친지셰ᄂᆞᆫ밤에ᄶᅡᆨ을닐코울고가ᄂᆞᆫ기러기야너가
ᄂᆞᆫ길에졍든임니별ᄒᆞᆫ참아그리워못살네라ᄒᆞ고젼ᄒᆞ야쥬렴ᄒᆞ여
란니라ᄲᅡ흔나ᄂᆞᆫ듸로젼ᄒᆞ야쥬옵세
쳥초우거진곳에장기벗겨쇼를ᄆᆡᆫ길아레졍자나무밋헤도
롱이베고잠들드니쳥풍이세우를모라다가잠든날를
오려논에물실려노코ᄂᆞᆫ소뎌에올나보니나심은오조팟헤셔
안쳐스니아희야비ᄲᅡᆯ녀쥭렴아모리우여라날녀도감도

라듬네
가노라〻〻님아 언양간쳔에 풍월강산으로 가노라 님아 가라가
심양강에 파파쳥를 어이ᄒᆞ리 밤중만 지국총 ᄃᆞᆺ감는 소ᄅᆡ에
잠못니뤄
목불근 산상치와 ᄌᆞᆯ에 안즌 ᄇᆡᆨ홍ᄃᆞ리 너압논 어살 ᄲᅵ헤ᄃᆞ 기러록
ᄂᆞᆫ졉빅노아 ᄎᆞᆷ강에 너의 곳업쓰면 ᄎᆞᆷ일젹어
졀원에 봄이 드니나 헐일ᄂᆞᆷ이 졀혀 ᄡᅡᆫ다 약ᄯᅡᆺᄌᆞᆫ 가ᄆᆡᆺ혀 화조모
동ᄂᆡ욤 기라 아희야 ᄃᆡ나면 져비여 오너라 사깁겻게
학타ᄃᆞ 져불ᄃᆞ 호로병 차ᄃᆞ 불노초 메ᄃᆞ 쌍상투 ᄶᅡᆺ고 ᄉᆡᆨ동 거리입은
가는 아희게 잠첫거라 ᄠᅦ워되로 가느냐 발무러 보조ᄒᆞ지여 결만
들이 누구〻〻 모야 계지드나ᄂᆞᆫ 곳에 나쳑 현ᄌᆞ동 ᄯᅩ 두목지 장건
이라 모야 계시드라
소상 ᄎᆞ수ᄅᆞᆯ 한회오 수ᄇᆡᆨ사 빙낭 안ᄒᆡ라 이십오현를 탄나 월
ᄒᆞ니 불승쳥원 각비ᄅᆡ라 아마도 일홈ᄌᆞᆫ 징은 ᄌᆞᆫ나ᄆᆡ 광젼 그라

쳥산자부송아너는웨이누어는냐풍상를못니긔여써져셔
누엇노라가다가냥공를만나거든엿드라소
져건너거멍것쭉헌바회졍를드려쌀여너야털쌱여쌀쓰차
네발모와경졍듬굿시거려가는드시잣이〃라쌀근분거문임
조동엿싸임나별호ᄒᆞ별타고나갈샤
만군쥐를느려쟈야겁게〃소흘쏘와주만장쳔가는희를뮈
우러라숏이〃북광에학발쌍친이더되늙게
무릉도원홍도화도잠월이변모춘이오동정호발군잘도
그몸이변무광이라엇지타셜부화용를압겨무슴
졔오리라〃〃체빅사녹모열네장자줄갑아졔오리라반공운
무중에쌓엿쪼나구머리장군에홍능화긴코그중에짓거리잇
리팔잘듯고도감통찰밧는변은너연인가
꿈에향그를쌓〃쳘하사를의논ᄒᆞ니중몽의눈물이오콘잘
집고힐은운발이지쵸에보도오강를못넘셔러

오호틔쟝날번장ᄉᆞ젼목ᄒᆞ목졔갈녕과그장사그모사변ᄒᆞᆫ얼
쳔하허련ᄭᅡᄂᆞᆫ아ᄭᅡ도삼분쳔하ᄂᆞᆫ쳔의신가
촌아레구분길에동쳣가ᄂᆞᆫ즁〻에ᄲᅡᆯ〻지둥놈아게잡셧셔
라녜워뎌도가느냐ᄲᅡᆯ므러보자인간너별ᄲᅡᆫ사즁에돈ᄉᆞᆨ공방
청기신부쳐어늬절법당탁ᄌᆞ우희감즁년ᄒᆞᆯ〻눈나려ᄉᆡᆨ〻고
앙바라자시더냥보앗너냐못보앗너냐ᄌᆞᄌᆞᆼ은상좌즁이나ᄌᆞᆼ
즁녀러

사랑삼쳐사랑을삼ᄊᆡᄒᆞᆫ들사랑팔냐가ᄂᆞᆫ잇ᄯᅳᄲᅧ너별잡ᄉᆞ너
별을삼ᄉᆞᆫ헌들너별사리가ᄂᆞᆫ잇스리지금에팔〻자리협ᄯᅳ니장
사랑에장니별인가

곳지야곱다마ᄂᆞᆫ가지ᄂᆞᆷ하못젹셧다것지ᄂᆞᆫ못ᄒᆞᆫ나ᄭᅡ일홈이나
질〻가자아ᄭᅡ도그곳일흠은단장환가

옹갓치쳘〻긔ᄂᆞᆫᄭᅡᆯ게반ᄇᆞ람ᄒᆞ야네사랑틔〻산너머굴움밧
게쟁산양ᄒᆡ라갈졔치치ᄲᅧ돌쳐봄〻졔굴움ᄉᆞᆨ에반달이로

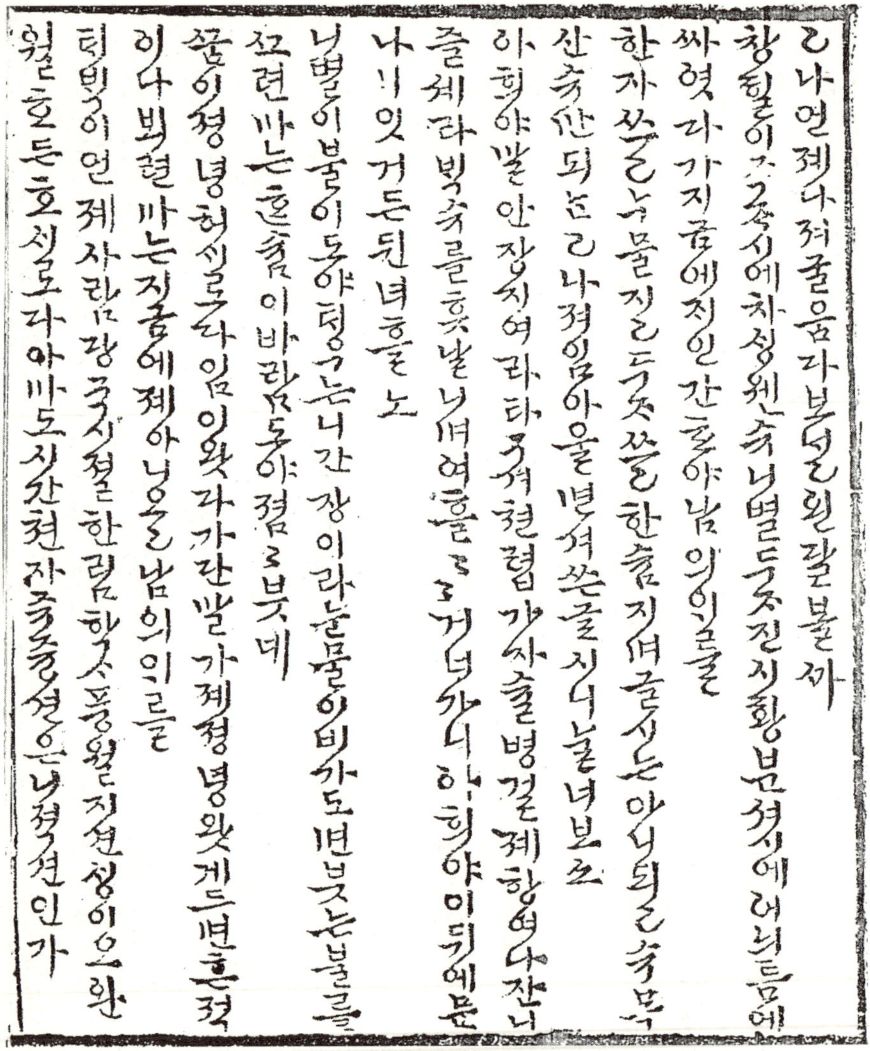

간밤에 꿈도 됴트니 임의게셔 편지 왓네 그 편지 바다 빅번이나 보고
가슴 우희 언꼬 잠을 드니 구타야 무겁지 아니ᄒᆞ되 가슴 답답
희치셜 장탄식의 초츙빙경이 간장회라 잇자 ᄒᆞ여도 못 잇치비는 무
ᄉᆞᆷ 날노 원촌에 일계 병ᄒᆞ니 의흣는 듯
꿈아 여럽ᄉᆞᆫ 꿈아 오는 임을 보ᄂᆡᆫ 꿈아 오는 님 보ᄂᆡ든 ᄭᆡ고
잠든 나를 ᄉᆡᆼ각ᄒᆞ렴다 너계는 꿈도 차애 슈ᄒᆞ니 그를 혀려
창오산 붕상수졀이라야 이ᄂᆡ 셜음 업ᄉᆞᆯ 거슬 구의 봉 굴음 니러
가지록 심ᄉᆞ웨라 밤등 ᄡᅡᆫ월 흘너 동명ᄒᆞ니 임 뵌 듯지
쳥산도 절노절노 녹슈라도 절노절노 산 절노 슈 절노 ᄒᆞ니 잔슈
간에 나도 절노 세상에 절노 자란 몸이 늙기도 절노
각시님 옛 ᄉᆡᆼ각든 얼골 져 건너 셰ᄉᆡᆼ에 ᄒᆞᆯ노 웃뚝 쳔ᄂᆞᆫ 슈양버들
무고 몽다도 야 쳥어스러진 광 뒤동거리다 되산 ᄲᆞᆯ 가 졀머 쏘자
졀머 쏘자 체다 쳣 ᄲᅡᆫ 졀머 쏘자 열흘 다 쳣 ᄲᅡᆫ 졀 무랑이 변너
원 되ᄂᆞ니

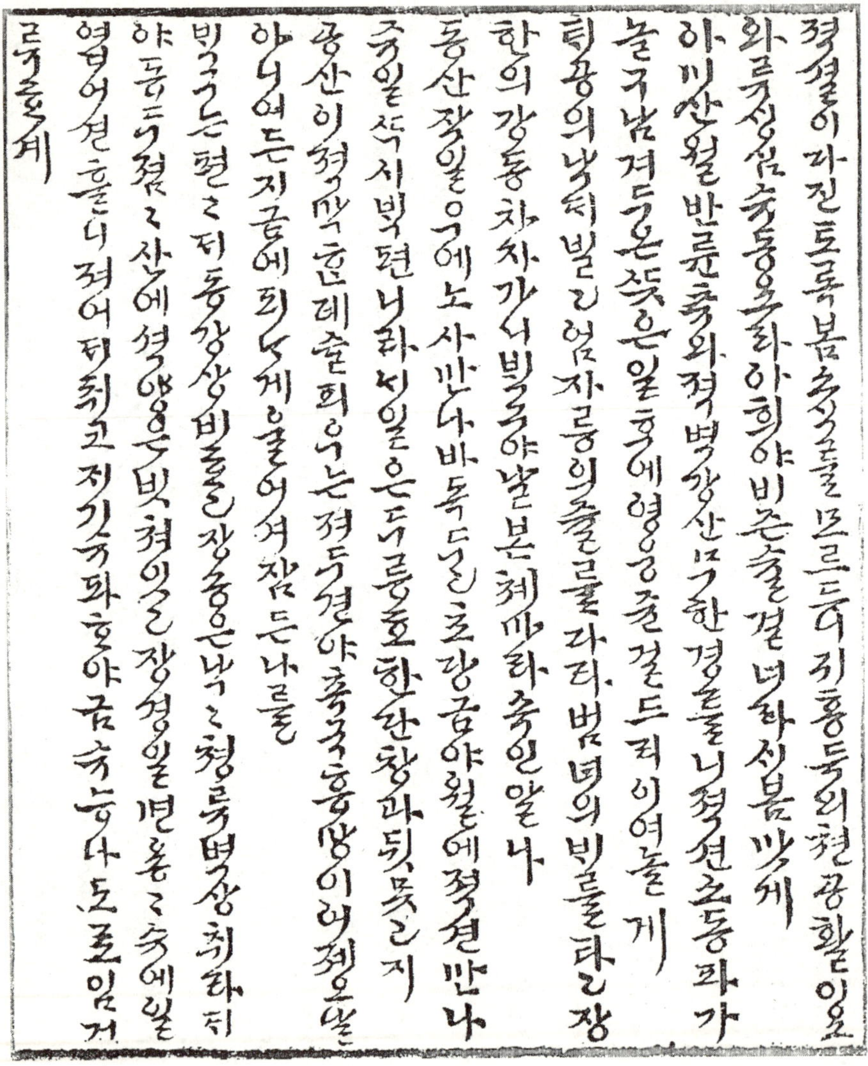
젹셜이 다진토록 봄소식을 모르드니 귀홍득의 쳔공활이오
와룡성심 츈동우라 아희야 비준술 걸녀라 신봄맛세
아미산월 반륜츄와 젹벽강산 무한경을 니젹션 소동파가
놀구 남겨두온 뜻은 일후에 영웅준걸드려 이여놀게
텬공의 낙셕빗긴 엄자릉의 조대로다 범녀의 빈배로다 장
한의 강동거사 가니 빈배로야 날 본 쳬 마라 죽인 알나
동산 작일풍우에 노사 만나 바독 두던 초당 금야월에 젹션 만나
쥬일 쏙시 박멸니라 시일은 두류호 한단창과 뒤 못든지
공산이 젹막한대 슬피 우는 져 두견아 촉국흥망이 어제오날
아니여든 지금에 피나게 울어셔 잠든 나를
빅구는 편편 되동강상비요 장송은 낙낙 쳥류벽상 취라 되
야 동두 젼 산에 셕양은 빗겨 잇고 장셩일면 용용수에 일
엽어션 흘니 져어 되 취코 지긔와 호야 금수능나도로 님거
드러가세

자규야 우ᄂᆞᆫ들 ᄭᆡ와 녕굴어도 측졀업다 울거든 네나 울지 잠

든 나를 셍오ᄂᆞᆫ나 밤즁만 녕ᄀᆞ듧 소ᄅᆡ에 잠 못 니뤄

비오ᄂᆞᆫ 날 들에 가랴 사립 결은 소 먹여라 마이 미양이랴 장기연

장 다시려라 우다가 ᄀᆡᄂᆞᆫ 날 이셔든 긴밧 ᄆᆡ쇼라

츈풍에 화만산이요 츄야에 월만뎡이라 사시가흥은 사ᄅᆞᆷ과 한

가지라 하물며 어약연비 운영쳔광이야 일너 무ᄉᆞᆷ

인ᄉᆡᆼ이 쥭어갈 졔 갑 ᄊᆞᆯ 쥴 살ᄯᆡ이면 안연 이도록 ᄉᆞ헐 졔

공쥐어이 못ᄒᆞᆯ 貝도 갑 쥭을 뭇살 인ᄉᆡᆼ이 아니로ᄃᆡ

물업슨 장산에 올ᄂᆞᆫ ᄂᆞᆷ도 젹거다리 도도고 돌두발 노로

차례굴〃 궁굴녀라 쥭령도 메ᄂᆞᆫ만 첩쳥산 너뫼구나 린 ᄆᆞᆯ

결희여 자바타고 에룡쳥ᄭᆞᆯ〃 더지듯 뎡셜님 차자가니 쳑

잉에 ᄆᆞᆯ 츤 졔비ᄂᆞᆫ 오락가락

군자ᄅᆞ 향니ᄅᆞᆯ 알니로다ᄅᆞ 향상을 오등 ᄉᆡᆼ과 창결에 한

ᄆᆡ화 픠엿드냐 안 픠엿드냐 ᄆᆡ화가 픠기ᄂᆞᆫ 픠엿드라마ᄂᆞᆫ

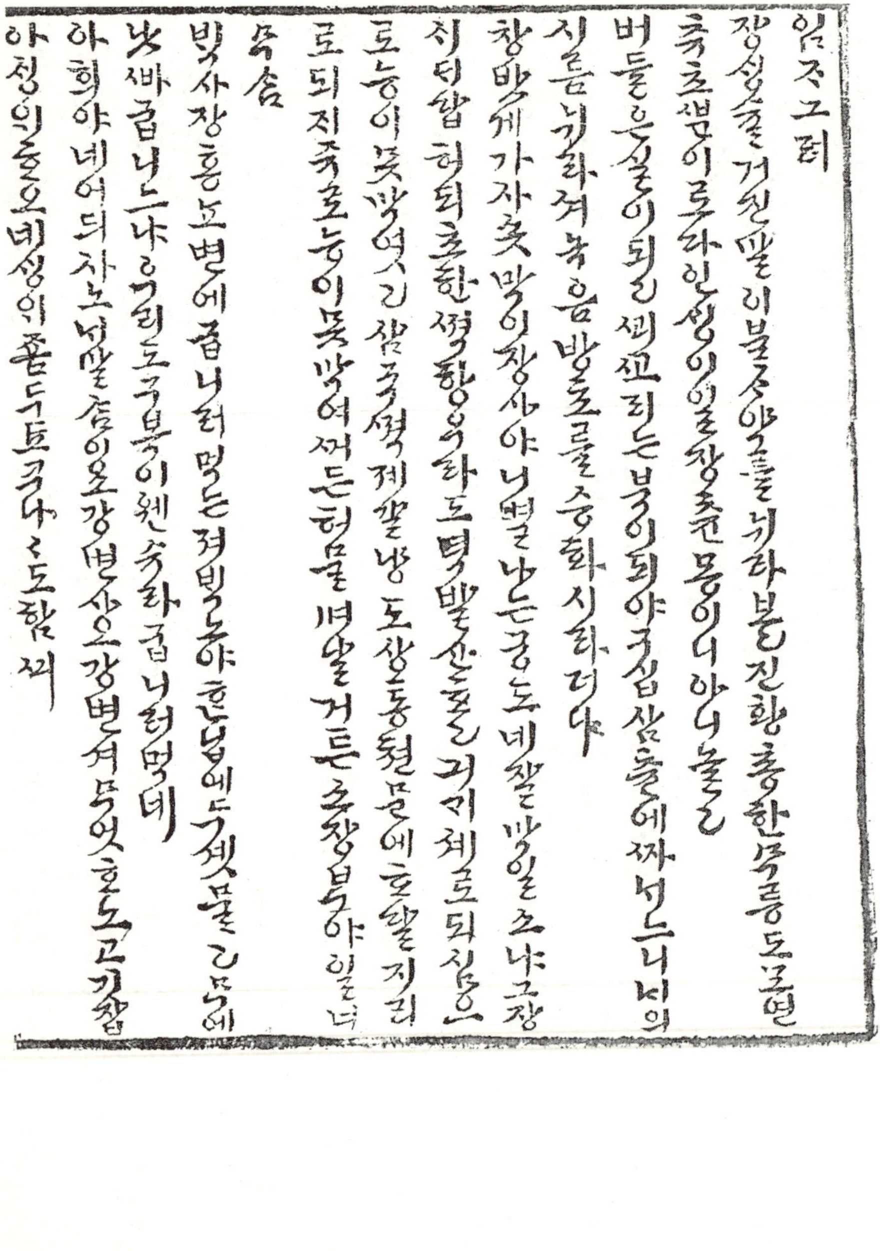
임ᄌᆞ그리
장ᄉᆡᆼ술 거즛말이 불ᄉᆞ약을 뉘라 본고 진황 ᄒᆞᆫ무릉도 ᄀᆞ련
추초ᄲᅮᆫ이로다 인ᄉᆡᆼ이 일장츈몽이니 아니 놀고
버들은 실이 되고 ᄭᅬᄭᅩ리는 북이 되야 구십삼츈에 ᄶᆞ내느니 나의
시름 ᄂᆡ라 져 녹음 방초를 승화 시라더냐
창밧게 가자 솟ᄯᅡᆨ이 장ᄉᆞ야 네 별 난 궁도 네 잘 ᄯᅡᆼ일소나 그장
치되 ᄉᆞᆲ 허되 조한 셕향유라도 ᄯᅳᆨ발산을 그미 쳬로 되집ᄉᆞ오
도능이 꼿ᄯᅡᆨ여시ᄂᆞᆫ 삼ᄶᅥᆨ제 ᄭᆞᆯ 낭도 상동ᄒᆡᆫ 문에 호ᄃᆞᆯ 지리
로되 질죽 조능이 꼿ᄯᅡᆨ여 ᄶᅥ든 험문 녀ᄯᅳᆯ 거든 조장부 ᄒᆞ야 일니
속솜
밧사장 홍도 변에 졉 니러 먹는 져 ᄇᆡᆨ노야 ᄒᆞᆫ날에 두셋 문 ᄀᆞᆫ ᄯᅳᆯ에
낙ᄲᅢ 곱나는나 우리도 국복이 쳰 솟라 곱 니러 먹데
아희야 네 어듸 자노 남풍 ᄎᆞᆷ이오 강변 샹오 강변서 무엇 ᄒᆞᄂᆞ고 기졉
아졍의 호오 비ᄉᆡᆼ의 좀 두ᄅᆞ고나 ᄉᆞᆫ도 할 적의

ᄃᆡᆨᄃᆞᆯ에 동난졋 삽소 외ᄂᆞᆫ니 장사야 네 ᄆᆞᆯ어시니 그 장시 ᄃᆡ답ᄒᆞ되
륙으이족 소ᄅᆞᆫ 팔족 양목이 상쳘 외골 넝국 쳥장 흑장 압ᄃᆞ
젼벽 딕ᄌᆞ 결벽 젼ᄒᆡᆼ ᄒᆞ고 후거ᄒᆞ ᄒᆞᆫ 셜ᄂᆞᆫ 긔ᄂᆞᆫ 동난졋 삽소 장
사야 ᄒᆡ 큰 거ᄆᆡ의 ᄃᆞᆯ 말고 그져 방게졋 삽소
일ᄉᆞ 빗기 ᄯᅴ신이 ᄐᆡ쳔의 녀쳘이라 병황도 나뷔 ᄭᅩᆺ 만리향 ᄎᆞᄌᆞ
앗ᄂᆞ니 지금에 ᄯᅡ와 방혼ᄀᆞᆯ 못ᄂᆡ 셔러
쳥도야 호도ᄅᆞᆯ 아반 갑도다 님의 옷ᄉᆞ 잣쳔리ᄅᆞᆯ 데어이 건
녀온ᄃᆞ 우리 임 ᄯᆞᆫ 졍회ᄅᆞᆯ 네 알니라
간밤에 ᄀᆞᆫ 녀ᄒᆞᆫ 술 ᄭᅴ그려지나 거라 이제야 싱각ᄒᆞ니 잇ᄂᆞ니
우러 ᄇᆞ로ᄂᆞᆫ라 져ᄆᆞᆯ 이 거술 너ᄒᆞᆫ 고량이 변나도 울게
벽히 갈ᄂᆞᆫ 궁에 모리모 혀쳣이 되여 ᄉᆞ 쳥방호ᄂᆞᆫ 히 바라 폼로
ᄋᆞ되 이치다 우뢰 황종은 깁ᄅᆞᆯ 키나
녀쳥년 ᄉᆞᆯ에 쳐ᄉᆞ거 잇ᄂᆞᆫ 의 츄에 ᄒᆞᆯ 녀드려 ᄌᆞ회 산장ᄅᆞᆫ 졸 ᄒᆞᆫ ᄌᆞᆼ이
찻차 ᄀᆞ셔 날 니ᄅᆞᆯ 낡ᄉᆞ 랑ᄒᆞᆫ ᄡᅡᆼ음ᄅᆞᆯ 라 ᄉᆞᆯ 허 볼ᄭᅡ

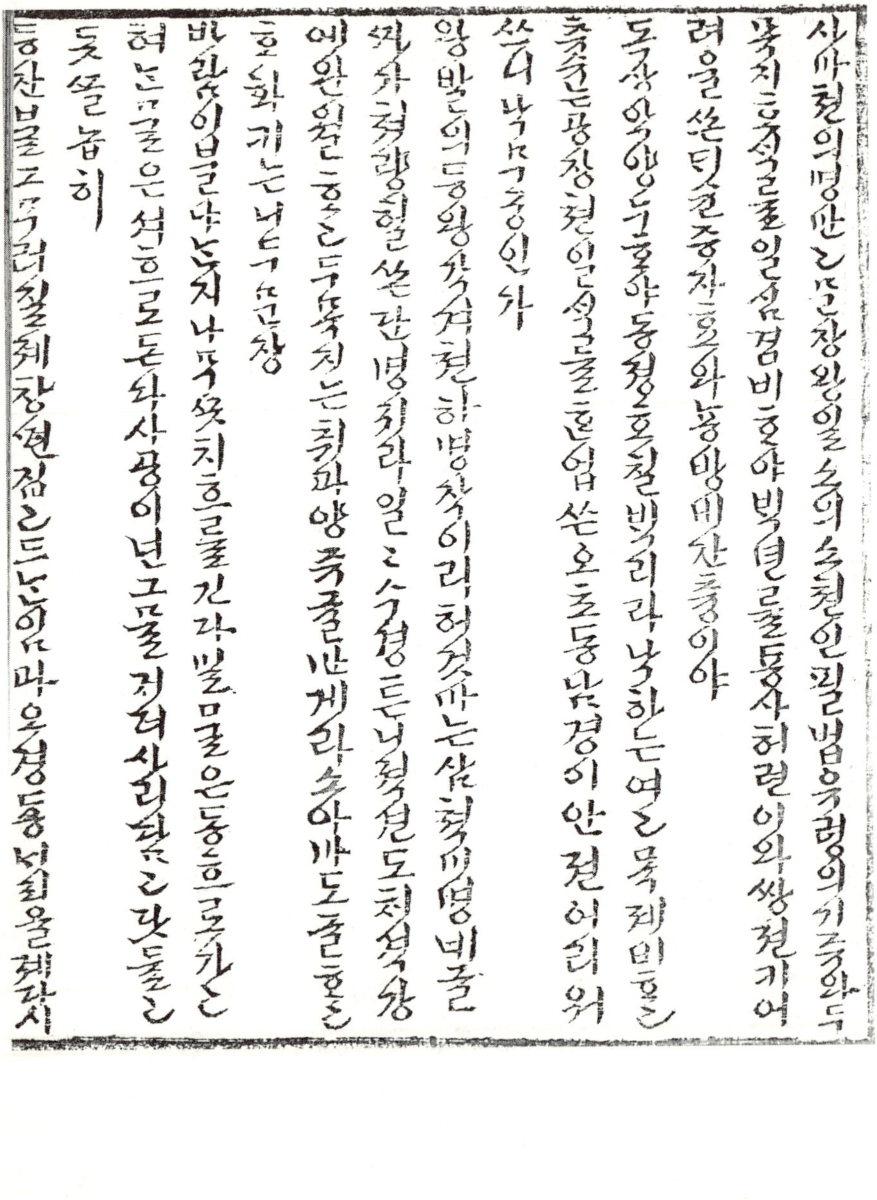
샤파쳔의명판ᄂᆞᆫ 또창왕이을 숑의숑쳔인질법우검의거즁화도
꽃치ᄒᆞ고셕굴일셥겸비ᄒᆞ야빅ᄅᆞᆯ동사허련이와쌍쳔가어
려울쓴티쥰즁자ᄒᆞ와농탕ᄯᅢ잔즁이야
도샹앙양ᄒᆞ고ᄒᆞ야동쳥ᄒᆞ오칠ᄇᆞᆫ빅리라낙한ᄂᆞᆫ여ᄅᆞᆫ묵쳐미ᄒᆞᆫ
츙슌ᄂᆞᆫ광창쳔이ᄅᆞᆫ셕굴ᄒᆞᆫ엽쓴오ᄒᆞᆫ도동낡경이안견어ᄃᆞᆯ워
쓴다낙낙구츙인가
왕발ᄂᆞᆫ이ᄂᆞᆫ동왕쟉셔쳔하병착이라허셧ᄯᅡ는샹쳑ᄯᅢ당ᄇᆡ쥴
쎠사쳐광현ᄂᆞᆫ쓴단병쳐라얼ᄂᆞᆫ수셩ᄃᆞᆫ니쳑셜도치셕샹
에완일쳔ᄒᆞᆫ도두욕치는쥐파양츅쥴ᄯᅡᆫ게라숑아ᄭᅡ도쥴ᄒᆞᆫ
ᄒᆞ오뇌와귀ᄂᆞᆫ녀ᄃᆞ구ᄲᅮᆫ창
바람이업ᄂᆞᆫ다ᄂᆞ치나무쏫치ᄒᆞ로ᄯᅩᆯ긴다빌ᄆᆞᆯ은동ᄒᆞ로ᄭᅡ는
혀ᄂᆞᆫᄀᆞᆯ은셕ᄒᆞ로도ᄂᆞᆫ사광이년그믈저러사리ᄃᆞᆯᄂᆞᆫ닷돌ᄂᆞᆫ
듯쏠놉히
동잔ᄇᆞᆯ고ᄭᅮ려칠쳬쟝션점ᄂᆞᆫ드ᄂᆞᆫ앏파오셩동셔쇠올혀라시

압ᄒᆡ 곱는 이ᄋᆡ로ᄅᆞᆯ 아모리 ᄇᆡᆨ츈 이친되 도록 니줄 소냐
셥변 고ᄅᆞᆯ 경ᄉᆡᆼᄒᆞ야 ᄌᆞ장 일ᄉᆞᆫ 치여 나니 반산 은ᄉᆞᆫ 청풍이오 또
반가온 명월이라 이 ᄲᅡ도 청풍 명월이 너 벗인가
三방 ᄉᆡᆨ 난ᄅᆞᆯ ᄲᅡ리 낙엽 연ᄅᆞᆯ 뭇안 ᄌᆞ관 술불ᄅᆞᆯ 혀 ᄃᆞᆯ ᄲᅡ라
어화 친ᄃᆞᆯ 도ᄉᆞᆨ은 ᄉᆞ ᄇᆡᆨ ᄌᆞ산 ᄎᆞᆯ 방청 엽 다 ᄲᅡᆯ ᄅᆞ
공ᄆᆡᆼ이 ᄎᆞᆯ 건 야 북으로 남 평산 상ᄉᆞᆼ에 을나 철ᄉᆡᆼ ᄒᆞᆫ 모ᄅᆞᆫ 동
남풍 비년 ᄒᆞ에 관 ᄒᆞ로 너러 ᄀᆞ나 희로 중에 일엽 소션 관 ᄉᆞᆫ 쳘
다리는 장산는 도ᄎᆞ 룡 인가
ᄉᆞ상 챵신 터 박여 낙시 미야 ᄃᆞ리 ᄆᆡᄂᆞᆫ 불ᄅᆞ 공ᄆᆡᆼ ᄒᆞᆫ 벽파 ᄆᆞ다려
가나 밧ᄒᆞ야 날 본 체 ᄲᅡ라 셩상 ᄋᆞᆯ 나
쳘 하 비ᄉᆞᆨ ᄉᆞᆯ ᄅᆞᆯ 한 래 ᄆᆞ 회 비ᄅᆞᆯ 믜야 남ᄉᆞᆫ 북ᄌᆞᆨ ᄅᆞᆯ 다 ᄊᆞᆯ어 버
인 ᄒᆞ에 그 쇠로 호 ᄆᆡᄅᆞᆯ 만ᄃᆞᆯ어 강상 년을 밍ᄀᆞ리라
인ᄋᆡ로 ᄌᆞᄆᆞᆫ 미ᄎᆞᆯ ᄌᆞᆫ 한 천곤 ᄒᆞ권 시나 ᄒᆞᆫ나 흔 장양이오 또 하
낙은 ᄒᆞᆫ나 산이라 아마도 부귀 ᄌᆞᆯ 낭 도는 ᄉᆞᆫ하 ᄉᆞᆫ가

졍셰ᄉᆞᆫ 호당젼에 붐은 어인 쳔ᄌᆞ니 화방셜 향에 ᄂᆞ셔 황

금눈이로다 ᄀᆞᆫ 한강근 쵹외셩 즁에 츈사 망연

송상 쌍셩 구즁에 상림답 쑨 져 노옹아 일엽 쥭쥴이 쳐어 ᄃᆞ디

매ᄅᆞ 향ᄒᆞᄂᆞ냐 니박이 그셩비상쳔 ᄒᆞ디 풍월실ᄂᆞ

창ᄒᆞ ᄂᆞ 봉ᄉᆞᆼ화ᄉᆞ 쳥셰상에 쳥풍으로 노인 졍짓ᄃᆞᆯ 달 아래 ᄉᆞ이ᄉᆞᆨ

잇ᄉᆞ 주즘 ᄇᆞᆺ게오 송졍이로다 동ᄌᆞ야 ᄉᆞᆯ년ᄂᆞ어 더메 포쥬박

므 ᄒᆞ이온

화 나 끗ᄂᆞ 당츈절ᄒᆞᄂᆞ니 박화지ᄉᆞ 쳘장를 오룡 흔 실도

뎍뎍ᄒᆞᄂᆞ 갈녹쥭 우당ᄃᆞ 를 아바도 이즐 징은 잔ᄂᆞᆫ 자 항권

가ㅣ

산 즁에 ᄎᆞ녀 일 ᄒᆞ야 졀 가ᄂᆞᆫ 쥴 모르더니 곳 피면 츈절 양오

입피면 하절이오 단풍들면 츄절이라 져 숑에 쳥숑 ᄂᆞᆨ

ᄂᆞᆨ이 빅셜에 젹ᄃᆞ ᄉᆞ니 동절인사ㅣ

곳는 ᄯᆞᆯ도 웃왕ᄒᆞ면 셧 ᄉᆈ ᄂᆞ궁은 소도 니라락 치면 가ᄂᆞ니라

샹산에 ᄉᆞ호 벗도 공셰ᄒᆞ면 간ᄂᆞ니라 강사 베엿ᄂᆞᆫ 셰ᄉᆞᆯ이 쳔뎡
남은 연엽의 글을
너집 엽졉ᄒᆞ나 ᄒᆞ야 두쳔 이다 겸은 다반 ᄒᆞᆨ쳔 봉ᄀᆞ화 엽사 졉ᄃᆞᆫ
쳣쇠나 ᄆᆡ도ᄒᆞ야 자조 람엽 셔ᄂᆞᆫ 란ᄒᆞ야 ᄂᆞ니 그물 믿망
현령이 한계로 갈쇠 장노 ᄲᅡ야 날녀가 압헤ᄂᆞᆫ 장상이오 ᄯᅡ라ᄀᆞ
낙ᄂᆡ 긋되도다 야ᄲᅡ도 상산 도ᄎᆞ 군봉이 날 못차져
낙ᄉᆞ ᄌᆞᆼ어 이쳐야 오르도다 네ᄉᆞ 자ᄅᆞ 평성에 고리워야 울ᄂᆞᆫ다 ᄒᆞ랴
ᄌᆞᆼ어엿시도 어렵다 서다와 사라 상이 변 령국셜ᄉᆞ 차라로니 면
뎌ᄌᆞᆼ어 도라 갈쇠 비올 그리워라
어이ᄒᆞ야 가려ᄂᆞ냐 ᄆᆞ습 일노 가려ᄂᆞ냐 ᄀᆞᆫ이 실타ᄒᆞ냐 님의
ᄲᅡᆯ올 드렷ᄂᆞ냐 졀엇 아의 ᄯᆞᆯ 쇠의 ᄯᆞᆯ 너라 가ᄂᆞᆫ ᄯᅳᆺ글월
ᄒᆞᆫ곡에셔 우ᄂᆞᆫ 신ᄂᆞᆫ 한모라 글올 그려ᄋᆞᆯ 봉비 에웃ᄂᆞᆫ 곳은 시
졀 ᄲᅡᆺ난 탓시로다 ᄀᆞ이라 강ᄌᆞ소 회다 웃고 울ᄅᆞ
하장ᄒᆞ다 가셩 엽이오 ᄉᆞ번 ᄒᆞ다 ᄆᆞᄎᆞ치라 가셩엽 [illegible]

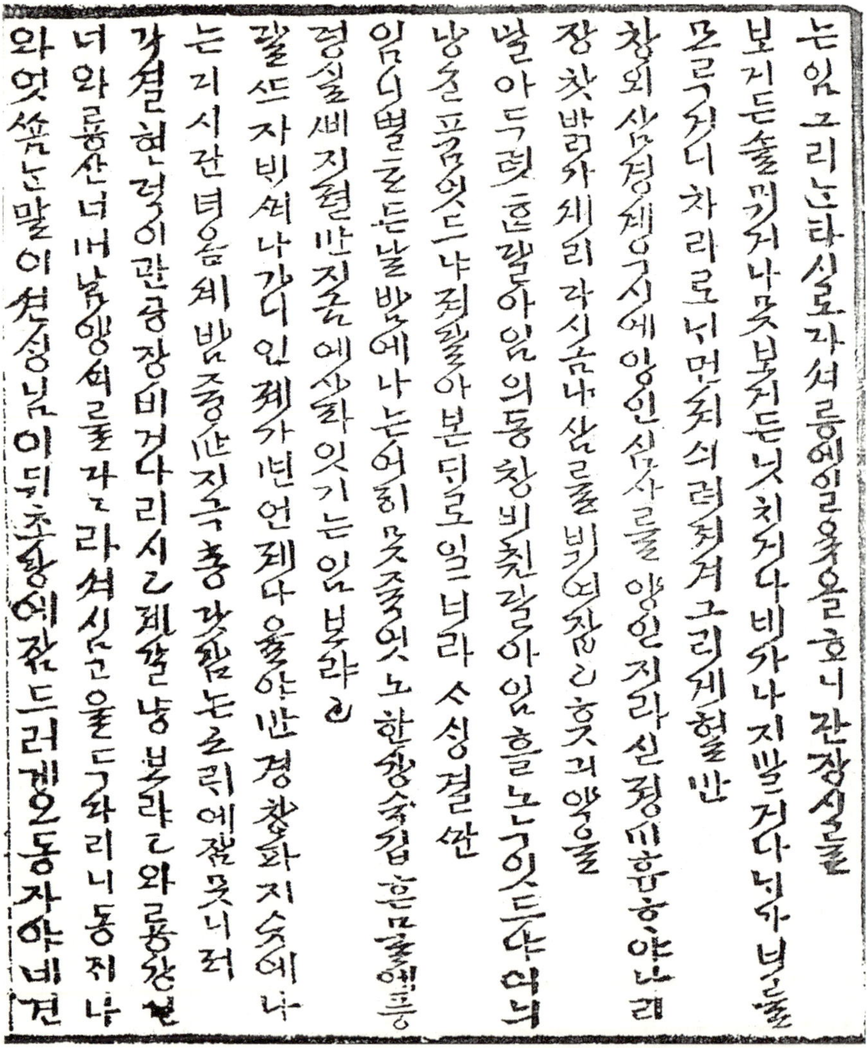

는임 그리ᄂᆞᆫ타 실로 자셔 룸에 일우올 ᄒᆞ니 간장 셕을
보거든 술 ᄆᆡᆨ거나 못 보거든 닛치거나 네가 나지 말거나 ᄂᆡ가 너를
ᄆᆞ르거니 차라로 니 먼저 쥐어져셔 그리게 헐슐 반
창외삼경세우시에 양인심사를 양인지라 신정미흡ᄒᆞ야 ᄂᆞ래
장찻 밝아 재리 다시곰 나삼을 뷔여잡고 훗긔약을
말아 두렷ᄒᆞᆫ 달아 임의 동창 비친 달아 임 홀노 누엇드냐 머냐
낭군 품에 잇드냐 져 달아 본ᄃᆡ로 일느니라 ᄉᆞ싱결단
임 니별ᄒᆞ든 날 밤에 나는 어ᄶᅵ 못 죽엇노 한강수 깁흔 물에 풍
덩실 ᄡᅦ지련ᄆᆞᆫ 지ᄌᆞᆷ에 ᄉᆞ라 잇기는 임 보랴고
갈ᄯᅳ자 빈쎠 나가니 인졔 가ᄂᆞᆫ 언졔 다시 오랸ᄆᆞᆫ 경창화지 숙에 나
는 리 시간 텽음쇄 밤중ᄆᆞᆫ 지국총 ᄉᆞ랑 논 소릐에 ᄌᆞᆷ 못니러
강셜 현덕이 관공 장비 거나리시고 졔갈량 보랴고 와룡강 변
너 와룡산 너머 남양ᄯᅡ를 ᄌᆞᄌᆞ라셔 시ᄂᆞᆫ 울ᄃᆞ라리니 동자ᄂᆞ
와 엿ᄌᆞᆸᄂᆞᆫ 말이 션싱님이 ᄯᅩ 초당에 ᄌᆞᆷ드러 계오 동자야 네 견

셩씨시거든 지관장ᄉᆞᆷ인이 왓ᄉᆞᆸ라ᄂᆞᆫ 엿ᄌᆞ어라

국ᄒᆞᆨ야 너ᄂᆞᆫ 어이 삼월동풍 다 보ᄂᆡ고 낙목ᄒᆞᆫ 쳔헌 데 녀 산

홀노 픠엿ᄂᆞ니 아마도 오상ㄹ 졀은 너 ᄲᅮᆫ인가

미ᄒᆞᆨ사랑 타가 난양으로 나려ᄒᆞ니 구뎡초 ㅂ구힝초와 푹귯

쇼나 ᄂᆞᆫ 도회라 ᄉᆡᆨ상안 연ㄹ 잉ㄹ 츄월츙 미화 션이

불너라 완ᄋᆞᆯ 장 위

치상은 룻 츈에도 쳐사의 몸이 도야 죽ᄉᆞᆸ는 거문고를 소리ᄒᆞᆸ

시짓ᄂᆞ리니 박ᄒᆞᆫ이 졔 징은 ᄒᆞ야 우줄ㄹ ㄹ

쳥쳥에 쓴 기러기야 네 위되로 향ᄒᆞᄂᆞᆫ냐 니리로 져리 잘 ᄌᆡ

서 한 ᄇᆞᆯ 드러 라 향양셩ᄂᆞ 임 계신 뎨 잠 잔들 너 니르ᄂᆞᆫ ᄇᆞᆯ이 월

황혼 겨워 살 제 임 그려 참아 못살네라 ㄹ 님치 ᄒᆞᆫ ᄇᆞᆯ 만 견

ᄒᆞ야 주렴 옥리 도상 호에 일이 ᄇᆞᆫ호 밧비 가ᄂᆞᆫ 길이 머리로 쳔

힐ᄉᆞᆼ ᄇᆞᆯ ᄉᆞᆼ

슐이 나ᄂᆞᆫ 슐 ᄂᆞᆫ 수 ᄒᆞ사 창옹야에 봉ᄒᆞ시니 오헌 즘 남교궁 시ᄅᆞᆯ 녀

게졀고붕ᄒᆞ시도 징ᄀᆞᆷ이 졍호 농빈ᄋᆞᆯ ᄆᆞᆺ니져리
젹ᄃᆞ파 살지게 먹여두만 강ᄉᆞ헤 굽 싹져셰ㄹ 농쳔금드는카
ᄅᆞᆯ 다시가라 두 리메긴 언제다 셩줄ᄅᆞᆯ 빗옵ㄹ 티셩셩디
원 졍녕ᄌᆞᄌᆞ ᄒᆞᆫ기 빈ᄋᆞᆯᄅᆞᆯ 다ㄹ 금능에 넉뇌 ᄆᆞᆯ 아레 하날 이오 하
날 가온 ᄃᆡ 뱅외ᄭᅩᆺ이라 쳔 동아 잠간 ᄃᆞᆯ 견져ᄆᆞ라 ᄋᆞᆫ일월 장ᄎᆡ
오날밤 고ᄒᆞᆫ솟 곱승 ᄀᆞ려 뭉ᄐᆡᆼ 싱오 잠자ㄹ지 ᄂᆞᆫ밤 도 ᄒᆞᆫ 자곰숑
그러 풍방서ᄋᆞ 잠자나 웬엇 놈의 팔자ᄂᆞᆫ 죽야 강셩에 ᄒᆞᆫ 자곱
숑 그려 공방셩ᄋᆞ 잠 ᄆᆞᆫ 가노 언제나 졍든 임 다리ᄀᆞᆯ 쾌ᄌᆞᄌᆞ 춘ᄌᆞ
가ᄆᆞᆯ 치 잠 잘 ᄭᅡ
오ᄂᆞᆯ도 져물뇌 지거니 졈ᄃᆞᆯ 별 시리로다 시던 임이 가리로다
임 가 벌 꽃 보려니 꼿 보변 그리 려니 그리 벼 옹 광 벼올ᄃᆞᆯ 려니
병곳 들 떠면 못 살니라 병드러 죽을 쥴 알 냥이면 늘 ㄹ갈
싸
어이ᄒᆞ야 못 오드냐 무숨 일노 못 오드냐 잠충 곱 여ᄇᆞ에 ᄎᆞ도

지난이 가리왓 못냐 무슴일노 못오드냐 아ᄯᅡ도 빗단지 즁에
된연나이 어리웨리
바람도 슈여넘ᄂᆞᆫ 구름이라도 쟈슈여 넘어감네 산진이 수진매
ᄒᆡ동창 보라ᄆᆡ라도 쟈슈여넘ᄂᆞᆫ 봉장셩령ᄂᆞᆫ 고ᄀᆡ 우리ᄂᆞᆫ
업이왓ᄯᅡ 닌ᄒᆞᆫ번도 아니슈여 넘어감네
쳥우산셩혜 ᄒᆞ온이 구룡됴 치소장혜 나려 야반에 흘너드러 쥭
간우되온 ᄯᅳ즌 이비의 쳔년누훈 울 못니 씨겨
능은 ᄃᆞᆯ 잡이오며 기다린 ᄃᆞᆯ 일이오라 이친 구엇신 ᄃᆞᆯ 어니잡
이ᄒᆞ마 오리 찰아로 안즌 곳에셔 긴밤 실사
일셩에 한허기ᄅᆞᆯ 희향시 쳘 못난 쥭ᄅᆞᆯ 쵸이ᄅᆞᆯ 모르ᄇᆞᆸ쓴
삭몽설 흥올 ᄯᅡᆼ경이 잇신 이슌후 흥 현쥭ᄅᆞᆯ 못니부러
ᄒᆞᆫ손에 ᄯᅡᆨ트ᄃᆞᆯ고 ᄯᅩ ᄒᆞᆫ손에 가사쥐고 느러ᄂᆞᆫ 길 가시로 ᄯᅡᆨ고 오
ᄂᆞᆫ 비ᄀᆞ탈 ᄯᅡᆨ터로 치러져니 비ᄀᆞ발이 체 몬쳐 알고 조럼 길노
가ᄲᅡ기 ᄊᆞᄒᆞ 호ᄂᆞᆫ 곳에 비ᄀᆞ 노ᄒᆞ야 가지마라 셩던 가ᄲᅡ기 희빗보고

샹운셰라 쳥강에 희도록 씨슨 몸을 더러일ᄭᅡ
말업슨 쳥산이오 ᄐᆡ업슨 류슈로다 갑업슨 쳥풍이오 님ᄌᆡ업
슨 명월이라 이즁에 일업슨 몸이 분별업시
쥬공도 셩인이샷다 셰샹ᄉᆞ람드려 수ᄒᆞ라 문왕지자오 무왕치
졔오 셩왕의 슉부로ᄃᆡ 평셩에 일호교긔ᄅᆞᆯ 낸일업셔
각장셕ᄎᆡᆨ 각ᄒᆞᆯ 뒤붕아 웃지마라 구만리장공에 너도날고 나도
난다 ᄃᆞᆯ은 구어리 일반이니 비조ᄅᆞᆯ 일너 무ᄉᆞᆷ
가마귀 검다ᄒᆞ고 빅노야 웃지마라 것치 거믈지연졍 쇽조ᄎᆞ
ᄎᆞ 거믈소냐 것희고 쇽검더니는 너ᄲᅮᆫ인가
ᄃᆡᆨ들에 나무들 삽소 뎌나무 ᄒᆞᆫ동에 갑씨 얼마니 쌀이나 ᄭᅮᆨᄒᆞᆫ
동에 쌀ᄒᆞᆫ말 밧고 검부젹이 ᄒᆞᆫ동에 쌀닷되 밧고 합허면 는
ᄲᆞᆯ닷되 올세 사다야 붑쓰 불잘붓ᄂᆞ니 진실노 그러량
이면 ᄀᆞᆯ잔이나 합셰
곤산 ᄅᆞᆯ 셕쳥 단돌 동 쳥ᄒᆞ야 날너쓰 벼계슉ᄅᆞᆯ 벼혓션

둘달이 랑우보려울련만 ᄯᅳᆺ즙구ᄂᆞᆫ이 로지 못ᄒᆞ니 그ᄅᆞᆯ 보려
벼슬을 져마다 ᄒᆞ면 농부되리 누기 잇스며 의원이 병곳치면
북망산이 져러ᄒᆞ랴 아희야 잔 가득 부어라 ᄂᆡ 뜻ᄃᆡ로
이화우 흣ᄲᅮ릴 제 울며 잡고 니별ᄒᆞᆫ 님 추풍낙엽에 져도 날
을 싱각ᄂᆞᆫ지 쳔리에 외로운 꿈만 오락가락
창회에 낙시 녀코 편주에 실녀ᄉᆞ니 낙목쳥강에 빗소리 더
욱됴타 류치에 옥닌을 ᄭᅦ여 들고 힝화촌으로
화쵹동방 사창 밧게 벽오동 셩권 빗소리 잠 놀나 ᄭᆡ니 만뇌
ᄂᆞᆫ 리졀ᄒᆞᆫ 사벽죵셩 죽ᄂᆞᆫ ᄒᆞᆫ네 관셩쳥도ᄂᆞᆫ 셔리랑 울ᄂᆞᆫ 사
벽활 셔리진ᄂᆞᆫ 지신ᄂᆞᆫ 밤에 ᄃᆞ리ᄃᆞᆼ 쳥진을 국간ᄂᆞᆫ 기러기
야야ᄅᆞ 에 녜우ᄅᆞᆫ 소ᄅᆡ에 잠 못 니러
틔산이 놉다ᄒᆞ되 ᄒᆞᄂᆞᆯ 아리 뫼이로다 올ᄅᆞᆫ ᄯᅩ 올ᄅᆞ면 못
오ᄅᆞ리 업건만ᄂᆞᆫ 사ᄅᆞᆷ이 제 아니 오ᄅᆞᄂᆞᆫ 뫼만 놉다
신롱시 상ᄇᆡᆨ초ᄒᆞ샤 일만 병을 다 ᄂᆞᆫ 치되 잇고려 상사병셰

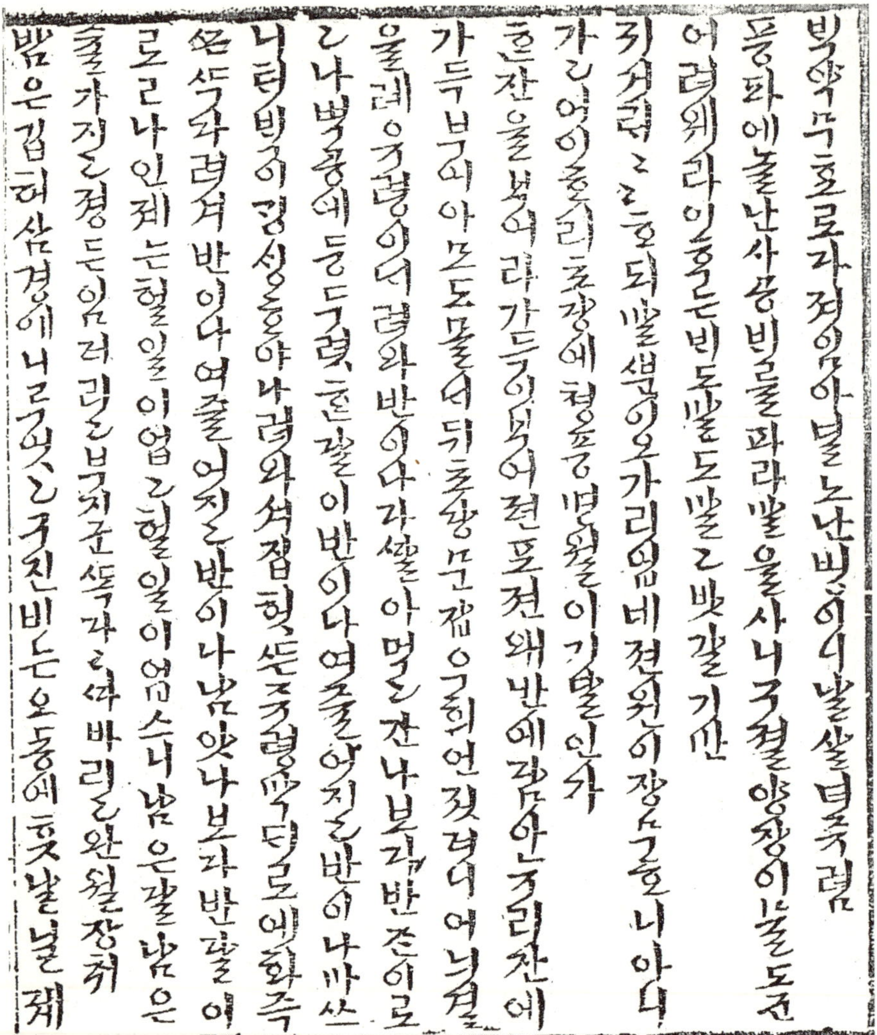

빅약무호로다 졍양하 ᄃᆞᆯ노난 빗치너 ᄂᆞᆯ살 뎍국렴
동파에 놀난 사공 빈ᄆᆞᆯ 파라 ᄆᆞᆯ을 사니 구졀양장이 물도곤
어려웨라 이후론 비도 ᄆᆞᆯ도 ᄆᆞᆯ고 밧갈기ᄆᆞᆫ
리셔리 ᄒᆞ되 ᄆᆞᆯ ᄉᆡᆼ이오 가리 업네 젼원이 장ᄎᆞ 구ᄒᆞ니 아니
가리 어이 ᄒᆞ리 ᄒᆞᆫ 잔에 쳥옹 ᄇᆡᆨ옥ᄆᆞᆯ이 기ᄃᆞᆯ인가
ᄒᆞᆫ잔 울 부어라 가득이 부어 뎐포젼 왜반에 겸손히 조리찬에
가득 부어 아 모도 물너 뒤 ᄒᆞᆫ 광문 겹으 ᄒᆞ리어 언짓 ᄃᆞᄂᆞ 어니결
울긔 우경이 다 경과 반이 다 가 ᄉᆞᆯ 아 먹을 잔 나 보리 반 잔이로
ᄅᆞ나 빅롱에 둥두렷 ᄒᆞᆫ ᄃᆞᆯ이 반이 다 여ᄌᆞᆯ 어지ᄅᆞᆫ 반이 나 ᄆᆞ산
니 터 빈ᄒᆞ야 경성ᄒᆞ야 나려와 셔잡 ᄒᆞᆺ 또 주경 ᄯᅡ 뎌ᄅᆞ에 화족
온 ᄯᅩ 다려셔 반이 나 여ᄌᆞᆯ 어지ᄅᆞᆫ 반이 나 남앗나 보라 반 ᄃᆞᆯ이
ᄅᆞ라 나 인제 ᄂᆞᆫ 헐 일이 업ᄅᆞ 헐 일이 엄스니 남은 ᄃᆞᆯ 남은
ᄒᆞᆯ 가지ᄅᆞᆫ 졍든 님 려리ᄅᆞᆫ 부지준 ᄯᅩ다ᄒᆞ여 바리ᄅᆞᆫ 완월장취
밤은 깁허 삼경에 나ᄅᆞ고 ᄋᆡᆺᄂᆞᆫ 구진비ᄂᆞᆫ 오동에 ᄒᆞᆺ날 닐 제

이리궁굴 져리궁굴 ᄃᆞ글구성 ᄌᆞᆨ각사 잠 못ᄃᆞ러 셰리라 동동셰
실솔셩과 쳥쳔에 ᄯᅳᆫ 기러기 소리 살ᄂᆞᆫ 의ᄆᆞᆫ공 ᄒᆞᆫ실 회ᄅᆞᆯ 색
지ᄂᆡᆫ을 ᄃᆞ가ᄂᆞᆫ 져기럭아 각ᄯᅳᆨ에 가셔어 스려 진구 뵈챤 장이ᄅᆞ
밧싱 거이 어렵웨라
기럭기 산이로잡아 경 ᄃᆞᆯ리ᄂᆞᆫ 긴ᄃᆡ려셔 앗ᄂᆞᆫ 의쳡 가ᄂᆞᆫ 길로ᄅᆞᆯ
뷔ᄌᆞ히 갈 웃쳐ᄯᅡ 가 밤즁산 임 싱각나거ᄃᆞᆯ 낭속 켠케
동방에 별 돗ᄯᅡ ᄒᆞᄃᆡ 삼쳑동자야 비다가 보아라 삼더 ᄂᆞᆨ셩
에 북두칠셩 도ᄆᆞ 상이 도이 이옹 임의 세셔 리별이 왓ᄂᆞ 보리
진실노 임의 게셔 리별이 왓쓰ᇚ네 나가 보ᄃᆞᆯ 빨ᄅᆞ 니다가 보
마
식불감 침불안 ᄒᆞ니 이 어인 모진 병은 상사일념에 잇고
린다 실로ᄒᆞ다 져 임ᄋᆞᆫ아 널노ᄒᆞᆫ 병이니 살ᄂᆞᆫ 살녀쥬렴
뎐장 뷔 삼겨다셔 임 신양명 못ᄒᆞᆯ셔면 찰 ᄒᆞ리라 쳘칠 일
업시 느리으리라 이 밧게 노ᄒᆞᆫ 영외에 걸일 쥬ᄅᆞᆯ

청츈소년들아 빅발 슌인 웃지 ᄆᆞ라 공번된 하ᄂᆞᆯ 아레 넨들
미양 졀머시랴 우리도 소년 힝낙이 어졔론 듯
술먹고 노ᄂᆞᆫ 일을 나도 왼 쥴 알것마ᄂᆞᆫ 신릉군 무덤우
희 밧가ᄂᆞᆫ 쥴 못 보신가 빅년이 역조ᄒᆞ니 아니 놀고
니 집이 빅후 산중이라 날 차즈리 누기 이시리 입오실자 쳥풍이
오 뒤아ᄂᆞᆫ 자 명월이라 졍판에 학 빅회ᄒᆞ니 너 벗인가
술을 ᄭᅢ 취ᄒᆞᄂᆞᆫ 두려시 안져 쓰니 억만 시름이 가노라 ᄒᆞᆫ 직
그로다 이희야 잔 잘 부어라 시름 젼송
우 갓튼 ᄒᆞᆫ 중 ᄯᅥ도 ᄒᆞ지에 진도 되든 희어 화양커비도 역노 셰 바
려스니 각시네 일시 회용을 앗져 ᄉᆞᆷ
상갓 쇠되 룽이 넘ᄂᆞᆫ 셰우중에 호미 들고 산젼을 길미라 가
녹음 중에 누어시니 뭇ᄯᅡ 동우양을 모라다가 좀든 날ᄀᆞᆯ
달이 두렷ᄒᆞ야 벽공에 걸녀시니 만고풍상에 셕러 졈즉 ᄒᆞ다
ᄭᅡᆫᄂᆞᆫ지 금에 ᄎᆔᄒᆞᆫ 을 위ᄒᆞ야 장도 ᄂᆞᆫ 츈

뉘라셔 ᄂᆞ자ᄂᆞᆫ 창ᄒᆞᆫ계 벼ᄋᆞ로 동울 살오련ᄂᆞᆫ 월령 쳥ᄒᆞᆫ에 영
과사도 도취ᄂᆞ와 ᄇᆡᆫ 중ᄒᆞᆫ 굴근비 소리에 좀 못드러
강변에 ᄒᆞᆫ편 스ᄅᆞᆷ 기러기 ᄂᆞᆯ 적ᄂᆞᆫ 도화 낙시 그물 가진 스ᄅᆞᆷ 나
어여든 다 잡아ᄃᆡ니 이와 기러기 잇셔도 속실몰나
숭오장ᄉᆞᆫ 뉘야 ᄃᆞᆫ나 죽은 후면 저 곳 거시 천향시 일반 팔ᄌᆞ 천
쇄도 죽은 후면 저 곳 거시 아ᄲᅡ도 먹ᄂᆞᆫ 거시 과울 혼가
쳔진ᄂᆞᆫ 반ᄂᆞᆯ지 ᄇᆡᆨ이오 광ᄋᆞᆷ은 빅ᄒᆡ지라 귀이라 인싱을 혜
아리니 모장 ᄒᆞ치일 송이라 ᄃᆞ니라 ᄋᆞᆯ 옹ᄇᆞᆨ싱이 아니 놀ᄂᆞᆫ
ᄇᆡᆨ발 초산 미세 되ᄂᆞᆫ 초된 왕의 ᄇᆞᆫ 송이ᄋᆞᆫ 층상 쳘열 일ᄂᆞᆫ 중은 오
자셔의 우희로다 아ᄲᅡ도 능ᄂᆞᆫ 혼장 뵈ᄂᆞᆫ 수청 후로울
뉘라셔 장사라 련ᄂᆞᆫ 나 별배도 장사 잇노 병황 돈ᄂᆞᆫ 물 질초
핀왕도 울어지든 허물 ᄀᆡ여 다 남ᄂᆞᆫ 장비 와야 일녀 ᄂᆞᆨ숨
사ᄅᆞᆷ이 죽어 가셔 나올지 못 나올지 드러가 보니 엽ᄂᆞᆫ 나오
다 보니 업ᄂᆞᆫ니 유정이ᄂᆞᆫ 리험으로 장취불셩

빅년을 가사 인〻슈라도 우락즁분 미빅년을 황시 빅년
을 난가필이니 불여장취 빅년젼이라 진실노 빅년을 살지
아도 즐겨야 장취

님슐지츄칠월 긔망일에 빈ᄇᆡ를 ᄐᆞ고 금능에 ᄂᆞ려 손쥴ᄂᆞᆫ 기
낙ᄉᆞᄌᆞᆫ 기ᄌᆞᄂᆞᆫ 슐을 ᄉᆞ니 그 뭇에 소동파 업기로 놀ᄇᆡ 젹어
우리 갓튼 님을 만나 번ᄆᆡ 가치 벗 ᄯᅳᆫ ᄊᆞᆺ나비 가치 오락가락 ᄒᆞ
름가치 허여지니 흉즁에 바람 갓튼 ᄒᆞᆫ슘이 안 미리ᄃᆞᆺ

우리 ᄃᆞ리 ᄒᆞ우셩 ᄒᆞ야 네 나 되ᄂᆞᆫ 니 너 되야 니 너 그려셔 굿텬이 ᄅᆞᆯ
너도 날을 그려보렴 평ᄉᆡᆼ에 니 셜원ᄒᆞᆫ 뎐즁을 ᄂᆡ 알니라

ᄂᆞᆫ 힌 ᄯᅳᆷ 낙셩동 이옹 곡 인환 티 낙화풍울 년〻 셰〻 화상
사온 셰〻 년〻 인부동을 화상사인 부동ᄒᆞ니 그를 셜어
쥬쥭상봉 심지쳔에 군의장부 아소년을 쥬쥭상봉 심지ᄒᆞ
에 아의장부 군빅 슈로다 하장부 군빅 슈ᄒᆞ다 그를 셜어

박낭 사츙 쓰ᄂᆞᆫ 님은 쳘퇴 쳔하장ᄉᆞ 항우 츙어 힘 갓드러 ᄯᅢ여

셰치리라니별두ᄌᆞ그제야우리님더리ᄅᆞ빗ᄐᆡ동낙
연롱ᄒᆞᆫ슈월롱사ᄒᆞ니야박진회근주가를상녀는부지망국
ᄒᆞᆫᄒᆞ고격강유창ᄒᆞ구졍화를아희야오화마쳔금구로환ᄆᆡ
쥬ᄒᆞ야여군동취
초당뒤에안졋우는솟젹다셔안암솟젹다신다슈솟젹당군
신다공산이어듸업셔ᄀᆡᆨ창에와우ᄂᆞᆫ솟젹각쳔각공산이희ᄂᆞᆫ
ᄯᅡᆫᄒᆞ야도울너갈나
쟝비자술을잘어ᄂᆞ라ᄒᆞ더술ᄂᆞ쇠츄세ᄐᆡ와회셔세졉시를
먹을ᄲᅩᆫ가술ᄂᆞ쇠쥬세ᄐᆡ와쇠셔세졉실을먹으랑이ᄯᆞᆫ너
물너리갑술량은옛ᄯᆞᆯ에너ᄐᆡ박도일ᄂᆞ술경삼빗비라ᄒᆡ
도이술ᄒᆞᆫ잔못다먹엇ᄉᆞᆷ네
ᄐᆡ빅이술살우가더니어쳐진달이도라져저도루도라ᄒᆞ지드
록ᄒᆞ니은다오ᄂᆞᆫ비그비산ᄐᆡ거셔니ᄅᆞᆫ기낙는어쳔이라동
즈야팔미ᄉᆞ반살피여라ᄒᆞᆫᄆᆡ울셔

시시로 경영 옥숙인 ᄒᆞ되 금강지 ᄉᆡᆼ이오 월봉졀이로다 도화
읍노홍빅숙오류셔 표풍비만 셜울 셜경 지승 산영외오연
사면로 우셩면 일로다 야경마 헐노 웃어 차려들 부을 필 강
변에 화만쳔이러냐

항우 장ᄒᆞᆫ 쳔하장사라 ᄒᆞ만는 우미인 니별에 ᄒᆞᆫ숨 셕거 눈물 지
고 병항이 젹ᄒᆞᆫ 제세영웅이라 ᄒᆞ만는 양귀비 다별에 마외역에 울
엇거든 하물며 녀남문 장부야 일너 무ᄉᆞᆷ

순졀은 숙나비가 안즌듯ᄒᆞ고 납바 되는 이화로다 날보고 방싯
웃는 양은 삼식도화 미귀봉이 ᄒᆞ로밤 비에 반만 퓌인 형상이
로다 춘풍에 호졉이 되야 간되 ᄌᆞᆷᄌᆞᆷ

웨와 쓸나 웨와 쓸나고 ᄒᆞᆯ노자는 방에 웨와 쓸나 오가는 왓
거이와 자최 업시 잘 간 녀가 오갓득에 ᄒᆞᆯ 만코 ᄒᆞᆯ ᄒᆞ는 집안에
모다 깃븡 날가

울녑 ᄀᆞᆯ녀 잡은 사ᄅᆞᆷ 셜ᄒᆞ이고 가둘 ᄒᆞ오고 ᄃᆞᆫ 쟝다ᄒᆞ로다 도라

가변잇건ᄲᅡᆫ 소첩은 아녀자라 못니이ᄉᆞᆸ네
장ᄉᆞᆷ쓰더 지규 쪽숨 질ᄂᆞᆫ 엽 쥭굴너 장나ᄏᆡ 발치ᄒᆞ시 식왕
쳬계 극낙 쇠계 관셰음 보살 나무아미타불 십년 공부도 너
갈ᄃᆡ울 너허라 밤즁산 암거사 포근에 드녀 염불 경이 업셔라
광ᄃᆡ〻 쳔 광ᄃᆡ〻 져 이녀가슴에 즁년〻 쳔〻 고장ᄉᆞᆺ 쇠ᄉᆞᆯ 장ᄉᆞᆺ 모관
장ᄉᆞᆺ 판ᄉᆞᆯ 장ᄉᆞᆺ 열 장사들 장자겹 장자 여자지에 알돌 ᄯᅥᆨ지 ᄂᆞ돌
엿[illegible]목 졀쇠 겨믜려셔 크낙헌 장돌이로 셩ᄉᆡᆨ〻〻 셩〻 밧아
이혀가슴에 충너〻 져잇자 감ᄒᆞᆫ 갑ᄒᆞᆫ 여자 적나보게
[illegible] 빗발ᄂᆞᆫ 용이 고요 독죄 향당 봉울 바람부러 송싱
[illegible] 인긔ᄒᆞ며 학셩 홍이라 쥭ᄌᆞᆨ 체츰은 쳔ᄒᆞᆫ 이오 젹자 쳥
도ᄂᆞᆫ 엿ᄃᆞᆫ 풍이라 너기라 셔산 쳑ᄇᆡᆨ 자련〻 나ᄂᆞᆫ 올노 박굼궁인가
쥬렴에 ᄯᆞᆯ비키엿다 멀니져난다 옷져 소리 들니난〻 나버 님네오
자희 곰져 피리 싱황양금 쥭장ᄂᆞᆫ 거문〻 가지ᄂᆞᆫ 갈ᄯᅳ거든 오ᄲᅡᄃᆞᆫ
니홍치야 살빗 반살 되녀라 ᄒᆞᄇᆞ울셔

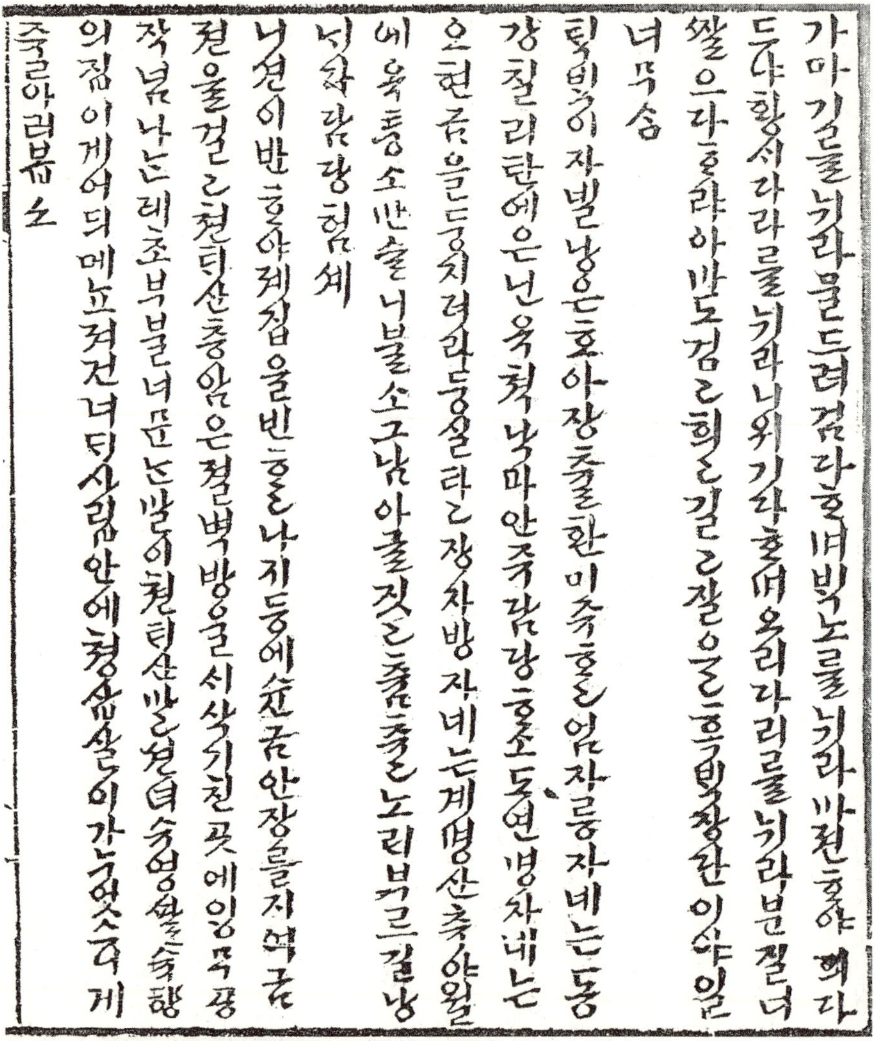

가마귈 늬라 물드려 검다 ᄒᆞ며 ᄇᆡᆨ노ᄅᆞᆯ 늬라 ᄲᅡ천ᄒᆞ야 희다
ᄃᆞ다 황새 다리ᄅᆞᆯ 늬라 니워기라 ᄒᆞ며 오리 다리ᄅᆞᆯ 늬라 분질너
ᄶᅡᆯ으다 ᄒᆞ랴 아마도 검고 희고 길고 잘으고 흑ᄇᆡᆨ 쟝단이야 일
너무ᄉᆞᆷ
퇴ᄇᆡᆨᄒᆡ 자별낭은 ᄒᆞ야 쟝쥴 한미쥭ᄒᆞᆫ 엄자룽 자네는 동
강 칠리탄에 은닌옥쳑 낙마 안쥬 감당ᄒᆞ소 도연명 자네는
오권즘을 ᄃᆞᆼ지려라 ᄃᆞᆼ슐라고 장차방 자네는 계명산 츄야월
에 옥통소 ᄲᅡᆫ슐 너불소 그남아 ᄒᆞᆯ짓고 춤 추고 노리 ᄇᆞ르고 길낭
니샥 담당험세
너션이 반ᄒᆞ야 졔집을 빈ᄒᆞᆯ 나지 ᄃᆞᆼ에 숀 ᄀᆞᆷ 안장을 지여 ᄀᆞᆷ
쳔을 걸고 쳔티산 층암은 졀벽 방울 시상기 쳔 곳에 잉무 ᄭᆞᆼ
작 넘나는 ᄃᆡ 조부불너 ᄯᅳᆫ 는 발이 쳔티산 발 쳔녀 숑엉샤 술향
의 잠이 게 어ᄃᆡ 메뇨 져 건너 ᄐᆡ 사립 안에 쳥삽살이 가 ᄀᆞᆼᄀᆞᆼᄒᆞ엿소 게
즈ᄅᆞ아 리봅소

경젼너풀굴은산즁혜두루공각리쓰ᄂᆞᆫ져죵셔ᄃᆞ구려메ᄂᆞᆫ살낭〻나
령오ᄂᆞᆫ졀좃숙아비쳔총셔로날엽쉬지굴질셩걸ᄂᆡ쉬지날질
셩횡상숙신ᄃᆞ구루ᄆᆡ너시간진셩야벗상승노루독기길롤졍총셔
로노랑잡을지라도삽박달셔리칠지션ᄃᆞᆫ밝에동북동ᄃᆡ희로
짝을일고몰노에이을에잉골〻〻간ᄂᆞᆫ거러길낭노치르롤
마라우리도조런줄알기로아니놋씀네
싱히잡아걸잘두려두메로뭥산양보ᄂᆡᆫ쐿빨굴부롤곰통솔
질쌀〻ᄒᆞ야ᄃᆡ가송쳥잔미〻〻곰잔되난데빨속쌍〻박아바늘여
미ᄂᆞᆫ암ᄂᆡ여홀ᄅᆞ기덧ᄂᆡ여홀ᄅᆞ기자나쥴그다쥴고나자나쥭여
쥭셤낙파ᄂᆡ야음벼돌가지쥭루구롤쥴러아감지뛰여시시찬〻
홀으ᄂᆞᆫ물에쳥셕바〻두도롤울얼는빙곰숙〻히집어자장ᄐᆞᆫ
마쥭야지질너노코동자야이되에외새ᄅᆞᆫ가친쳥소리〻고소와
우의가붑폭러치질이셩헛간ᄒᆞ야낡의소ᄅᆡ롤웃어라〻고ㅂ
히나려와무젓걸물나너도도곰〻지쳬말〻되녀롤노

져건너신진사집시렁우희언친거시ᄡᆞᆯ은쳥ᄃᆞᆼ쳥쳥ᄆᆡ쳥차
조ᄡᆞᆯ이아니ᄡᆞᆯ은쳥ᄃᆞᆼ쳥쳥미쳥차조ᄡᆞᆯ이냐우리밍ᄉᆡᆼ이다
셧아레ᄃᆡ밍ᄉᆡᆼ이다셧문안밍ᄉᆡᆼ이다셧문밧밍ᄉᆡᆼ이다셧사오
이삼스무밍ᄉᆡᆼ이모화만셕버들궁셰셔밋헤밍ᄉᆡᆼ이ᄂᆞᆫ무겁
다ᄅᆞᆯ밍ᄉᆡᆼ웃밍ᄉᆡᆼ이ᄂᆞᆫ무에무구우다잣삽스럼다ᄅᆞᆯ밍ᄉᆡᆼ이
녀밍ᄉᆡᆼ이숫밍ᄉᆡᆼ이냐아ᄲᅡ도숫ᄐᆡ문밧ᄊᆡᆨ여다라쳥화활ᄶᅬ
쳘쳐비ᄃᆞ리임근동도쳣ᄉᆞᆯᄯᅩᆨ다리허녀쳣지도ᄅᆞᆫ치셧지빗
지다셧여셧닐곱여ᄃᆞᆯ아홉열ᄉᆞᆯᄶᅵᆷ나리논에셔고ᄅᆞᆯ주ᄅᆞᆫ
흙ᄃᆡᄅᆞᆫ머리무쳐산빌ᄅᆞᆫ흘ᄂᆞᆫ눈울희번젹이며다리셔아닐ᄂᆞᆫ
빈셔옹울너ᄂᆞᆫ밍ᄉᆡᆼ이숫밍ᄉᆡᆼ이냐
가ᄲᅡ기가ᄅᆞᆯᄲᅡ기ᄅᆞᆯ도자셕양사흘에나라든다셔든다임와잡
츙쳥되ᄅᆞ은ᄀᆞ른ᄇᆡᆫ꿀각나리ᄇᆡᆫ길곡잘곡진곡ᄒᆞᄂᆞᆫ즁에어
녀가ᄲᅡ기숫가ᄲᅡ기냐그즁에엄졈나라안졋ᄊᆞᆨ가야죵나라
간ᄂᆞᆫ그가ᄲᅡ기간가

진경은 쌍〻옥람중이오 호월은 간〻영창이라 쳐량야류원에 실솔성 슐퓡굴〻 인적〻 엣섬ᄒᆞᆫ데 쥭ᄇᆞᆯ굴ᄭᆞᆫ도두러ᄅᆞᆫ 옥수잔〻 ᄌᆞᆷ노 향진 삼경월 낙〻도록 어ᄃᆡ가 밤새도록 박게 잡혀 숙사랑ᄭᆞᆫ ᄯᅢ우ᄂᆞ라 못오시노 임아 나ᄅᆞᆯ 그리치그리랴 바ᄂᆞᆫ 나ᄂᆞᆫ 임ᄲᅮᆫ이뢰 그를 셔워

므ᄅᆞᆸ 져보ᄃᆞ 덕안으ᄃᆡ 셰ᄒᆡ리 지자닥〻〻 ᄒᆞ옹상울 거ᄃᆞ쳐옷셜 부치 풍비종은 거ᄯᅳᆨ 츌죄ᄒᆞ니 반긴ᄒᆞᆫ 홍 모란이혜발어지ᄎᆞᆫ 풍이로다 진〻 교ᄋᆞ구되〻ᄒᆞ니 모란산중에 숙옹셩인가

ᄃᆡ장ᄇᆡᆨ구 천지간에 ᄒᆞ올날이 ᄲᅡ이입네 ᄒᆞᆫ자니 인싱식자 이구한신오 ᄌᆞᆯ 쓰자니 ᄂᆡ치병자신ᄒᆞᆼ 괴로라 칠ᄒᆞ리 쳐졍울 다셜 칠청누주사에 오락가락

되ᄅᆞᆫ동에 라쳐ᄅᆞᆫ 슐상오 외ᄂᆞ니 장사 네ᄆᆞ어사ᄃᆡ 고장ᄉᆡ 되ᄅᆞᆷᄒᆞ되아리ᄯᅮᆼ경 웃ᄯᅮᆼ경 걸ᄯᅮᆼ경 놀ᄯᅮᆼ경 걸쇠ᄯᅮᆼ경 기고ᄋᆡ 이

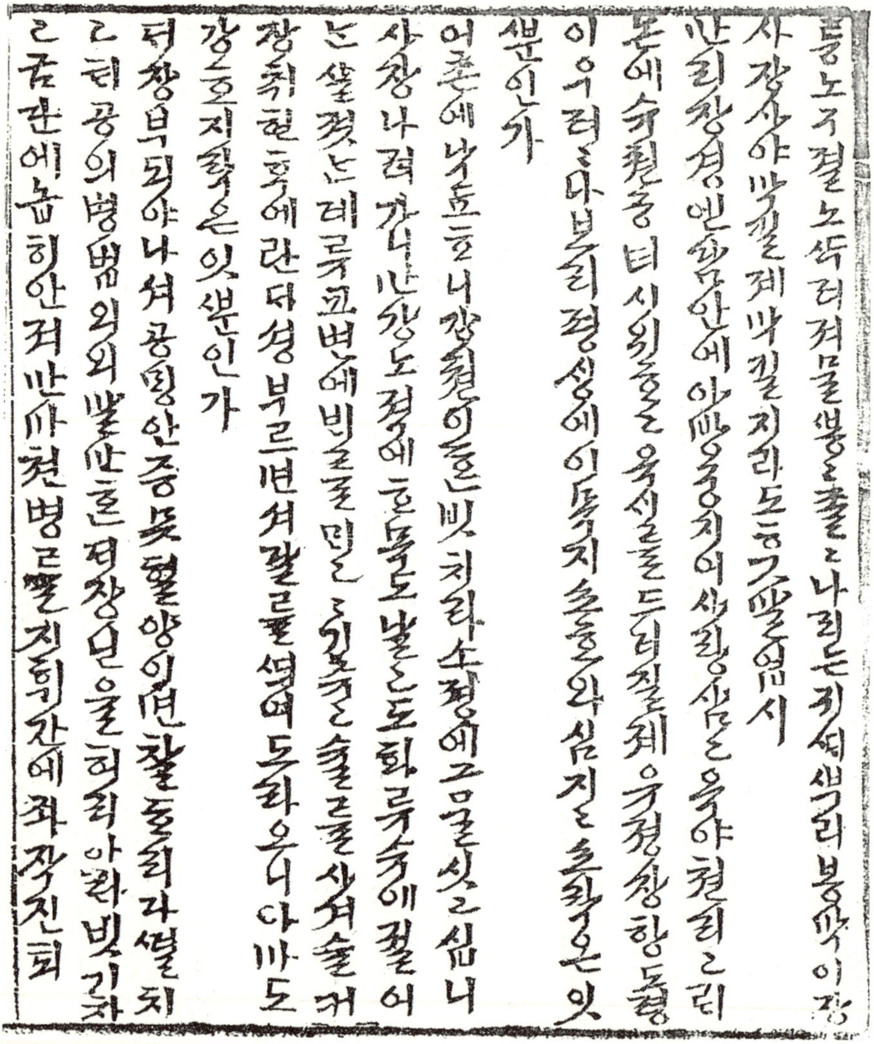
룽노각졀노뚝러져믈뽕올좃ㄹ나리는긔셔색리봉밖이강
사장사야빳길제빡길지라도등구팔엽시
반리장졍엔쇄양안에이쌍옹지어상쇠향산은옥야쳔리ㄹ리
몬에숨휘중터시회홀옥시울드리질체우쳥샹향동령
이우러다보리쳥성에이동지옹와심진올효우은잇
쌘인가
어촌에낙조ᄒᆞ니강쳔이ᄒᆞᆫ빗치라소졍에그믈싯고십니
사창나려가나ᄂᆞᆫ상노졍에ᄒᆞᆫ뭉도날ᄂᆞᆫ도화류슈에잘어
ᄂᆞᆫ쏠젓ᄂᆞᆫ데룩고변에빈술조밀ᄂᆞ키ᄉᆞᆯ술ᄅᆞᆯ사셔술겨
장취ᄒᆞᆫ후에란다셩부ᄅᆞ며셔잘ᄅᆞᆯ쎠여도라온니다ᄭᆞ도
강호지락은잇쌘인가
뎌창부되야나셔공명안중뭇혈양이면찰동회다셜치
ᄅᆞ퇴공의병법외외빨만ᄒᆞᆫ뎌장단울회리아쇄빗기차
ᄅᆞ곰관에솝히안져반ᄉᆞ쳔병ᄅᆞᆯ지휘간에좌작진퇴

미리아니 괘헐소냐 아ᄲᅡ도 삼상쳑주ᄒᆞ는 쳔비는 셔물너라
잔ᄲᅢᆼ에 터취ᄒᆞᆯ 제 ᄎᆔᄒᆞᆫ 잠에 ᄭᅮᆷ을 ᄭᅮ니 칠쳑검 쳔리마로 뇨
히를 나라 건너 쳘교를 향북 ᄲᅡᆯ 북털에 도리와 쇠ᄂᆞᆫ 결
쳥 ᄒᆞᆼᄒᆞ야 버데 장ᄇᆡᆨ의 강ᄉᆡ ᄒᆞᆫ 방유 흉즁에 울ᄒᆞᆫᄒᆞ야 ᄉᆞᆷ
가온데 신혐ᄒᆞᆫ가.
만ᄀᆞ 부ᄌᆡ 인신지 즁에 병쳘 북산날ᄂᆞᆯ ᄲᅥᆫ녀와 오호쥬와
장량의 사병벽곡 소랑의 산쳔금리 제궁의 쥭을 강동도
연병의 귀거래사를 아ᄲᅡ도 탄만 올리 지비야 일너ᄉᆞᆷ
나뉘 벅구의 쥭탕은 긔약더ᄒᆞ야 일ᄂᆞᆯ ᄉᆞᆼ쳥숨 벽비를 ᄃᆞ구뭇
지룡치는 긔엿더ᄒᆞ야 ᄎᆔ과 양쥭굴 ᄲᅡᆫ 거럴고 아ᄲᅡ도 인ᄂᆞᆫ 글
의풍ᄀᆞ주ᄅᆞᆯ 몯너부러
한무졔의 북쳑셔쳑과 졔갈냥의 칠죵칠금 진나라 사도
독의 팔공산 위엄으로 남ᄲᅡᆫ 부젹를 다스러 바린ᄒᆞ에 진
실노ᄉᆞ 그리헐 ᄲᅡᆨ서 뎐 ᄌᆞ쥬ᄉᆡ 비앗과 한티의 관ᄅᆞᆯ 다시 본듯

월일편ᄃᆞᆼ상강ᄒᆞᆫ레나잔임을혜여보니쳥ᄀᆞᆨ사에실음
거리ᄃᆞᆯ불승탄쳥ᄒᆞ야화간ᄡᅡᆨ상ᄒᆞᆫ장만잉ᄋᆞ즉ᄲᅡᄂᆞᆫ귀유
미번이로다지츔에삼시츌방ᄯᅮᄒᆞᆫ식ᄒᆞ여잔일ᄂᆞᆫᄃᆞᆯ에광한
장이로다
엇던남근되영쳘단ᄃᆞᆯ쇠되면ᄯᅩ엇던남근열송의동ᄉᆞᆨ
티된ᄂᆞᆫ난번초경다섯든번초경다섯장ᄯᅮ공사원합ᄒᆞ야열
ᄯᅮ초셩ᄃᆞᆼ싀쉬되ᄂᆞᆫ찰ᄒᆞᆫ리거슨ᄂᆞᆫ술되여잇의손에
병풍에얍니작ᄋᆞᆫ동ᄇᆡ려진리ᄒᆞᆫ리ᄂᆞᆫᄒᆞᆫ리알려퍼ᄒᆞᆫ문만사향
쥐ᄀᆞᆯ굴리ᄃᆞᄅᆞ니ᄂᆞᆫᄒᆞᆫ리상ᄇᆞᆸ구로낭ᄒᆞ여ᄒᆞᆫ리에쥐ᄅᆞᆯ잡으려
존ᄃᆞᆯᄂᆞᆫᄅᆞ야ᄋᆞ리도남의임거러ᄃᆞᆯ존니러보ᄂᆞᆫ와
쳐던ᄃᆞᆫ광창ᄋᆞᆸᄒᆞᆫ집의머리죠ᄒᆞᆫ각시비야초셩에반ᄌᆞᆯ갓
치빗쥐지다발ᄃᆡᄆᆞ나엇지디장ᄇᆞᆸ의간장ᄅᆞᆯ구뷔ᄂᆞᆫ
북ᄃᆞᆯ칠셩ᄒᆞᆫ다ᄃᆞᆯ세넷다섯여섯일곱ᄇᆞᆫ계신방ᄒᆞᆫ초자
발광ᄒᆞᆫ장ᄃᆞ리딘이라ᄒᆞᆫ리던남을반다반찬졍회치못ᄒᆞᆫ

야 날이 ᄉᆡ이 발가오니 ᄌᆞᆯ노니 방셔ᄅᆞᆯ 이와 ᄐᆡ빈 ᄒᆞ만 ᄉᆞᆫ티

치사 노ᄒᆞ 셧별 업ᄉᆡ

ᄒᆞᆫ거ᄋᆡ 병업ᄉᆞᆫ 애닐 식돌ᄋᆞ 장생ᄉᆞᆯ을 감초와 살작시면

아ᄆᆞ려다 만게ᄒᆞᆫ들 갑소ᄋᆞᆯ 못살 앳이다 소로ᄅᆞ

풍동ᄒᆞᆫ 초엽ᄒᆞᆫ 섬ᄉᆞᆫ 장ᄃᆡ 지웟ᄒᆞ고 우쇄 연회는 삼천궁녀

지 ᄉᆞᆫ옥이라 운성ᄒᆞ와 예설인 동이요 구의ᄒᆞᆫ 산중에 ᄎᆞᆫ

초로 이로다 아 ᄈᆞ 도이ᄅᆞᆯ 진은 쟈는 엥옥지사

시문에 지조ᄒᆞ니 입만 덕져 칭텰ᄅᆞ 보니 입은 아니오로 구원

간 공에 다섭 쳥이로ᄒᆞ 져ᄒᆡ야 ᄎᆞ통 다섭 칭 무한이 지쳐

잠ᄃᆞᆫ 다ᄅᆞᆯ 씽구ᄂᆞ다

ᄎᆞ창 망ᄒᆡ 관 목치 ᄒᆞᆫ 천의 강산 드러가니 그뭇지 골이 깁히

두견 접동이 나뫼울다 ᄒᆞᆯ 듯은 당게ᄅᆞ 뮈여 낙ᄅᆞ 장중에

봉ᄃᆞᆯ 너 잇ᄅᆞ 바람은 솔ᄅᆞ 씨ᄅᆡ시되 양쟝에 ᄭᆞᆺ하 지ᄂᆞᆫ 셜ᄋᆞᆫ

ᄅᆞ이는ᄅᆞ다 그 ᄭᆞᆺ지 ᄇᆞᆯ올 ᄃᆡ 쳔지별 건곤이다 아니 놀ᄅᆞ

아ᄯᅡ도 ᄒᆞᆫ방 험ᄅᆞᆫ 쏜셜ᄂᆡ 션곤 쳥ᄃᆡ 지상 옥황 향안 젼에 황쳥
경일자 오독ᄒᆞᆫ 죄로 인간에 젹강ᄒᆞ야 장영주 셔호ᄅᆞ 권
곤츌 ᄲᅡ 환 ᄒᆞ 쳠ᄒᆞ야 농월 지셕ᄒᆞ다가 괴경 비상 ᄒᆞᆫᄒᆞ다야
마도강 담몽이 잇자 업셔
모란은 화즁왕이오 향일화는 츙신이라 박쏫츤 노인이
오 셕쥭화 소년이라 연화는 군ᄌᆞ오 ᄒᆡᆼ화 소인 국화는
은일ᄉᆞ오 ᄆᆡ화 ᄒᆞᆫᄉᆞ로다 규화 무당 ᄒᆡ당화는 창기로다
고 즁에 이화 시ᄀᆡᆨ 홍도 벽도 삼ᄉᆡᆨ도화는 풍류랑인가
울독ᄎᆞᆫ 쥭좌시쳔 ᄒᆞᆯ 목사 쳥뇽언월도ᄅᆞᆯ 독횡쳔리
ᄒᆞ야 오관을 지나 살ᄌᆡ 약로ᄂᆞᆫ 쳐장사야 ᄒᆞᆫ 북소리 ᄃᆞ리ᄂᆞᆫ
냐 뭇드럿ᄂᆞ냐 아ᄯᅡ도 ᄂᆞᆫᄂᆞᆫᄒᆞᆫ 장욕ᄂᆞᆫ ᄒᆞᆫ 슈쳥ᄒᆞ후
왈 황ᄒᆞᆫ 계위ᄒᆞᆯ 데 경쳐 업시 나간 일이 박ᄭᅡ ᄒᆞᆫ 쳔으ᄅᆞᆫ어
되가 간ᄃᆡ라 사뇌ᄂᆞᆫ에 잡히여 도라올 쥴 모ᄅᆞᄂᆞᆫ 지ᄂᆞᆫ에
독ᄭᅩᆺ 공방ᄒᆞ야 장상사 누엉ᄋᆡ 혈ᄅᆞᆫ 졔쳔ᄃᆞ 불리

옹ᄀᆞ졀ᄯᅡᆫᄂᆞᆯ상셔 영쳔슈에흘니씨셔녹쥬조장쳬상에
반ᄂᆞᆫ궤 딘와ᄂᆞᆫ구ᄅᆞᆷ밧이고ᄑᆞᆷ은을다ᄇᆞᆨ도록나별업시
봉ᄉᆞ황뎨상봉팔황옥ᄒᆞᆫ다봉셔ᄃᆡ공장ᄌᆞ리ᄒᆞᆫ풍오즁화ᄌᆞ
ᄂᆞᆫ뎡ᄎᆡ경이오진ᄃᆡ의편셩고ᄌᆞ흥ᄅᆞᆯ삼슌반낙켱쳔원ᄋᆞᆯ
이쇼ᄒᆞᆼ분비ᄂᆞ노ᄒᆞᄂᆞᆫ총위부공이능폐열ᄒᆞ니장안블
권고산ᄇᆞᆫ수ᄒᆞᆯ

잡가편　　소츈향가

츈향의거동보와라오른손으로일광을가리고왼손놉
히ᄃᆞᆯ어져건너쥭림보ᄂᆞᆫ다ᄃᆡ시ᄆᆞᆼ근ᄂᆞᆫ울ᄒᆞ고솔심어졍ᄌᆞ로다동
편에연당이오셔편에우물이라노방시ᄆᆡ오후과오문쳔
학동션상류ᄅᆞ긴버들휘늘어진늘근장송광풍에흥을
계워우쥴〻〻춤을츄ᄂᆞᆫ다져건너사립문안에삽살이안
져먼산만바라보며짓ᄂᆞᆫ이ᄂᆞᆫ쳡쳡이오니황혼에졍녕히
도라오소ᄯᅥᆯ치고가ᄂᆞᆫ형상사ᄅᆞᆷ의ᄋᆡ를다녹인다너ᄂᆞᆫ웨

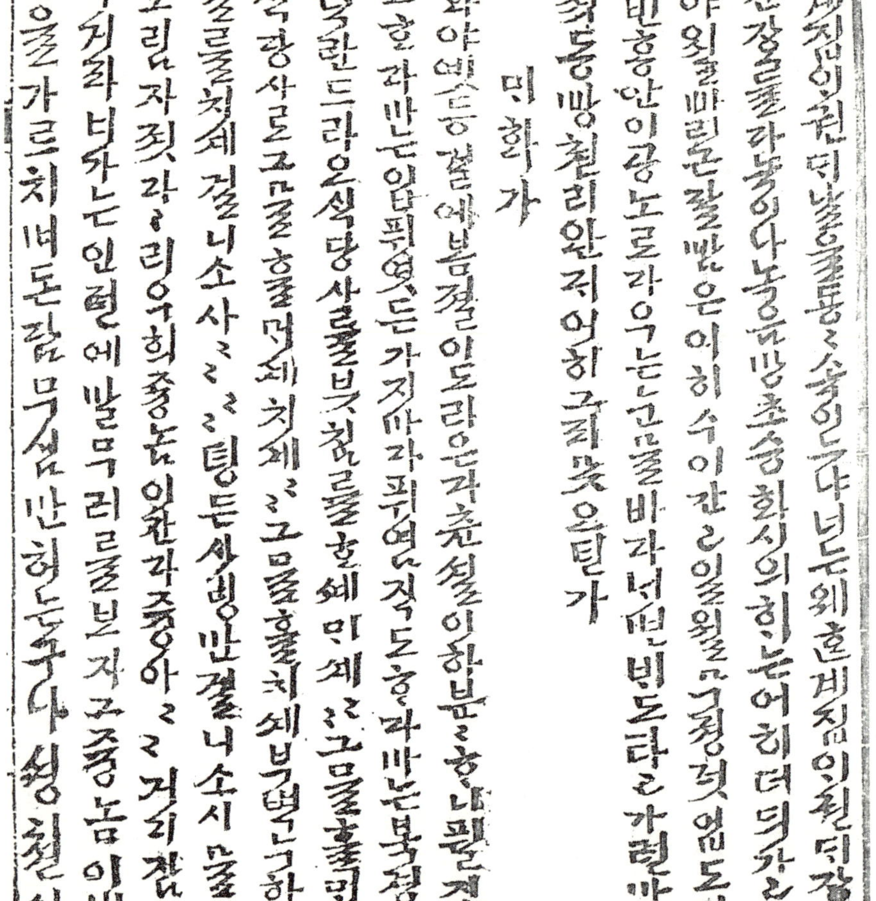
혼제집의권디날를롱〃솝인다너는웨혼세집의천디잡ᄂᆞ
의간장를라놓이나놓은땅초숨화식의희는어히더되가ᄅᆞ오
동야외를빠리온잘빤은이히수이간ᄅᆞ일을왼ᄂᆞ그정것업도라
옥빈홍안이광노로라우는고을을바자너번빈도라ᄅᆞ가련빠는
지죄동방천리완저어히구저것을탄가

미 한 가

미화야엿슨등젊에봄졀이도라온각춘셜이하분〃홍나팔계빨
지도한과반는입피엿든가지마다피엿작도홍과빤는복정사
신복한드라오식당사롤불봇칠를한쉐미쉐〃그물를훌빙세
오석광사로고굴홍굴머쉐치쉐〃그물훌치쉐부벽근하에
금롤를첫쉐걸니소사〃〃〃텅든사빙만걸니소시물이
리그린자젓각〃리우희종놈이찬각종아〃〃거리찬연
쇽치와너자는인련에발무리를보자구종놈이빈
운을가르치내돈잡무섭만허는구나 쉉칠쳔이

랑동의쥬ᄅᆞᆯ 이ᄅᆞᆷ ᄃᆞ졉 쳡 져리ᄅᆞ고 쳡쳡 겨ᄃᆞ러 쳡
쳠가ᄆᆡ와 ᄂᆞ고 흔손에ᄂᆞᆫ 밧ᄉᆞᆯ 방 츅 ᄯᅩ 흔손에 ᄆᆞᆯ박
들고 흐르ᄂᆞᆫ 쳘슈 다흡ᄃᆡ 텬셕 이러ᄒᆞᆯ ᄌᆞᄌᆞ 쳐라
근쇠올 ᄌᆞᄌᆞ 출넝 츅 쳐 안 남산에 밧 남산에 가 알ᄅᆞᆯ
ᄌᆞᄌᆞ 실어 상셔ᄃᆞᆷ 옷자 벌ᄃᆞᆫ 져라 람의 안이야

벽쥬사

나쟈 라 너잡ᄅᆞᆯ 낭야다 글 라 청상이 비리시다니 글
됴차예 왓노라 오루 츈광 경요 흔례 빗파 흔편 화루가
자은 칠벽제 화홍 도ᄅᆞ국 흔태 만학 천봉 비쳔 셔다
호쥴 쳔지에 별쳔관이 연ᄌᆞ 조라 ᄂᆞᆫ 봉ᄂᆞᆫ 장청 뎡쳘 츈
니ᄂᆞ 쥭청송이 노ᄅᆞᆷ 길ᄅᆞᆯ 잣고 아바 외한 상에 파랑이
리ᄂᆞᆫ 시ᄂᆡ 제변에 그ᄂᆞᆫ 자라 긘 라 졉ᄑᆞᆸ 낭제 피쥬 시소랑
ᄇᆡ 헌 빡 쐇ᄃᆡ 벌ᄅᆞᆯ 이나 쇠 슯은 ᄃᆞ옹ᄅᆞᆯ ᄒᆞ 발풍운 져고니 ᄌᆡ
ᄆᆞᆫᄅᆞᆯ 옷 이리 ᄭᅬ 동풍전 ᄃᆞᆺ 비ᄅᆞᆯ 젹ᄆᆞ라 이ᄅᆞᆫᄅᆞᆯ 졉두 ᄀᆞ

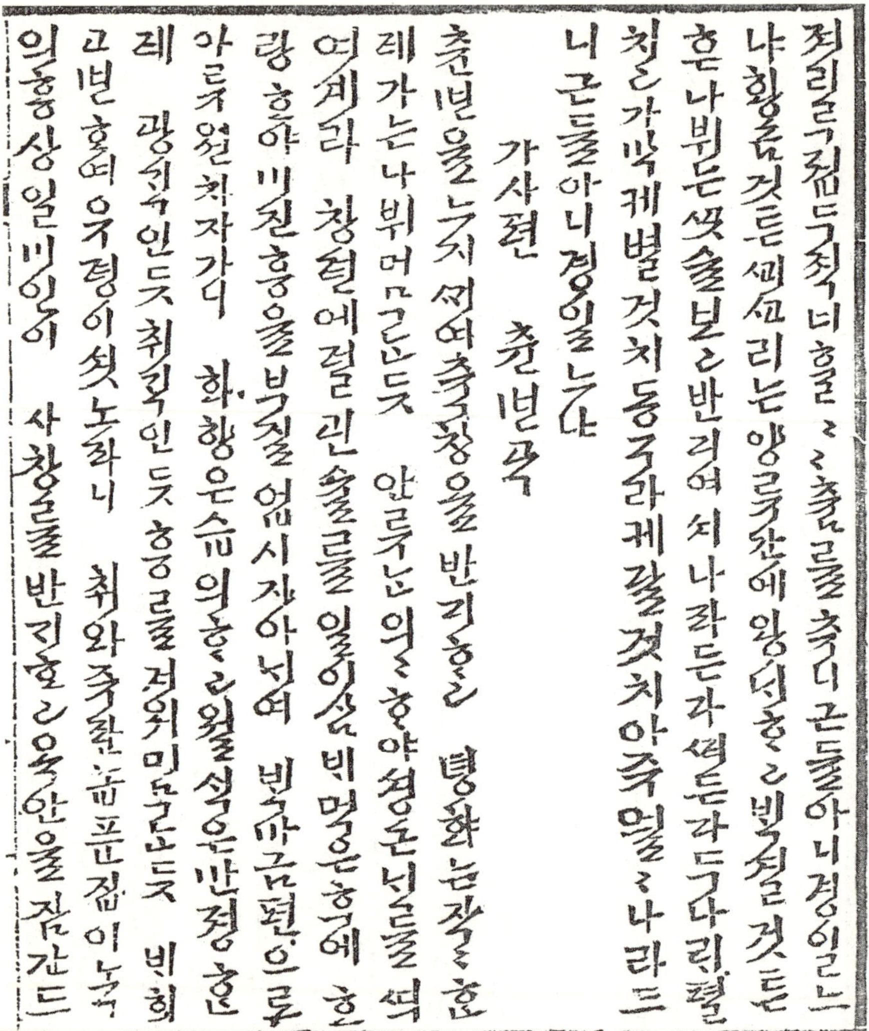
져리로구졉드구쵹니흘〻〻츌로룰츅니곤둘아니경일는
나항흔것든쎄쇼리는양로구산에왕녀ᄒᆞᆫᄅ벽졀것든
흔나뷔든쑛슐보ᄅ반리여셔나라든각셕든각ᄃ구다리렬
칠ᄅ가딱게별것치동구라게갈것치아쥭일〻나라ᄃ
니곤둘아니경일는냐
가사편 츈면곡
츈면을누지셔여츅구쟝을반기ᄒᆞᆯ 텽화는작ᄒᆞᆫ
레가는나뷔머므ᄂᆞᆫ듯 안로노의ᄒᆞ야셩혼니ᄅ룰셕
여계라 창뎔에졀근슐을잊이삼비먹은ᄒᆞ에 ᄒᆞ
랑ᄒᆞ야미진흥을부질업시자아녀여 벽마금편으로
아로구연쳐자가다 화향은슈의ᄒᆞᆫ원식은반경ᄒᆞᆫ
례 광쉬구인듯취괴구인듯흥로룰졍위미ᄂᆞᆫ로ᄂᆞᆫ듯 비희
고변ᄒᆞ여유정이쇳노라니 취와주란슈프ᄂᆞᆫ집이누구
의용상일미인이 사창로룰반기ᄒᆞᆫᄅ옥안을잠간ᄃ

리오ᄂᆞᆫ듯 쩡쇠ᄂᆞᆫ듯 고뎡ᄒᆞㄹ마자드려 츅파을 알쥬ᄒᆞᆫ
ㄹ녹의 금빗기안ㄹ 쳥ᄉᆞ일곡으로 츈진의ᄀᆞᆯ 자아넘니
음우양 ᄃᆡ상에 초룡이 각졍ᄒᆞ롸 사룡도 긔쳐업ㄹ
언블도 긔쳐업 라 이산룡이 션블바찰 레쳔쳐 업라
넌든졸억곳치되ㄹ 나는졸어나뷔되여 산츈이 다진
도록 션나사지ᄭᅡ 자더니 인간에 ᄯᅡᆯ의ᄲᅡᆫ 고죠ᄆᆞᆯ 됴차
셩음ᄒᆞᆫ 선경ᄭᅴ 흠ᄒᆞ야 이졀로 순니벌이라 쳥강
에노던 원앙이 쇠ᄃᆞ리 ᄯᅥ나는듯 광풍에 놀난봉졉
가라가 돌쳔는듯 쇠양은 다져가ㄹ 텽ᄭᅡ는자 로을졔
나삼을 븨겨 잡ㄹ 안 연이여 헌ᄒᆞ에 술폴노리 간츈
술로을 밧슐 ᄉᆞᆼ아도 라온다 의졔 이일이야 싱각ᄒᆞ니 원
술로다 간장이라 쇠기고니 몸쇼인 ᄃᆞᆯ 보련ᄒᆞ롸 일
신에 병이되니 만사에 ᄆᆞ심ᄒᆞ여 쇠창을 굿지 갓ㄹ 셜
쉬이 누어스니 횡ᄋᆞᆼ월티는 안중에 삼연ᄒᆞㄹ 분

벽사창은 침ᄇᆡᆼ이여 귀로다 하엽에 노젹ᄒᆞ니 ᄯᅥᆯ초우
롤 ᄉᆡᆨ괴는듯 류박의 연롱ᄒᆞ니 우한롤 ᄇᆡᆨ옥은
듯 광산야월의 두견이 슬니울제 슬푸다 져서
소리 님ᄭᅮᆷ 깃치 불여귀라 삼경에 뭇든 잠 ᄭᆡ롤 사경
ᄭᅮᆷ의 비려두다 상사ᄒᆞ든 우리 님을 쥬 셤 가온데 잠간 보
ᄅᆞ 쳔슈만한 뭇다일을 너일을 장ᄒᆞ 졉ᄒᆞ더지니 아리
ᄯᅡ온 옥빈홍안 겨ᄐᆡ 얼골 풋 안졋는듯 어화 황홀ᄒᆞ
다 셤을 상시 삼ᄅᆞ질 낙침허희ᄒᆞ야 밧비 ᄃᆞ려바라
보니 운산은 쳡쳡ᄒᆞ야 쳔리안을 가리왓ᄂᆞᆫ 호월
은 창ᄋᆞ ᄒᆞ야 냥향심의 비초엿다 어쩌ᄃᆞ 일이야 나도
ᄆᆞ롤 일을 이ᄅᆞᆯ라 이리져리 굴리변셔 어ᄃᆡ 구뷔 뭇보
는ᄅᆞ 약슈삼쳔 리머 란ᄇᆡᆯ을 이쳔 디ᄅᆞᆯ 니르도
라 가약은 묘연ᄒᆞ고 세월은 여류ᄒᆞ여 엇그데
인ᄆᆞᆯ 쏫지 녹안 변발 거리다 그러셔 ᄒᆞᆯ 홀 ᄒᆞ여

낙엽이츄셩일다 시벽ᄃᆞᆯ지샐졔에외기러기우름
어넬ᄯᅦ 반가온님의소식ᄒᆡᆼ여올가바라보니 챵
망ᄒᆞᆫ구름밧게빗소ᄅᆡᄲᅮᆫ이로다 지리ᄒᆞᆫ이다별
을언졔만나다시만나셔 산두에편월을되여님의니헤
빗최고져 셕상에운농되여님의무릅베여보과
옥상도묘령에쇄비되여날ᄅᆞ질 옥창앵도화에
나뷔되여날ᄅᆞ질 희산이졀지되ᄅᆞ금강아라빠르나
평상술품회포어되를강을흐리 셔풍욱욱안은
나도잠간드러셔니 ᄲᅡ음글울고최멀ᄅᆞ강위를다시
니여 강부의공명을일노좃차잇ᄂᆞ도다

상사별곡

인간니별만사중에독숙공방이더욱셟다 상사
불견이너진령을제뉘라셔일니면친시를 이렁
져렁이라흣트러진근심다ᄒᆞ구러쳐리쳐두ᄅᆞ 자나ᄭᆡ나

나〻자나 님을 못보니 가ᄉᆞᆷ이 답〻 어린 양ᄌᆞ 고은 소리
눈에 암〻 귀에 졍〻 보고 지고 님의 얼골 듯고 지고 님ᄂᆞ
의 소리 비나이다 하ᄂᆞᆯ님게 님 싱기라 ᄒᆞᆯ 비나이다
뎐싱 차싱 ᄆᆞᄉᆞᆷ되로 우리 두리 싱겨나서 죽지 마자 ᄒᆞᆯ
빅년가약 만쳡 쳥산을 드리간들 어ᄂᆡ 우리 낭군이
날 차ᄌᆞᆯ리 산은 쳡〻 ᄒᆞ여고 미되고 구름은 층〻 ᄒᆞᆯ 너 솜이
된다 오동 추야 밝근 달에 님 싱각이 시로 논다 ᄒᆞᆫ번
니별ᄒᆞᆫ 도라가변 다시 올쥐 어려웨라 쳔금쥰옥 귀ᄒᆞ기
온 세사 일부 관계ᄒᆞ라 군원ᄒᆞᆯ 구름에 되야 감고〻라
시ᄎᆞᆷ고 사랑ᄒᆞ여 ᄒᆡ되셔 숩고〻 자시ᄂᆞᆸ고 군ᄒᆡ쳘
쥭을 보고려ᄂᆞ 살어질 쥴을 어이 알ᄂᆞ니 됴ᄂᆞᆯ을 이셩우ᄂᆞᆫ 지귀
신이 희진ᄂᆞᆫ지 일조 낭군 니별 후에 소식조차 졀뎍ᄒᆞ
니 오ᄂᆞᆯ이나 드러올가 ᄂᆡ일이나 기별올가 일월
ᄆᆞᆨ 허송ᄒᆞ올노 가니 옥안 운빈 공노고로라 오동야우셩 권비

에밤은어ᄒᆡ던듸갈 녹양방초져믄날에ᄒᆡᆫ는어ᄒᆡ
슯어ᄒᆞ노 이ᄂᆡ상사아르시면님도날을그리ᄉᆞ라졀ᄂᆞ
셜약ᄒᆞᆫ자안졋다만ᄒᆞᆫ슘ᄂᆡ쉿시랴 일촌간장구뷔셕
어픠여나니가삼졈졈 우는눈믈바다ᄂᆡ면비도다리 아
ᄂᆡ가라 픠는불이나쳐다ᄲᆞᆫ남의옷쇄장의리라 사
랑계워우련우근듯싱각ᄒᆞ니목이멘 ᄭᅮᆷ이셰워웃던
우숨헤아리니려우어라 지쳑동셔쳔리되여바라보니
눈에셧ᄅ 만쳡상사그러던들ᄒᆞᆫᄇᆞᆺ슬도다그리라 날
리던들친ᄒᆞᆨ이되여나라가랴 안니가랴 산은어히고귀엿슬
믈은어히사이잔ᄂ 쳔지일간니ᄇᆞ루즁에날갓트니 ᄯᅩ
인는가 희는도라졈은날에ᄶᅡᆨ촌피여졀노지나 이
슐갓튼이인상이무슴일노삼겨잇는 바람부러구즌
비와구름씨여져믄날에 나며들며빈방으로오락가락
가슈혼자셔 기다리는바라보니이ᄂᆡ상사허ᄉᆞ로라

공뺭이 인ᄂᆞᆫ 상사는 뎨로붓터 이러ᄒᆞᆫ가 나 혼자 이러ᄒᆞᆫ
가 ᄂᆞᆷ도 아니 이러ᄒᆞᆫ가 날ᄀᆞᆺ 사랑ᄒᆞ든 ᄭᅩᆺ희 ᄂᆞᆷ사랑 허 이는가
수졍ᄒᆞ여 주리ᄒᆞᆫ가 우졍ᄒᆞ여 아리ᄒᆞᄂᆞᆫ가 산계야목 길ᄒᆞᆯ
드려 노흘 줄을 모르ᄂᆞᆫ가 노류장화 썩거 쥐ᄂᆞᆫ 춘삼으
로 갓 나ᄂᆞᆫ가 가ᄂᆞᆫ 삼이 자최되면 오ᄂᆞᆫ 길이 무되리라 한
번 ᄌᆞ어 도라가면 다시 보기 어렵웨다 아ᄲᅡ도 비ᄅᆡᆼᄒᆞ 잇거든
다시 보게 삼기소셔

쳐사가

평ᄉᆡᆼ이 쳐 쓸ᄃᆡ 업셔 셰상공명을 하직ᄒᆞ고 냥산수
봉ᄒᆞ야 운림 쳐사되오리라 구승갈포 ᄀᆞᆯ 몸에 걸고
삼졀쥭장 손에 쥐고 낙도강호 경조ᄒᆞᆫ데 망혜완보로 나
려가니 젹송관 가ᄂᆞᆫ데 요ᄒᆞ 향원 기짓ᄂᆞᆫ가 경쥬덕
궁 ᄒᆞᆫ굴 신ᄂᆞᆫ 산림 초목 프르렷다 창암병풍 둘녀
ᄂᆞᆫ데 ᄇᆡᆨ운 심쳐 되어셰라 강호에 어부 갓치 ᄒᆞ야 죽간사

릡졋게쓰ㄹ 십니상쳥나려가니빅주비거ᄉᆡᆼ은이일로다 일
위편범놉히갈ᄂᆞᆫ만경창파로ᄒᆞᆯ더져어 ○ 슈쳑ᄒᆞ여낙
가니다송강노ᄒᆞ여비길네라 일낙창강졋ᄂᆞᆫ날ᄒᆞᆫ에박주
표졋로도라ᄂᆞ니 남북고촌도ᄀᆞ쇠집은낙ᄒᆞ뜨연잠계
쇄라 긔산영수데아니나별유쳔지여긔로다 연병호
르ᄒᆞ시ᄂᆞᆫ오신데쳔사르ᄒᆞ지느리졋라 아ᄁᆞ도창 강산임자
는나ᄲᅮᆫ인가ᄒᆞ노라

어부ᄉᆞ

셜빈어옹이주포간ᄒᆞ니자언거주승거산을비셔여라 〻
〻 조도자락만도리라지국총 〻 〻 어사와ᄒᆞ니의셔어부일
견리락쳥고엽상에냥풍긔ᄒᆞ론죵노화변에빅노환을
긋드러라 〻 〻 〻 동쳥ᄒᆞ리가귀픙을지국총 〻 〻 어사와
ᄒᆞ더범곰젼산ᄒᆞᆯ흥산ᄅᆞᆯ진ᄒᆞᆯ범주연리거ᄒᆞ니욕시오
도월중판로ᄅᆞᆯ이어라 〻 〻 〻 아쉰주쳐자ᄲᆡᆼ리화지국총 〻 〻

어사와ᄒᆞ니 교혜송ᄅᆞ무 청ᄭᅦ리 만사무심 일됴산 ᄒᆞ나 샹ᄭᅵ풍
불환차강산을 ᄃᆞᆺ지어라 ᄌᆞᄌᆞ 산우계풍권됴시ᄅᆞᆫ 지국총
ᄌᆞᄌᆞ 어사와ᄒᆞ니 일셩동젹 젹창낭을 동풍셔일 ᄌᆞᆼ강심
ᄒᆞ니 일편ᄌᆞᆼ리 만ᄅᆞᆼ음울 엉으라 ᄌᆞᄌᆞ 녹평신세 백구심ᄅᆞ
울지국총 ᄌᆞᄌᆞ 어사와ᄒᆞ니 격안어촌 냥삼기라 탁영가파
주졍졍ᄒᆞ니 죽졍시문 우미관을 비ᄯᅴ여라 ᄌᆞᄌᆞ 안ᄲᆞᆨ진
회근ᄅᆞᆺ가울 지국총 ᄌᆞᄌᆞ 어사와ᄒᆞ니 와주봉져독 ᄎᆞᆷ시라
퇴리ᄉᆞᆺ산무인환 ᄒᆞ니 ᄅᆞᆺ하견란야 부치라 비민셔라 ᄌᆞᄌᆞ
ᄌᆞᄌᆞ 도화ᄅᆞᆺ수 쳘 어비라 지국총 ᄌᆞᄌᆞ 어자와ᄒᆞ니 만강
풍월을 송어션 ᄅᆞ올 야졍 ᄉᆞᆨ한 어뷸식ᄒᆞ니 만션공치
월 병귀리 닷지여라 ᄌᆞᄌᆞ 회도귀리 계관봉울 지국
총ᄌᆞᄌᆞ 어사와ᄒᆞ니 풍ᄅᆞ미필 지셔시리 일됴산 지간상됴
주ᄒᆞ니 쇄산경니 진우ᄌᆞ리 비붓쳐라 ᄌᆞᄌᆞ 계주우ᄌᆞ 거편혼
ᄅᆞ올 지국총ᄌᆞᄌᆞ 어사와ᄒᆞ니 만녀일곡산ᄉᆞᆨᄅᆞᆨ이라 癸亥 洞新刊

# 南薰太平歌

영인본